U0612343

知识溢出与创新型企业
技术创新空间效应研究

王玉梅　等著

中国财经出版传媒集团

经济科学出版社
Economic Science Press

图书在版编目（CIP）数据

知识溢出与创新型企业技术创新空间效应研究/王玉梅等著.
—北京：经济科学出版社，2017.10
ISBN 978 - 7 - 5141 - 8519 - 5

Ⅰ.①知…　Ⅱ.①王…　Ⅲ.①企业管理 - 技术革新 -
研究　Ⅳ.①F273.1

中国版本图书馆 CIP 数据核字（2017）第 243601 号

责任编辑：于海汛　李一心
责任校对：杨晓莹　靳玉环
版式设计：齐　杰
责任印制：潘泽新

知识溢出与创新型企业技术创新空间效应研究
王玉梅　等著
经济科学出版社出版、发行　新华书店经销
社址：北京市海淀区阜成路甲 28 号　邮编：100142
总编部电话：010 - 88191217　发行部电话：010 - 88191522
网址：www. esp. com. cn
电子邮件：esp@ esp. com. cn
天猫网店：经济科学出版社旗舰店
网址：http：//jjkxcbs. tmall. com
北京密兴印刷有限公司印装
710×1000　16 开　14.75 印张　250000 字
2017 年 11 月第 1 版　2017 年 11 月第 1 次印刷
ISBN 978 - 7 - 5141 - 8519 - 5　定价：45.00 元
（图书出现印装问题，本社负责调换。电话：010 - 88191510）
（版权所有　侵权必究　举报电话：010 - 88191586
电子邮箱：dbts@ esp. com. cn）

本书系：

①国家自然科学基金《产学研合作创新网络演化的机理、模型及政策研究》（批准号 71473055）；②第 7 批中国博士后科学基金特别资助项目《传统企业转型升级技术改造模式、实现路径与机制研究》（批准号 2014T70058）；③国家社会科学基金青年项目《企业技术创新的知识管理与人才管理耦合演化机理与推进机制研究》（批准号 09TQC016）；④全国统计科学研究项目《基于技术创新动态能力视角的我国传统企业转型升级状况分析与促进对策研究》（批准号 2015LY09）；⑤山东省自然科学基金项目《新时期我国制造业转型升级驱动因子萃取、模式映射对接与实施路径研究：技术能力视角》（批准号 ZR2016GM23）；⑥全国统计科学研究项目《基于技术创新动态能力视角的我国传统企业转型升级状况分析与促进对策研究》（批准号 2015LY09）；⑦国家自然科学基金项目《创新型企业成长要素协同与成长绩效：基于全要素视角》（批准号 71540017）阶段性研究成果。

前　言

本书依据技术创新理论、知识创新理论、知识溢出理论、创新型企业的相关、空间计量相关理论，以及系统动力学理论等理论，在相关文献研究的基础上，第一，分析了创新型企业技术创新动态发展机理和基于技术创新过程的创新型企业知识创新运行机理，研究了创新型企业知识创新与技术创新协同发展动力。第二，从全要素的视角，系统地研究了创新型企业知识创新与技术创新协同发展的内涵、过程，以及技术创新与营销创新协同作用。第三，在机理分析的基础上系统分析了知识溢出对创新型企业技术创新能力的影响因素，给出知识溢出对创新型企业技术创新能力影响的评价指标体系和模型计量过程。第四，采用复合DEA方法，基于创新要素协同对创新型企业技术创新绩效进行实证评价。第五，给出基于主体要素的创新型企业技术创新能力提升的对策和基于知识溢出的创新型企业技术创新能力提升的对策。

全书共分为9章，王玉梅负责全书的框架构建，以及各章书稿的撰写与修改。边伟军、林双参与了第7章基于创新要素协同的创新型企业技术创新绩效评价指标设计与数据收集；刘伟参与了第2章知识溢出的相关理论基础的编写；张靖、周广菊、徐祎珂、田恬参与了各章书稿数据调研、模型仿真和相关理论研究。

本书适合于相关领域科研工作者学习、研究参考使用。

目 录

第 1 章

问题的提出与文献分析

1.1 问题的提出

改革开放以来，我国在经济上取得了长足的进步，人民生活水平也得到显著提高。但是这种进步和发展是以资源的浪费和环境的污染为代价的，主要是依靠资本、劳动和能源的增加，并不是技术进步和效率提高的结果，属于投入型增长，而不是技术进步型增长。十七大报告中也指出，我国仍然没有摆脱粗放型经济增长方式。依靠技术进步和效率提高来发展整个国民经济已经刻不容缓。因为技术进步对经济增长与经济发展有着重要的作用，它广泛地被认为是经济发展的引擎——能提高生产率，节约能源，丰富物资资源，使经济以最小的代价得到最大的发展。因此国家必须深化科技体制改革，进一步消除制约科技进步和技术创新的因素，推动经济发展与技术进步的紧密结合。技术创新是科学技术进步的重要环节，也是重要组成部分。自此无论是企业、大学还是政府都应该大力发展技术创新以提高创新能力。

技术创新对经济增长发挥着重要作用，而知识又对于技术进步与技术创新发挥着举足轻重的作用。随着知识经济的到来，学者们的目光不单单停留在地区内的技术进步。人们逐渐认识到知识在促进技术创新与国家发展中的重要性，技术创新也逐渐从传统方式转向以知识的创造和流动为主的技术创新方式。特别是进入 21 世纪以来，越来越多的企业认识到技术创新活动的成功运转，必须以相应的知识管理为依托，知识管理应伴随企业技术创新活动的始终，知识管理将成为企业未来竞争的关键。而知识溢出是知识管理的一个重要部分，它与技术创新都是新经济增长理论的核心内容，两者之间有重要的联系，它们之间互相影响、互相作用，共同作用于经济的增长。一方面知识溢出通过对技术创新不同方面的影响，最终影响技术创新能力；另一方面知识溢出的不同经济主题均对技术创新能力产生重要影响。尤其区域之间的知识溢出对技术创新能力的提高与区域经济增长产生极其显著的影响。通过对知识溢出本质与其如何影响技术创新以及两者对区域经济增长作用的研究，我们可以更深刻地理解区域经济增长及其收敛过程。

创新型企业与传统性产业相比，更突出科技知识与技术密集的特点，它是人力资源密集型的产业，更加突出技术创新在其中的重要作用。科学技术直接推动服务业管理模式和经营模式的变化，直接影响和推动市场机制和政府监督方式完善的过程。这就是说，对于创新型企业来说，高新知识和高技术人才是尤为重要的。知识溢出和技术创新在创新型企业中发挥着举足轻重的作用。所以，知识溢出的吸收能力对区域内创新型企业提高技术创新能力尤为重要。

而对于发展中国家创新型企业而言，其刚刚起步，创新型企业知识的洞察和传播过程是制定提高创新型企业技术创新能力等相关政策的关键所在。中国是发展中大国，对中国省域和城市群创新型企业技术创新与知识空间溢出的研究无疑是对这一领域研究的重要补充。随着改革的不断深化，我国市场经济取得了举世瞩目的成绩，日益频繁的地区间人才流动、商品贸易、技术合作等活动使得技术从发达地区扩散到欠发达地区成为可能。因此，充分利用技术落后的后发优势，充分吸收和利用国际与国内知识溢出，增强我国的创新型企业的创新能力以缩小地区差距、推进技术进步，创造一个和谐的社会，对推进我国经济高速、持续地增长具有重要的理论价值和实践意义。

研究的问题主要有：以创新型企业为主题，研究知识溢出通过对技术创新不同方面的影响来最终影响技术创新能力；以及知识溢出的不同经济主题对技术创新能力产生重要影响。运用因子分析和聚类分析对以省域为单位的知识溢出对创新型企业技术创新能力呈现的空间特征进行研究，并给出知识溢出对创新型企业技术创新能力影响的计量模型，运用该空间计量经济模型对创新型企业的重要变量进行回归分析，得出关于这些变量的结论。最后，根据模型的计量结果给出提高创新型企业技术创新能力的对策。

1.2 国内外相关理论研究现状述评

1.2.1 国内外知识溢出的相关研究现状

国外知识溢出的相关研究中，马歇尔（Marshall，1890）首先提出外部性，认为外在经济使企业成本降低，而相反的外部不经济使企业成本上升，企业要承担企业外的部分。阿罗（Arrow，1962）提出内生经济增长模型，指出知识具有非竞争性和部分的非排他性。罗默（Romer，1986）提出知识溢出模型，证明正是由于知识的非竞争性和部分的非排他性这些特质，才产生溢出效应。他还提出技术水平对经济增长起重要推动作用，并且提出技术进步是内生性的观点。卢卡斯（Lucas，1988）认为人力资本的溢出效应造成全球经济范围内的外部性，并指出人力资本的积累是经济持续增长的重要源泉。

1. 关于知识溢出的内涵的相关研究

马歇尔（Marshall，1890）定义知识溢出为：知识被一个当事人创造，被其他当事人免费使用或者付出很少的报酬。他从创造者和模仿者不同的付出与回报方面进行研究。格里利克斯（Griliches，1979）定义知识溢出为："通过对已有的创新成果进行模仿，利用更少的成本而得到更多的收益"。科科（Kokko，1992）认为溢出有三种主要途径：贸易渠道、人力资本流动和竞争作用，他是从外商企业与本地企业的角度出发来研究溢出。他定义为本地区域内企业通过利用外商企业未正式转让的知识而获利的现象。综上所述，知识溢出是指知识各经济社会成本与主体私人成本、私人收益及社会收益与私人收益之间的差异所造成的知识非排他性和非竞争性的特点。

2. 关于知识溢出途径过程的相关研究

由于知识溢出的过程是不同主体之间通过直接或间接方式进行互动、交流并在此过程中发生的无意识的传播过程，这一过程既可以在区域内的范围内进行，也可以在区域间的范围进行。隐性知识难以编码，只能在特定区域范围内通过面对面的交流和不断接触等形式进行交流传播。根据知识溢出主体的不同，我们将知识溢出分为以下四类主要途径：

（1）人员交流与流动的知识溢出。人员的流动是知识溢出的主要途径。公司职员之间通过频繁的交流和流动传播知识，尤其是隐性知识。阿尔梅达和科格特（Almeida and Kogut，1999）认为在不同区域范围人力资源的流动并与周围群体发生沟通和交流可以促进和激发新知识的创造。夏洛特和杜兰特（Charlot and Duranton，2004）通过对法国城市中工作人员交流的外部性研究证明了知识溢出的发生。德克曼和韦博（Dekmar and Wennberg，2010）认为人力资本的存在产生了正式或非正式的人员交流，同时提高了运营效率和标准。曼莫汉·辛格和阿格拉沃尔（Singh and Agrawal，2011）认为个人的流动性显著影响了知识的流动的模式，并产生人际网络的变化。

（2）各经济主体（如企业与大学）研发合作。许多文献认为大学是知识溢出的源泉，大学创造了知识并以此提高生产力和创新水平，这是区域竞争和发展的基础（科赫和斯克特（Koch and Stahlecker，2006；托尔斯泰（Tolstoy，2009））。它通过论文与专利传播显性知识与隐性知识。它同时通过与企业和政府的合作产生知识溢出。安瑟林（Anselin，2002）运用空间计量经济学证实创新活动与高校研究之间存在着正相关，直接或间接地影响区域内企业的研发活动，同时还证实高等院校的研究内生于企业的创新活动。

（3）贸易或 FDI 对知识溢出影响机制。贸易与外商直接投资对知识溢出有着显著的影响，大多数学者认为落后国家通过模仿外国进口产品或得到外资企业的知识溢出，可以促进本国技术进步，加速经济增长，对经济有着进步作用。加沃克（Javorcik，2004）认为知识和技术进步不仅来源于本国知识和 R&D 投入的积累，国际技术扩散也是本国技术进步的重要来源。而另一些学者也看到了一些缺点，如控制本国市场，挤占本国企业，由于东道国与外资的技术差距而无法利用知识溢出等。如布洛姆斯特伦和科科（Blomstrom and Kokko，2003）认为，FDI 的流入为当地劳动力带来了知识溢出的潜力，而人力资本水平也决定了东道国吸收技术和知识溢出的水平。米歇尔（Michael McAleer，2010）通过研究得出出口和对外直接投资可以刺激专利产出的增加，相反，外商直接投资与专利产出负相关。

（4）企业家或高技术人才对知识溢出的影响。企业家运用自己的知识经历，通过发现、评估、运用专利或其他隐性的知识来创建自己的公司。一些观点认为企业家是专门就稀缺资源的协调做出判断性决策的一些人。奥维兹和斯蒂芬（Audretsch and Stephan，1996）认为企业家创业发生的知识溢出会以自我雇用率、新建企业率和就业率等形式表现出来。马莱茨基（Malecki，2005）认为技术工人、科学家与工程师是创新型企业区内知识溢出的重要机制，对知识溢出和创新集聚发挥重要作用。费雷德里克（Frederic Delmal，2011）等运用瑞典的数据得出企业家利用知识溢出效应，促使依赖高新技术的新企业产生，并在此基础上促进了整个行业的机构调整。

综上所述，知识溢出的发生途径可以通过劳动力市场进行，知识溢出发生在劳动创新物品的过程或生产过程的改进的过程中，也可以在一家公司被创造而被另一家公司所知道并利用，最后因为相互联系的便利性和技术的相互依赖性决定企业在一个区域相互联系在一起，进而形成网络溢出。

3. 关于知识溢出对创新型企业影响的相关研究

高新技术和知识以及所产生的知识溢出对创新型企业产生着重要的影响。它在自己产生利润的同时也稳固地增加了全社会的附加值（韩瑞森和约翰逊，2010）。依勃（Hipp，2003）认为创新型企业已成为国家创新系统中知识基础结构的重要组成部分，承担基础性知识重新配置和生产的双重功能。雷普恩（Leiponen，2011）调查创新型企业在创新系统中的性质和角色，得到创新型企业可以实现区域内标准化与知识流动，增强客户的学习能力，进而提高整个区域的创新能力的结论。这说明知识对创新型企业的重要程度。所以，创新型企业具有十分重要的战略意义，它是创新的先锋队，对知识的发展和扩散发挥着重要的作用（特瑟和图伦尼，2008）。

国外的文献中关于知识溢出对创新型企业的作用较少涉及，或者是不明确的指出。而知识溢出影响区域内总体的知识存量的配置和利用效率，并且对区域内其他参与企业提高技术创新水平发挥了重要的作用。

4. 国内知识溢出的相关研究现状

（1）关于知识溢出机制的相关研究现状。

①溢出种类与途径的机制。目前国内关于溢出种类与途径的机制是从以下几个方面进行的。一是按照知识载体的差异将知识溢出的路径分类，主要有通过机器设备、投资办厂等特定载体获取的溢出。通过商品贸易以

不特定载体获取的知识溢出，通过研发和"干中学"的方式获取的知识不需要载体方式。二是知识溢出外部性特征的分类：强调区域垄断的同一产业不同企业之间的知识溢出，强调区域竞争而不是区域垄断的知识溢出，强调地理集聚企业的多样性与差异性的知识溢出。

②对外贸易或 FDI 对知识溢出影响机制。随着中国对外开放 30 多年，对外贸易与外商直接投资急剧增加，对外开放的成果是有目共睹的。所以关于这方面的研究在国内也是颇多。

有些学者认为 FDI 能促进经济发展，对国内企业存在正向的知识溢出。在数据上有利用中国各个部门的行业统计数据，基于外商投资与贸易的外溢效应进行系统分析，也有利用 84 个四位码行业的我国创新型企业数据，引入创新型企业"内外资企业能力差距"的概念对 FDI 溢出效应进行经验研究。还有些学者运用门槛模型对 FDI 与贸易的外溢作用进行研究。认为正向溢出的研究文献有：李小平和朱钟棣（2004）、刘厚俊和刘正良（2006）、邹亮（2010）等。一些文献提出对我国引进外资的担忧，指出我国引进外资的产业结构欠合理，发展中东道国的人力资本水平对企业技术吸收能力不足，市场环境也制约着发展中国家吸收发达国家的知识和技术溢出。上述结果之所以不同，因为各个学者运用不同的估计方法，不同的样本数据和不同的控制变量而得出不同的结论，但是所有学者都认为对外贸易和 FDI 与知识溢出以至于经济增长有着很重要的联系。

③产业区内部集群的机制。关于产业区内部集群的研究，学者们有从全国范围来研究中国地区经济增长的不平衡和二元结构特征，也有从长三角、珠三角以及东北老工业基地等国家重点支持区域进行研究，如韩增林、张云伟（2010），还有从省域范围进行具体分析，如梁琦等（2009）。运用的方法有聚类分析、主成分分析、因子分析。运用的指标有工业区位基尼系数、区位熵、区域分工指数、赫芬达尔指数等，来研究区域产业集聚和扩散程度以及发展趋势。

（2）关于知识溢出对创新型企业影响的相关研究。国内有些学者认为知识对创新型企业至关重要，包括知识的接收、与客户互动并采纳其反馈信息以及吸收外部知识源的创新知识，这些对知识的利用都包括了对知识溢出的消化和利用。学者们也提到了人力资源在其中的重要性，通过利用自己优秀的专家团队来整合和开发具有价值、实用的知识体系，如张金成和陶峻（2005）。也有学者具体讨论了知识溢出的发生渠道，认为创新型企业通常是由制造企业内部、高校或者公共研究机构中的某些服务功能

"外部化"而来的，与高校或者其他研究机构有着非常密切的联系。分别从知识的生产与转移的角度，分析得出中国的创新型企业同样具有知识的创造者、知识的扩散者、知识的使用者以及知识的基础设施的作用，如刘顺忠（2004）。这说明了创新型企业吸收了高校、研发机构的知识溢出，并用于自身的技术创新上。

从上述分析可以看出，国内关于知识溢出的研究多停留在理论方面，以及对国外相关研究进行补充，在实证研究方面多直接套用国外模型，但没有根据中国国情进行深刻研究，建立适合国情的理论和模型；并且对知识溢出对创新型企业的影响研究不足。

1.2.2　国内外技术创新的相关研究现状

通过对研究背景的论述，我们了解到国外经济社会环境的新变化以及国内加快转变传统经济发展方式的新形势，已对中国创新型企业通过知识溢出与技术创新协同获取持续的国际竞争新优势带来了强烈的倒逼机制与战略机遇，当前与未来时期是中国创新型企业如何通过实施知识溢出与技术创新协同寻求国际竞争新优势的关键时期。近年来，国内的大量创新型企业纷纷进行了知识溢出与技术创新协同，也取得了一定的成果，但有待进一步研究和探索的内容还很多。

在国际上，相对于国内学者来说，国外学术界研究技术创新问题的历史已有较长时间。例如，美籍奥地利人约瑟夫·熊彼特（Joseph Alois Schumpeter）被认为是当代西方经济学界创新理论的开山鼻祖、自成体系的经济学家。在熊彼特1912年出版的《经济发展理论》中，熊彼特将创新视为现代经济增长的核心，他最早指出"创新就是生产函数的变动，是不能分解为小的步骤的"，同时他认为没有创新的经济会处于一种"循环流转"的均衡之中，而创新有助于推动经济的发展、打破这种均衡。熊彼特提出创新理论很长一段时间内，在国际上，创新理论并未引起学术界的广泛关注。直到二战后，英国、美国等工业化国家的经济增长速度加快，而依据已有传统的资本和劳动力要素理论已不能对经济增长做出更为合理的解释，熊彼特的创新理论才得到学术界的高度重视，这时学者们才逐渐意识到科技在经济中所扮演的重要角色。

在20世纪50年代，我国政府、产业界、科技界就认识到了科技对于经济发展的巨大作用。伴随着国内西方经济学学者将熊彼特的创新理论介绍到国内，直到 80 年代改革开放后，同时鉴于中国经济增长质量低劣的困局，国内学者们才开始了对于熊彼特技术创新理论的关注。我国学者们对技术创新研究正是在这样的背景下开始的。国家自然科学基金 1989 年资助了第一个技术创新领域的研究课题"我国大中型企业技术创新研究"，从此揭开了中国技术创新研究的序幕。此后，伴随着中国企业技术创新实践的日益活跃和对外开放的日益扩大，中国的技术创新学术研究日益系统、广泛和深化。

1. 中国技术创新研究的领域概况

（1）创新研究的领域分布。技术创新问题的国内研究主要集中在创新理论、企业创新、产业创新、创新扩散、区域创新、创新管理工具、创新体系、创新研究工具等八个领域。在最为活跃的企业创新研究领域，人们较为关注的是自主创新、创新能力、创新机制、创新行为四类问题。创新的能力和机制决定企业的创新行为，特别是决定企业是否实施自主创新。

（2）各领域研究的主要问题。在创新理论领域，主要研究的是创新与企业家精神、产品创新与市场创新的关系、创新的一般模式、顾客创新、顾客参与创新、供应商参与创新、商业模式创新、二次创新、集成创新、开放式自主创新、创新的后方支持系统、非专利技术模仿、创新与经济增长质量等问题。

在企业创新领域，国内学者主要研究的是创新能力、创新机制、创新行为、创新管理、创新中的知识管理、创新环境、创新绩效、企业自主创新等类问题。其中，在创新能力子领域，学者主要研究的是企业的创新能力、企业创新潜力与企业家创造性的关系、我国企业技术能力发展与跨国公司技术转移等问题；在创新行为子领域，学者主要研究的是企业经理人与大股东之间的信任关系对企业技术创新行为的影响、大中小型企业创新行为、经济体制转换时期企业技术创新行为合理化、企业技术创新行为的非线性等问题；在创新机制子领域，学者主要研究的是国有大中型企业及"三资"企业的创新机制、企业技术与市场学习、企业技术创新与制度创新的互动机制、创新网络中核心企业的形成机理、网络环境下企业的创新过程、企业网络能力与创新的关系、企业冗员与创新之间的调节机理等问题；在创新途径与管理子领域，学者们主要研究的是企业创新过程的合作及界面管理、通信企业的创新途径、新创企业的技术创业模式等问题；在创新环境子领域，学者们主要研究的是企业全员素质与创新环境、企业创新环境两个问题；在创新中的知识管理子领域，学者们主要研究的是企业创新能力形成及提升过程中的知识整合、技术范式转变期的企业知识管理、跨国公司内知识的国际转移的文化影响机理等问题；在企业自主创新子领域，学者们主要研究的是组织间合作的知识转移对企业自主创新的影响、企业组织创新氛围以提升企业自主技术创新能力等问题；在创新绩效子领域，学者们主要研究的是不同治理环境下企业技术创新行为对竞争力的影响、企业创新网络与企业创新绩效的关系、企业研发边界对创新绩效的影响、组织对企业创新绩效的影响、企业文化因素对团队创新绩效的影响等问题。

在创新扩散领域，学者们主要研究的是创新扩散的过程机制、技术转移中技术商品的价格模型、创新扩散的随机模型、国际性技术外溢的经济效果、我国技术引进与扩散的格局、国际技术溢出的动态门槛模式等问题。

在产业创新领域，学者们主要研究的是产业创新管理与产业创新机制两大类问题。其中，在产业创新机制子领域，学者们研究的主要是产业技术进化、产业组织与技术创新的相互作用、产业技术学习过程、典型工业技术发展规律及创新过程、价值转移与路径创新、战略产业自主创新、创新机制和效率、创新的技术轨道、产业价值链整合的商业运营模式创新、绿色技术创新过程与模式等问题；在产业创新管理子领域，学者们研究的主要是技术创新管理流程再设计、机电新产品概念开发方法、创新型企业技术创新与知识管理、易逝性高新技术更新中的收入管理、创新型企业的二次创新战略等问题。

在区域创新领域，学者们主要研究的是区域的技术创新、区域间的创新扩散及知识管理、微电子产业区的创新网络、高新区创新方法与机制、高校技术创新界面与区域互动系统等问题。

在创新体系领域，学者们主要研究的是政府创新政策体系、自主创新的知识产权管理、区域创新系统的评价、区域创新系统中的地方政府作用、国家创新系统与创新模式的比较问题。

在创新管理工具领域，学者们主要研究的是创新定价与投资的实物期权模型、新产品开发及其管理方法、新技术商业化项目的成长路线图、创新产品的评价方法、复杂产品系统的创新过程及评估体系、商务模式创新的计算机仿真、共性技术及公益性技术的筛选标准、风险投资的资信风险管理模式及系统、创新效益的定量评价、企业技术创新评价、企业技术创新审计、创新型企业组织的知识评价、绿色技术创新审计研究等问题。

在创新研究工具方面，学者们研究了工业领域技术创新数据库、发明和专利统计数据在创新评价中的应用问题。

（3）各领域研究的进展。1994～2002年是中国技术创新研究的调整、深入、发展期。该阶段出现了一些极有意义的现象。

一是研究的问题开始细化和深入。在企业创新领域，学者们关注重点主要集中在以下几个方面：第一，关注国有大中型企业高新技术与适用技术协同发展的规律问题；第二，关注民营科技企业全员素质与技术创新环境；第三，关注不同治理环境下企业技术创新行为对企业竞争力的影响；第四，关注企业技术创新能力与地区资本结构优化的关系；第五，关注企业技术创新与制度创新的互动机制、技术创新的有效途径。在创新扩散领域，学者们对企业技术引进与扩散的格局进行了实证研究，关注了跨国公司技术转移策略与我国西部企业技术发展问题。对创新扩散中技术商品的价格模型进行探讨。在产业创新领域，学者们先后对典型工业特别是创新型企业的技术发展与技术进化规律及创新过程、产业组织与技术创新的互动机理进行了研究；许庆瑞（1990）研究了绿色技术的创新过程、模式与机制。此间，谢伟（2006）的研究算是独辟蹊径了，他结合一些产业的情况，研究了中国产业的技术学习过程。在区域创新领域，魏达志、陈光（2002）等学者先后研究了后发区域、微电子产业区的技术创新，以及民族地区高校技术创新界面问题及其与区域的互动系统。在创新系统领域，覃征、汪应洛（2001）对中国和亚洲"四小龙"的技术创新系统及创新模式进行了比较研究，官建成（2002）对区域创新系统进行了评价研究，池仁勇（2005）研究了创新网络与中小企业创新的绩效关系。

二是对一些实质性问题的研究值得关注。陈劲（2013）研究了复杂产品的系统创新过程；翁君奕（2002）研究了商业模式创新与技术创新的协同问题；侯润秀、官建成（2006）研究了创新型企业组织的知识评价问题。

三是开始涉及管理工具和研究工具的研究。其中，在技术创新研究工具领域，学者们开创性地开展了国家（工业领域）技术创新数据库的研究。在技术创新活动的管理工具领域，研究了新产品开发的管理方法和高新技术产品评价的方法。此外，曾勇（2008）研究了技术创新定价与投资的实物期权模型；葛宝山、蔡莉（2007）研究了高技术风险投资的资信风险管理模式及管理系统；毕克新（2010）研究了中小企业技术创新评价与评价问题；向刚（2012）研究了企业创新效益的定量评价与分配问题；陈劲（2006）研究了企业技术创新审计问题和绿色技术创新审计问题。

2003～2007年是中国技术创新学术研究的相对持续深入期。该阶段研究有以下特点：

第一，企业创新、创新体系、创新扩散、创新管理工具、创新研究工具五个领域的研究相对持续深入、集中。在企业创新领域，学者们研究了企业技术创新行为的非线性系统；施建军（2007）研究了企业研发边界选择对创新绩效的影响；学者们研究了基于价值转移与路径创新的中国汽车企业的竞争优势来源及突破机制；学者们研究了企业大股东与经理人之间的信任关系对企业技术创新行为的影响；学者们研究了网络环境下企业技术创新过程中的界面管理及合作，研究了技术创新网络中核心企业的形成机理，研究了企业冗员资源与创新之间的关系。其中有代表性的学者傅家骥、仝允桓（1998）研究了高科技企业的网络能力与创新的关系。在创新扩散领域，王峥（2008）研究了区域间的创新扩散与知识溢出。还有学者分别研究了国际技术溢出的动态门槛模式、国际性技术外溢的经济效果。在创新体系领域，李柏洲（2004）研究了区域创新系统中地方政府的作用与行为机理。在创新管理工具方面，杨德林（2006）研究了机电新产品的概念开发方法；唐五成（2010）研究了新技术商业化项目的成长机理、运行机制及其路线图的构建。还有学者研究了面向公共决策的共性技术、公益性技术的筛选标准。在创新研究工具方面，学者们研究了专利、发明统计数据在创新评价中的应用问题。

第二，知识管理、自主创新、商业模式创新、技术型创业等新的领域得到关注。在创新中的知识管理领域，吴晓波（2009）研究了技术范式转变期的企业知识管理；蒋春燕（2006）研究了新兴企业知识与社会资本的绩效影响；还有学者研究了创新型企业的技术创新与知识管理、跨国公司内知识转移的文化影响机理。在商业模式创新领域，学者们研究了以下几个主题：基于电信产业价值链整合的商业运营模式创新；基于复杂科学的商业模式创新。在自主创新领域，陈劲（2007）研究了开放式自主创新的机理与资源配置模式；组织间合作的知识转移对企业自主创新的影响；企业自主创新能力形成与提升过程中的知识整合；以提升企业自主技术创新能力为导向的企业组织创新；战略产业自主创新与国际竞争力问题；自主创新的知识产权问题；基于工具—过程框架的自主创新的政策体系。在技术型创业领域，刘景江、许庆瑞（2002）研究了科技型新创企业的技术创业模式。

第三，创新的一些实质性问题得到了较为集中的研究。这主要涉及客户创新、企业家创造性、供应商创新及文化与组织因素对创新的影响等。其中，王永贵（2007）研究了顾客创新过程；汪涛（2007）研究了新产品开发中的顾客参与对新产品绩效的影响；张庆林（2007）研究了企业家创造性与企业创新潜力的关系；李随成（2007）研究了供应商参与新产品开发的因素及其对产品开发的影响；宝贡敏（2007）研究了文化因素对高技术创新团队绩效的影响；徐二明（2007）研究了企业集群中组织场对创新绩效的影响；鲁若愚（2003）研究了易逝性高新技术更新过程中的收入管理。

2. 中国技术创新研究的方法论进展

1989~1993 年是我国学者们技术创新研究的"导入期"。在这期间我国研究者们主要关注的是"导入"国外技术创新理论的学术思想，故不甚关注导入国外的结构化研究方法，这由此间的研究报告、学术专著、刊发论文、学术交流语言等足见一斑。这期间最为常见的研究方法是逻辑推演（如对某种问题的成因的逻辑推演分析）、问卷调查、案例调研与分析、基于问卷调查和统计数据的简单的描述性统计分析。

1996 年至今我国学者注重研究工具开发和导入数理分析方法，开始关注数据的积累与研究工具的开发，开始了建立创新数据库的探讨。开展了国家（工业领域）技术创新数据库的研究，研究了发明、专利统计数据在创新评价中的应用问题。此间，2001 年中国加入了 WTO，大学对外学术交流更为频繁，特别是计算机网络的国际互联，国外学术期刊进口量增加，使得国内学者接触国外研究信息更为方便，海外华人学者归国增多，以及本土学者对于传统逻辑推演方法欠缺的反思，还有国内大学对于国际检索文章数量的追逐，故在国内创新研究中导入统计检验、数理分析方法的步伐加快。显然，国内学者越来越认识到要与国外学者交流，要使分析更为深入、结论更为可信，就需要导入数理分析方法。尽管技术创新研究中的数理分析方法是较为简单的（根据案例分析或学者的经验及感悟提出假设、建立数理分析模型、获取数据、统计检验），但这使得国内向国外介绍自己的研究成果有了共同的结构性交流语言。基于此，就出现了规范研究与实证研究相结合、定性讨论与定量分析的研究方法并存的局面。

3. 国内外知识溢出对技术创新的影响的相关研究

技术创新的源头是知识溢出，是影响技术创新的关键要素。新的有效的知识往往是模糊的、甚至是难以识别的、难以编码的，这些知识传递和转移的最有效方式就是通过面对面的联系。

关于知识溢出对技术创新能力影响的研究主要围绕着两者之间的基础关系。从知识与技术创新的宏观角度分析，纳卡（Nonka，1995）认为知识和技术创新有着密切的关系，创新的本质就是知识的创造，创新的潜力依赖于创造知识，并将其在组织中传播，以及将其融入服务、新产品以及过程的能力。巴普蒂斯（Baptista，1998）总结得出区域性知识溢出是经济快速发展和增加技术创新产出的重要因素。亚瑟（Athreye，2000）在研究剑桥创新型企业园区时，将剑桥创新型企业集群出现的聚集基础区位因素归功于剑桥园区良好的知识条件，充沛的人力资本，便利的港口条件。希尔维奥（Silvio Popadiuka，2006）则从不同知识类型的角度分析，认为知识的不同组合对应着不同的创新类型。麦志达（Jaideep C.，2005）则把知识细化，认为知识深度、知识宽度和知识相似性影响到企业的技术创新能力。保拉·加罗内等（Paola Garrone et al.，2010）通过对可再生能源技术的分析可知，即使本国的知识存量较少，同样可以通过跨国家的知识溢出来提高技术创新能力。而如果外商投资过多，则不利于提高技术创新能力。

国内的学者也对知识溢出与技术创新进行了研究。通过实证研究的结果反映了知识溢出将加快企业的技术创新，对技术进步存在提升效应，尤其创新型企业知识溢出对区域内产业创新产出影响显著，如蔡伟毅、张俊远（2009），石琳娜（2011）等。也有学者认为知识溢出又会对企业的技术创新产生双重影响，既有积极的推动作用，也有消极的影响，如张聪群（2005）。现有的文献说明知识溢出对技术创新能力具有重要作用，它能提高技术创新能力，加快经济发展。由于高科技产业对于一个国家的创新能力至关重要，多数学者认为知识溢出对高科技产业的影响很大。

对于知识溢出对技术创新的具体影响，学者大都借助于知识存量的知识生产函数，实证研究的结果反映了区域内和区域间的创新型企业知识溢出都对产业创新产出影响显著。产业集群因素——区域内知识溢出水平超过了研发资本因素，对创新产出的贡献相当大，这也证明知识溢出的存在将促进发展中国家的技术进步。在存在知识溢出的情况下，技术进步存在自我加强的机制，知识溢出将加快企业的技术创新，知识溢出对技术进步存在正反馈效应。

从上述分析可以看出，国内外对知识溢出与技术创新能力的相关研究多运用模型来证明两者的确相互影响、相互作用，但内涵方面究竟有何联系，知识溢出的各个主体、技术创新的各个方面究竟是如何作用却鲜有研究，对创新型企业的知识溢出对技术创新能力的影响更是鲜有研究。

1.2.3 国内外空间性的相关研究

国外空间性的相关研究：空间计量经济学是计量经济学的一个子学科，它用回归模型处理区域之间或面板数据的空间关系和空间结构的问题。传统经济学认为知识的传播不受地理限制，如果按照这种假设，企业不会从地理位置的优劣上得到什么好处，但是空间计量经济学理论认为，一个地区空间单元上的某种经济地理现象或某一属性值与邻近地区空间单元上同一现象或属性值是相关的。几乎所有的空间数据都具有空间依赖性或空间自相关性的特征，空间依赖的存在打破了大多数经典统计和计量分析中相互独立的基本假设。奥维兹和费尔德曼（Audretsch and Feldman，1996）发现创新活动呈现出一定的集聚趋势，在新经济知识发挥作用越突出的产业尤为明显。即使排除生产集聚的影响依然如此。菲舍尔（Fischer，2003）运用澳大利亚高科技产业数据得出高校作为知识源的地理媒介知识溢出的存在，溢出效应超越了行政区域的地理范围，并且这种溢出呈现出明显的距离衰减趋势。托本（Torben，2010）认为现有的模型只解决了空间依赖性的问题，在此基础上创建了可以控制空间异质性和依赖性的空间选择模型对德国的知识溢出进行分析。

国内学者关于空间性的文献主要是从理论上和计量上的分析。在理论上，一方面，我国地区与地区之间的运输条件不够完善，有形成多元中心的条件。由于规模经济这一因素，这些产业会在全国形成几个生产中心。另一方面，知识是全球性的，但知识溢出具有空间局限性。空间距离仍然是决定国际技术扩散和知识溢出的重要因素。同时知识溢出的地域性特征并不受产业之间 R&D 差异的影响，也不受特殊地理位置的影响。因此不论是在技术密集度的行业还是在劳动密集度高的行业，不论是 R&D 储存和溢出高的行业还是 R&D 较少的行业，不论是在经济发达地区还是欠发达地区，知识溢出均存在空间局限性。而从计量角度来看，学者们大都运用空间计量经济学的空间常系数空间滞后模型、空间误差模型、变系数回归模型——地理加权回归模型，以及利用空间自相关 Moran 指数对集群、研发或其他指标进行分析。如有学者发现，中国省域创新能力的贡献中，大学研发对区域创新能力有显著的贡献，而也有学者认为贡献主要由企业研究与开发投入实现，大学研发对区域创新能力没有明显的贡献，大学研发与企业研发的结合没有对区域创新表现出显著的作用。还有学者认为，大学研发对区域创新能力增加不显著，但和一些指标结合（如人力资本），结果就显著了。

从上述分析可以看出，国内外有关空间计量的研究已经打破传统经济学认为知识的传播不受地理限制的观点，打破了大多数经典统计和计量分析中相互独立的基本假设，把相互联系的各个区域联系起来，这是对传统经济学的突破。但对于面板数据的空间计量仍然在发展研究中。

综上所述，我们可以看出国内外创新型企业知识溢出对技术创新能力影响相关研究的不足之处主要有以下的几个方面：

（1）没有强调多元主体的作用。仅从企业的范畴进行研究，如研发投入、人力资本等主体来考虑，忽视了大学、政府、企业、金融、中介等构成的技术创新系统。技术创新的成功更是依赖政产学研等主体的合作，集中体现了融合创新和合作创新在技术创新发展中的作用，任何一方都不是单独存在的，都是和其他几个影响方面相互联系、相互促进，不仅应该单独研究，还应放在一起，研究多方面叠加对经济的影响。

（2）较少地运用空间计量，尤其国内的文献较少。空间因素大多被忽视了，甚至被置于理论和实践研究的框架之外。但在知识溢出、技术创新的理论与实践研究中，如果忽视了经济行为的空间特征，知识就不存在溢出了。但在国内的研究文献中，空间计量还是很少被运用，得不到学者的重视。

（3）在技术创新的集聚研究中，从知识溢出的角度研究对技术创新的影响很少。即使从知识溢出方面来研究，也只是从一个方面进行研究，如从大学或科研机构的知识溢出，没能把两者细分然后整合，全面系统地进行分析研究。

（4）对创新型企业产业研发比较缺乏，更是很少从政产学研的结合来研究。大多文献并未区分和单独研究创新型企业，但是创新型企业是国家的未来发展的方向，在创新型企业中，R&D占有较大比重，是企业中最重要的一部分，因此行业内与行业间的知识溢出对创新型企业发挥了很重要作用。

（5）忽略了地方制度、社会和文化结构对促进地方经济发展中的作用。"文化，制度转向"具有重要意义，事实上，所有的经济行为都是一种社会行为，经济过程、个人动机等必须放在社会经济文化传统，政治规则的过程中去理解，而现有的文献很少去研究质素文化方面的影响，把这些方面看成同质的，没有重视文化制度的形成及构造。

1.2.4 国内外创新型企业相关研究

1. 有关创新型企业内涵的相关研究

国内学者从创新型企业需要具备条件、创新对象、自身发展目标、创新所涵盖的时空范围和创新管理等不同角度对创新型企业的内涵进行了探讨。

（1）创新型企业需要具备的条件角度定义。石变珍（2004）认为，创新型企业要能够把创新精神制度化而培养出了一种创新习惯，其概括出创新企业的共同特点：一是知道"创新"的真正意义是什么；二是了解创新的动态过程；三是制定了切合企业实际的创新战略；四是了解适合于创新动态过程的目标、方向和衡量标准；五是企业的管理层特别是高层管理者重视创新，并身体力行。我国科学技术部副部长李学勇（2006）认为，创新型企业主要是指拥有知名品牌和自主知识产权、国际竞争力强，并凭借创新实现持续发展的企业。其发展的根本战略是创新，注重技术创新、管理创新、机制创新和文化创新。胡卫敏（2007）认为，创新型企业在创新意识、创新文化、创新战略、创新机制、创新组织上都要保持持续性，并以此作为提升企业竞争力的关键。张玉明、梁益琳（2011）认为创新型中小企业是指那些有新技术、新工艺、新产品、新流程或新商业模式并以创新为核心的中小规模企业，具有高成长、高风险、高科技与新经济的特征。

（2）从创新型企业自身发展目标的角度定义。秦书生（2004）认为，创新型企业要具有显著的创新效果，表现为企业技术基础的不断进步，这既包括表现为创新超额利润的经济效果，也包括技术效果。企业要不断地积极进取、不断获得利润，持续创新，其内部必然有着一套健全的持续技术创新机制作保证。李国栋、陈勇星、谭浩俊（2007）认为创新型企业具有取得不断发展和获取更多利润的双重目标，创新型企业要在创新思想的指导下，以实现全面而持续的自主创新为手段，把创新体系作为基础，将品牌作为核心竞争力和知识产权化的技术。李军（2008）认为创新型企业是以创新为指导思想、以创新体系为基础，通过市场、技术、管理、战略、文化、制度等方面系统的、持续的创新来提高核心竞争能力，并且获得持续性存在和发展的新型企业。吴运建（2011）把创新型企业定义为具有将创新作为企业核心竞争力源泉，创新理念，不断进行全面创新的企业。

（3）从创造新价值和新产品开发角度定义。张良（2000）认为，创新型企业要在技术进步革新的基础上，使用新技术开发新产品，形成新的产业、开拓新的市场、实现新的增长。程家明、夏冬（2001），万希（2006）认为，创新型企业是把持续创新作为企业发展的主导思想，以新产品的持续开发、产品功能以及工艺设备的持续改善为驱动的企业。黄品奇（2002）将创新型企业定义为以各种资源为支撑，以创新为成长动力，能创造出新价值的新型企业。刘立（2006）认为，创新型企业不但要善于发掘潜在市场，更进一步要具有能够推动环境演化的能力，并且具备持续的创新能力，在此基础上创造新价值，实现企业成长的柔性组织。田波（2008）认为，创新型企业所有创新的根本落脚点是产品创新，通过新产品的开发企业获得生存与发展。金大伟、陈春明（2006）等认为，创新型企业是指以不断创新的观念和组织文化为指导，以良好的组织创新活动为支撑，以自主研发或消化、吸收、再创新为手段，以创新成果的转化利用为创新目标，以不断创新作为激发企业持续发展的核心竞争力的新型企业或企业集团。

（4）从创新内容的角度来下定义。黄德春、冯海星（2007）定义的创新型企业内容包括了技术创新、管理创新以及制度创新，它们分别发挥着不同的作用。科技部等三部委（2006）在对创新型企业的界定中，创新内容涉及更广泛，涵盖了理念、技术、文化、品牌、体制机制、经营管理、创新等多方面。

（5）从创新所涵盖的空间和时间范围来下定义。郑刚（2006）根据美国学者塔克的分析，认为创新型企业是相对之前的效率型企业、灵活型企业、质量型企业等而言的一种新型企业。创新型企业的显著特征是，创新成为企业的核心价值观和关注焦点，企业通过整合包括全体员工在内的国内外创新资源，在全时空范围内实现技术及文化、战略、制度、组织、市场与流程等方面的全面协同创新，产生"2 + 2 > 5"的创新效益，并拥有自主知识产权和核心技术，从而赢得持续竞争优势。魏巍（2008）认为创新型企业是指以创新理念为指导，以技术创新为核心，以创新机制为保障，以创新绩效为目的，以全面动态创新作为激发企业持续发展的新型企业。金大伟、陈春明（2006）的定义也体现了创新贯穿于企业活动的全范围和全过程的思想。

（6）从创新管理角度定义。韩中和（2002）在对日本研发组织研究的基础上，提出创新型企业在新产品开发时应强调建立学习机制、加快开发速度、增强研发组织的柔性机制。刘光忱（2005）从人力资源开发、设备的更新改造、检测手段的提高、工艺流程的改进、管理流程的优化等诸多因素出发讨论了创新型企业的技术创新视角。王任飞（2005）从创新型战略企业的资本结构选择中提出用不断的投资来改善产品的差异性的观点，认为企业的投资都可以看作是创新性投资，这种依靠不断的创新性投资而保持自身竞争优势的企业称为创新型战略企业。

除以上几种类型的定义外，也有学者通过定量的衡量标准来下定义。如官建成、王军霞（2002）提出可以从两个方面来判断创新型组织：一是考察创新能力是否为组织的核心能力；二是考察组织对创新制度的执行情况、创新的投入和创新的产出等指标是否处于较高水平。他们同时还进一步从组织环境、创新投入、创新产出等角度建立了评价组织创新程度的定量指标集。

总的看来，目前学术界关于创新型企业的概念尚未有统一的界定，但已有学者的观点为后续研究提供了有价值的借鉴。

2. 有关创新型企业特点的相关研究

中国软科学研究会副理事长刘吉（2007）认为，创新型企业应具有下列基本特征：有若干重大经济效益或社会影响的自主创新；全面的系统的创新；可持续的创新；高速发展的企业；具有巨大社会影响力和辐射力的企业。刘立（2006）认为创新型企业的特点主要体现在：柔性（有机性）、弹性边界、多元性（组织）、持久性、归核性、动态性、价值性、突破性（路径）、集成性等方面。陈勇星、李国栋、谭浩俊（2007）认为创新型企业的基本特征有：创新性、自主性、持续性、全面性、产权化和效益性。汪永飞、陈留平（2007）等认为，创新型企业有不同于常规企业的特征：智力资本化、资本风险化、管理信息化、收益超常化。蔡凡（2007）认为创新型企业的特征是创新性、开发性、系统性、风险性、自主性、适应性。田波（2008）认为创新型企业的主要特征有：不断提高的综合创新素质、完善的创新体系、持续创新能力和不断提高的企业效益。

魏巍（2008）认为创新型企业的基本特征有：自主性、创新性、持续性、全面性、效益性、产权化。赖流滨、张汉文（2008）认为创新型企业的基本特征有：创新精神、创新内容、条件、风险、成效和持续性创新。吴运建（2011）认为创新型企业的基本特征有：将创新作为企业发展的依托，积极主动创新；建立系统的创新机制，保证了企业创新活动的有序高效开展；创新内容全面包括技术、管理、产品、文化等各个方面并根据行业不同有所侧重；创新成果丰富。

学者对创新型企业的特征进行了总结，虽然观点各有异同，但有一点是一致的，那就是持续动态创新是创新型企业的本质特征。除此之外，创新型企业还具备自主性、风险性、产权化、效益性、价值性、全面性、突破性等特征。

3. 关于创新影响因素的相关研究

关于企业创新影响因素的研究一直是国内外研究的热点。回顾有关创新的文献，可以发现以往的研究大致分为三个方面：一是从微观企业角度分析企业的组织结构、企业领导者、人才引进与管理激励机制、企业文化等对企业技术创新的影响。二是从中观的经济角度出发，进行产业组织分析；三是通过经验研究，考察企业 R&D 经费投入、研发人员投入、拥有的专利数量、信息化水平等资源与能力的相关指标对企业技术创新投入与产出的影响。综观该领域的研究成果，可以发现存在以下几类观点。

（1）基于企业内部资源要素影响的观点。早期，方新（1997）通过对我国大中型企业技术创新的调查问卷分析，提出了 20 世纪 90 年代阻碍我国企业技术创新的三个主要因素：资金缺乏、缺乏市场信息和缺乏从事技术创新活动的人才。高建（1998）等通过对我国 1051 家企业技术创新活动的调查分析后指出：缺乏资金、缺乏信息、缺乏人才和体制不顺是当时企业技术创新的四大障碍。可见，在改革开放的早期阶段，资金短缺和技术人才匮乏是制约企业创新活动的普遍因素。进入 21 世纪后，较典型的研究有安同良（2005）对江苏省制造企业进行的大规模问卷调查，研究认为：中国创新型企业技术创新障碍排在前两位的应为人才与技术创新能力，资金与信息已经不再成为重要影响因素，而是知识问题。

（2）基于产品创新过程的定量分析。一些学者从新技术开发及商业化过程入手，试图寻找影响技术创新的关键因素。车斌（2001）通过对企业技术创新全过程及其在各阶段可能遇到的导致创新失败的主要因素进行分析，运用层次分析法识别出各因素对企业技术创新失败影响程度的大小，得出了导致企业创新失败的影响因素程度的大小顺序：技术人才力量不足，市场预测失误，资金短缺，先进适用的工艺设备不配套，营销管理不当，组织内部不协调。史鸿（2003）通过构建技术创新能力评价指标体系，认为影响企业技术创新能力的最重要五个因素为专利拥有数、对引进技术的改造、开发时间、自主创新产品率、产品市场占有率。

（3）基于企业创新绩效与创新效率的影响因素研究。企业技术创新不仅要重视过程，更要关注结果，为此，在企业技术创新绩效与创新效率方面学者们也给予了足够的关注。马宁、官建成（2000）通过实证分析，得出以下结论：影响企业产品创新数量的关键因素是 R&D 投入与技术合作；影响企业新产品销售强度的关键因素是 R&D 投入、人员素质和创新策略；企业的技术创新能力受制于 R&D 投入等。由此，我们可以看到 R&D 投入以及有效的管理是取得良好创新绩效的两个基本条件。朱乾、杨勇（2011）研究发现，在企业技术创新能力的构成因素当中，技术创新实力直接影响技术创新绩效，而技术创新管理能力对技术创新绩效有显著的促进作用。

（4）基于产业与制度层面的研究。还有一些学者运用计量经济学方法考察了企业规模、所有制等因素对企业技术创新的影响。池仁勇（2003）根据浙江省230家企业的问卷调查，测算了大、中、小企业的技术创新效率，并对影响该效率的各个因素进行了回归检验。研究结果表明，企业技术创新效率按所有制排序是：外资企业、股份制公司、民营企业、集体企业和国有企业；而企业性质、企业技术创新方式，内部职能部门的协调性对技术创新效率均有显著影响。史晓敏，官建成（2004）对我国创新型企业的技术创新能力的实证调查显示：企业技术创新能力与技术创新绩效之间存在明显的因果关系。R&D 能力对中小型企业技术创新绩效贡献的显著性最高，大型企业的技术创新绩效则很大程度上取决于资源配置能力。安同良（2006）以江苏省创新型企业为样本，以统计实证与计量分析等方法考察企业所处的行业、企业规模以及企业所有制三个因素对企业 R&D 行为的影响，得出中国小企业、中企业、大企业的 R&D 的强度趋势存在明确的倾斜的 V 形结构关系，并指出国外企业有更为活跃的研发活动，国有和集体所有制企业 R&D 强度最低。侯润秀、官建成（2006）通过研究发现，外商直接投资的流入对我国（包括"三资"企业）的技术创新能力有着显著的正面影响。张世龙、张炜（2008）选取了浙江省85家技术创新企业，考察了创新型企业的创新输入（创新网络建设、研发和人力资本投入）、创新过程（制度文化创新、战略创新、技术创新、行为创新和市场创新）、创新输出（竞争绩效、组织创新绩效和潜力绩效）各要素间的影响关系。该实证研究相比其他类似研究而言，涉及的要素更为全面，但不足的是对环境等调控变量未作考虑；同时问卷发放的范围比较狭窄、数量较小，且限于技术创新型企业，因此适用范围有限，还需要更多的学者对其他地区的创新型企业开展更为全面的研究。陈昆玉（2010）研究了在 2006 年国家开展创新型企业试点工作以后，试点企业创新活动、股权结构以及公司业绩间的关系。研究结果发现：入选试点企业后，企业的创新产出得到显著增加；控股股权性质、股权集中度以及管理层股权激励对创新产出的变化没有显著影响；另外，创新产出增加对公司业绩也没有显著影响，这说明政府的行政干预不利于企业良性创新机制的构建以及长期发展。

（5）基于创新激励的研究。最早的对创新激励进行系统研究的是傅家骥，他提出了创新激励的必要性和四种激励机制以及创新激励的基本框架，他认为，对技术创新活动的政府的激励可分为两个层次：一是国家对企业创新活动的政府的宏观激励；二是企业内部对创新活动的微观激励。傅家骥先生提出创新激励的四种机制，分别是产权激励机制、政府激励机制、市场激励机制、企业激励机制，并分析了上述四种激励机制的相互作用。刘友金先生在《企业技术创新论》（2003）中对企业技术创新激励进行了专门的研究，提出了企业技术创新激励的内涵，即通过制度安排、政策或其他措施激发各创新活动主体和参与者的技术创新积极性和主动性，以实现技术创新的系统目标。同时也提出并分析了企业技术创新的四大激励措施，即：市场、产权、政府、内部激励。此外，刘友金先生还研究了技术创新的产权激励过程模式和技术创新产权激励的局限性，以及市场激励的缺陷，并且针对企业的内部激励提出了适合我国企业的一些激励措施。

4. 有关企业持续创新的相关研究

国内研究持续创新的主要有清华大学傅家骥教授，昆明理工大学向刚教授，西安交通大学汪应洛院士等。其主要研究成果有：

（1）在企业技术创新领域的研究。傅家骥教授等在 20 世纪 80 年代末至 90 年代对企业创新进行了系列研究。他对当时国外创新研究的发展作了基本论述，对我国当时国有企业技术创新对经济发展的作用、国有企业技术创新的障碍等方面进行了研究，初步涉及持续创新的理念。他还认为在根本性的产品或工艺创新出现之后，还会有一系列后续的渐进性创新并形成新群，从而引起新产业的成长和老产业的再生和衰亡，这一过程称为持续创新过程。这一方向上的研究将持续创新视为根本性创新产生之后，特定产业中各类创新的分布方式以及创新对产业成长的作用方式。

（2）对企业技术创新及其持续性的研究。夏保华（1999，2003，2004）对企业持续技术创新的概念、动因、本质进行分析，提出了企业持续技术创新是由两个阶段组成（即技术家族创新阶段与战略技术创新阶段）的经过多次循环往复的过程以及企业持续技术创新的四个动因：第一，技术演化的周期兴衰推动企业持续技术创新；第二，激烈的技术创新竞争迫使企业持续技术创新；第三，持续技术创新经济诱使企业持续技术创新；第四，持续技术创新是现代企业制度的必然要求。并且指出企业持续技术创新管理是企业从持续发展角度、从战略高度系统地、动态地计划、组织、领导和控制技术创新流的过程。王晔（2012）认为，企业决策者的创新行为不连续、易受企业发展中各种波动的影响、没有或缺少创新专项资金的保障、没有形成企业全员创新行为是导致企业缺乏持续创新能力的原因。因此，企业需要基于保障功能、促变功能、支持功能、整合功能和激励功能，构建三个阶段的企业持续创新能力管理模式，为企业实现持续创新活动提供可行的管理方法。

（3）持续创新风险研究。向刚、倪标、李晨、傅寒韵（2012）认为，创新型企业在持续创新过程中，不是一帆风顺的，而是伴随着巨大风险。风险来自四个方面：战略风险、重大项目的主要风险、人因风险、外部环境中的主要风险，而且这四个方面风险存在着密切关系。因此，他们认为创新型企业应在持续创新过程中建立重大风险管理机制，以确保持续创新的顺利进行。

5. 有关创新型企业绩效评价的相关研究

（1）创新的全过程角度。王宁（2008）的研究立足于技术创新型企业是一个创新投入—创新—创新产出—再投入—再创新的良性循环过程理论，针对企业技术创新意识、技术创新水平、技术创新投入、技术创新产出（效果）四个方面对技术创新型企业评价指标体系进行设计。魏巍（2008）从创新理念、创新机制、创新力和创新绩效几方面建立了评价指标体系。他认为，从企业创新全过程来看，创新过程是指从创新构思产生到创新实现，直至创新投放市场后改进创新的一系列活动及其逻辑关系。可以分为：创新思想的形成、生产要素的投入、创新技术的获取、创新的组织过程、创新的效果等几个方面的内容。

（2）企业能力角度。创新是创新型企业最根本的特征，国内大多数学者根据此特征，从企业能力角度对创新型企业进行评价。李军（2008）从创新投入、研发、创新产出、创新管理、市场营销、生产制造能力六个方面评价创新型企业创新能力。与此指标体系相比，陈卫东和徐靖怡（2007）、冯海星（2007）建立的评价指标体系则多了一个制度创新能力，其他六个指标基本相同。从创新对象角度出发，赵凌晨、马永红、刘拓（2007）分别从技术、市场、产品、管理四个角度来构建评价指标体系。刘耀、黄新建、张滨松、许智宏（2008）将创新型企业创新能力的评价指标体系分为三个层次。在第一层次上确立了 4 个一级指标：创新投入能力、创新实施能力、创新实现能力和管理制度创新能力；在第二层次和第三层次上分别确立了 8 个二级指标和 28 个三级指标。创新投入能力分为财力投入和人力投入；创新实施能力分为研发能力和生产能力；创新实现能力分为产品创收和市场营销；管理制度创新能力分为管理创新和制度创新。

一些学者考虑了企业可持续创新能力问题。贾友红（2007）选取了20 个研究变量对创新型企业进行评价，这 20 个研究变量包含了可持续发展、创新投入、技术创新、创新生产、营销创新几个方面。祝爱民等（2008）建立了基于创新能力（技术、制度、管理、组织）、效益能力（偿债、盈利、营运）与发展能力（市场发展、战略发展、财务发展）三个模块的创新型企业综合评价指标体系。向刚、陈晓丽、李兴宽、熊觅（2011）基于企业持续创新理论，将创新型企业持续创新动力分为三个要素：企业家及其经营团队骨干员工激励机制的建立；企业家及其领导班子持续创新精神和持续创新意识；企业持续创新文化建设。

（3）技术创新能力与绩效评价方面。陈义华（2006）以网络层次分析法（Analytic Network Process，ANP）对科技活动经费支出强度等 20 个指标项赋权，建立了一套评价体系。傅利平、柳飞红（2009）采用符合企业技术创新能力模糊性特点的三角模糊数构造三角模糊数互补判断矩阵，比较科学地确定了企业技术创新能力评价指标体系中各指标的权重。在企业技术创新能力的评价方法领域，吴耀宏、陈鑫（2009）运用逼近于理想值的排序法，比较分析了我国内地 31 个省级行政区域企业的技术创新能力之间的差异和特征。易聪、廖开际（2010）基于发明问题解决理论，选取创新收益等 20 项指标，创建了一套评价体系。李萌、宁连举（2011）以因子分析法评价了大中型工业企业的技术创新能力。周霞、何健文（2011）通过模糊综合层次分析法建立分析模型，分析评价了民营科技企业的技术创新能力。陈雅兰、朱学冬（2010）通过福建省 61 家创新型试点企业，利用 DEA 方法模型从研发投入、创新业绩、自主产权、创新管理等方面对创新型企业绩效进行了分析评价。顾爱国（2012）选择 461 家国家级创新型企业及试点企业为研究样本，通过构建结构方程模型，分析了企业科技创新对企业绩效的影响。

第 2 章

相关理论基础

2.1 知识溢出的相关理论基础

广义而言，知识是人们通过发现、学习和感悟到的对世界认识的总和，知识逐渐被纳入一个动态的、人与人或组织相互交织的开放的系统，只有在处于"使用"状态过程中，才能够体现出知识价值，才成为真正的、有实践意义的知识。知识是可以改变某些人或某些事物的信息——或使个人（或机构）具备采取不同的和更有效的行动的能力，或成为行动的基础。

综合关于知识概念的各种理解，我们认为知识可以定义为：经过人类思维整理过的，可以用于研究、生产等社会活动的信息、意象、数据、经验以及其他社会化产物。

2.1.1 知识创新理论

知识创新理论来源于知识管理理论，随着许多知识管理学家对知识管理理论的研究，知识创新理论的研究也得到了迅速的发展。

1. 知识创新的含义

知识创新（Knowledge Innovation）是 20 世纪 90 年代出现的概念。对于什么是知识创新目前尚没有统一的定论，它随着知识创新理论的不断发展而不断更新。知识创新是技术创新、制度创新、管理创新的综合，是多个学科的交叉。

艾米顿（1997）明确地对知识创新进行了概括。他认为："知识创新是指为了企业的成功，国家经济的活力和社会进步，演化、创造、交换和应用新思想，使其转变成市场化的商品和服务的活动"。简单地说，就是指通过科学研究，获得新的基础科学和技术科学知识的过程，其目的是追求新发展、创立新学说、探索新规律、积累新知识并应用到产品和服务中去，以促使国家经济活力得到增强，企业获得成功，社会取得进步。把知识创新的过程规定为：创造、商业化、转化。

日本学者野中郁次郎认为：知识创新是新知识在组织内的创造过程，组织通过不断地推广新知识、创造新知识，并将新知识应用到新技术、新产品中，实现创新。

我国著名学者何传启（2001）提出：知识创新是为了社会利益和经济的发现，通过科学研究获得新知识的过程，包括科学和技术知识创新。

多数学者认为，知识创新不仅是技术创新管理创新的基础、更为社会的发展提供了动力、为人类认识自然、改造自然提供了依据。总之，知识创新是以知识管理为手段，将知识不断地转化为生产力应用到社会发展中的过程，这个过程需要在知识共享、知识获取、知识转移的基础上不断探求新规律，创造新发明，最终达到增加知识创新附加值的目的。

关于创新动力的定义，学者们认为，创新动力指影响创新主体产生创新欲望和需求的一系列条件，包括自身的激励和外界的压力等方面。在一个组织中，知识创新动力的来源主要有两大方面，外部环境的推动力和内部影响力。来自外部的推动力主要市场需求、有同行的竞争和政府引导等动力；内部影响力主要有企业文化、员工的好奇心、员工素质和自我价值实现的需要等。

知识创新能力方面，学者提出，创新能力是指创新主体在丰富的知识和开阔的视野的基础上，提出解决问题的新思路、新途径，通过创新的思维发现新问题，并通过创造性的实践活动，产生新产品、新技术或新方法的能力。

在前人的研究基础上，本书认为知识创新能力是通过各种实践活动不断创造具有应用价值、经济价值、社会价值新思想、新知识、新理论的能力，知识创新能力是融合知识创新思维、创新意识、创新技能和创新素质等要素的综合能力。一个人的知识创新能力的高低取决于两个方面，一方面是自身因素如智力、联想能力、活跃思维方式、丰富的知识积累和先进的科学的创新方法等；另一方面是创新者所处环境因素，如组织的协作性，与先进设备、合作者的沟通的支撑等。

2. 知识创新的性质

（1）知识创新的外部性。知识创新的外部性指知识创新行为的"溢出效应"，这种外部性"溢出效应"是通过"知识溢出"而最终体现为企业"利益溢出"。知识创新具有外部性，这是因为无论是发明一个新产品、新服务，提出一种新学说，或是创造一种新工艺流程，还是实施一种新的管理方法，其实质均是对现有知识的创造与重组。知识的最显著特征，就是其非竞争性和知识传播的低成本特征。非竞争性意味着同一主体知识可以被很多不同的主体同时使用和消费；知识传播的低成本表示竞争对手获得相关的重要性的知识不必付出很高的代价，这势必会滋生竞争对手"搭便车"的行为，降低企业知识创新的动力。因此，要不断强化企业知识创新的行为，保护主体知识创新成果，才能最终保证知识创新的积极性。

（2）知识创新的不确定性。知识创新是对未知领域的探索，涉及技术可能性及市场机会的反复验证与搜寻，管理风格及组织结构、手段的新尝试，客户需求的挖掘与创造等，知识创新中的许多努力都花费在摸索与尝试上，意外发现和运气发挥着不可低估的作用，因此知识创新不可避免地与不确定性联系在一起。造成知识创新的不确定性的因素来自几个方面：首先是源自偏好的不可预知的转变。例如在市场调查时顾客还声称对公司筹划中的新产品十分感兴趣，可是等到产品正式推出之后却无人问津；其次是缺乏沟通引起的，例如决策者在行动时不知道其他人做出的相关决策，这通常发生在知识创新前期的信息收集和知识创新过程中的相互协作阶段；最后是行为的不确定性也是导致知识创新不确定性的重要因素之一，例如知识创新中的核心知识泄露、关键岗位人员的流失等。

（3）知识创新的路径依赖性。知识创新，尤其是技术创新，总是倾向于沿着某一路径发展，受某种特定的技术范式的引导。所谓技术范式是指在解决具有工程或技术联系的一些问题时所产生的各解决方案中内含的共同模式。一种范式会判断需要解决的问题，并确定相应的解决方式。在一种范式之内，研究和探索的努力会沿着某一特定路径前进。于是，特定组织中的知识创新，尤其是技术、产品和流程创新，很可能选择一条与先前的成功相一致的发展轨道。

（4）知识创新的累积性。知识创新是建立在人们所拥有的现存知识存量之上的，这些已经积累起来的知识决定着以后知识创新活动的方向。一方面科学技术进步总要建立在先前的成果之上，另一方面技术与技术之间存在着由显性知识和隐性知识构成的纽带。因此，从某种程度上来说，组织的知识创新能力是以往发明和创新累积的结果，这种累积性又导致了知识创新的路径依赖性，某一领域的知识、技术能力通常可在相近领域中发挥作用，而在不相关的领域中作用就不那么突出了。同时，知识创新的路径依赖性既可以不断锤炼组织在特定技术范式中的竞争优势，也有可能使组织过于专注某一方面而忽略了新的市场契机。

（5）具有成果应用目标。知识创新活动的目的并不是产生新的知识，而是把知识应用到新产品、新技术中，将知识转化为现实生产力、推动社会的发展和进步，否则就是纸上谈兵，没有任何意义。

（6）依赖信息技术。信息技术的发展为知识的发现和传播提供了便捷的渠道、为知识共享提供了平台，企业知识创新对信息技术的依赖表现在两个方面，一是知识创新过程中，利用先进的信息技术可以提高隐性知识和显性知识的相互作用和转化，提高知识创新效率；二是知识的发展和循环过程利用合适的信息技术做支撑，可以加快知识的创造、共享、传播和应用过程。

（7）难以模仿性。知识创新和管理制度创新的重要不同之处是知识创新具有难以模仿性，同样，越难以模仿的创新越可能成为竞争优势的持久来源。

3. 知识创新的类型

对于知识创新，可以从不同的角度进行观察，按照不同的标准划分知识创新的类型。从创新知识的类型角度把知识创新划分为技术知识创新、管理知识创新和市场知识创新。

（1）技术知识创新。技术知识创新常被认为是组织产生新的和改进产品、服务方式和生产工艺的过程，以及新的和改进的工艺、产品和服务在整个经济中的商业化扩散过程。技术知识创新又可细分为产品知识创新和工艺知识创新：产品知识创新是指关于推向市场的新产品的知识创新，是面向消费者、用户的创新；工艺知识创新是指对产品的工艺路线、加工过程、设备等技术知识所进行的创新。

（2）市场知识创新。市场知识创新是指为了达到开辟新市场目的而进行的知识创新，如发现产品新用途、寻找新用户、重新细分市场等的知识创新。营销应强调市场的创造而不是市场的分享。彼得·德鲁克曾指出，企业要通过开发利用新机会而不是解决现有问题来取得商业成功。美国杜邦公司的尼龙产品是市场知识创新比较成功的典范。尼龙一开始是用来制造降落伞的合成纤维，然后是用作妇女丝袜的纤维，接着又成为男女衬衣的主要原料和用于制作其他布料，再后来又用于沙发椅套、制造汽车轮胎和地毯等。每种新用途都使新产品进入一个新的生命周期，创造了一种新的市场机会。

（3）管理知识创新。管理知识创新是指创造一种新的更有效的资源整合模式的知识创新。企业管理知识创新主要包括：

一是提出一种新经营思路并加以有效实施。新经营思路对所有类型的组织而言都是可行的、新的，这便是管理知识的一种创新。

二是创造一个新的组织机构，使之有效运转。组织机构是一个组织的管理活动及其他活动的支撑体系，一个组织机构的设计必须使之有效运转，才是一种知识创新。

三是提出一种新的管理方法或方式。一个新的管理方式方法必须能提高生产效率，或能更好地激励员工，或使人际关系更加协调等，这些都有助于组织资源的有效整合以达到组织既定的目标。

四是设计一种新的管理模式。管理模式是指组织总体资源有效配置的范式，某一个范式如果对所有类型组织的综合创新管理而言是新的，则自然是一种创新。

五是进行一项制度创新。创新管理制度是组织资源整合创新行为的规范，既是组织创新行为的规范，也是员工创新行为的规范。制度变革会给组织创新行为带来变化，进而有助于创新资源有效整合，使组织创新效率更上一层楼。因而创新制度的设计也是组织管理知识创新的重要内容。

4. 知识创新的途径

根据组织获取知识的内部性和外部性，可以把知识创新的途径分为自主研发、合作研发和引进模仿三种现实途径模式。

（1）自主研发知识创新途径。企业自主研发知识创新，虽然也包括相应的管理知识创新，市场知识创新，但其涉及的主要方面是组织的技术知识的内部创新。它一般是指在组织依靠自身力量攻破技术难关，独立研究开发，获得新的有开发价值的技术成果，并完成技术成果的商品化过程，直至占领或垄断市场。

当然，自主研发技术创新不是任何一个组织都可以实施的，它需要一定的条件。这些条件主要包括：一方面组织长期以来比较注重对自身技术和自身知识的积累，总体知识存量水平较高，组织具有较强的内部研究开发能力。虽然组织通过内在自主研发可以取得一些竞争优势，但这些优势都只是暂时性的，因为一旦某一组织取得了技术的突破，其它的组织也不会自甘落后，纷纷加入，竞争不断加剧，原来的优势会不断减弱。而且组织在自主创新的过程中会面临很多不确定性因素的风险，比如市场的不确定性、技术开发的不确定性、竞争的不确定性，等等。另一方面组织为开发技术而进行的研究，将会取得什么成果是很难估计的。最后也许研究开发成功了，但是难以估计这种研发是否真正符合组织自身发展的需求。此外，对于任一类型组织来说，难以准确地计算自主创新组织的现有技术或是开发中的技术的寿命。因此，在竞争中面临着所研发的技术知识快速老化的危险。

（2）模仿引进知识创新途径。模仿引进知识创新是指组织以率先者的创新思想和创新行为为榜样，跟随率先者的足迹，并以其创新产品为示范，充分吸取率先者成功的经验和失败的教训，通过引进购买等手段吸收和掌握率先创新的知识秘密和核心技术，并在此基础上对率先创新进行改进和完善，进一步开发和生产富有竞争力的服务或产品，参与竞争的一种渐进性创新活动。

同样，进行引进模仿知识创新的组织也是需要一定的条件的。首先，组织本身要有一定的知识储备。若自身知识水平过低，在选择模仿对象和进行模仿时，就会受到诸多影响，制约引进模仿创新的效果和进程。其次，组织要有一定的管理基础，就是说组织要有一套强大的行之有效的研发管理机制和方法，能够推动和保证引进模仿创新活动的顺利进行。最后，组织必须能够协调技术模仿引进知识创新、市场模仿引进知识创新、管理模仿引进知识创新的协调发展，因为三者是相辅相成、互相促进的，任一方面的落后都会影响其他方面的有效进行。

不过，采取引进模仿知识创新也要注意一些问题。引进模仿创新决不意味着单纯的复制仿造，照搬照抄，其战略要义在于引进模仿基本技术和率先者的行为，它要求组织必须进行适合市场需求的改进和创新。而且引进模仿行为应当避免侵犯知识产权，在法律的规范下进行，以免造成不应有的麻烦。要取得理想的效果，组织在模仿引进前应进行必要的学习和知识准备，同时，要通过模仿引进培育自主开发能力。

（3）合作研发知识创新途径。合作研发知识创新，是指以企业为主，

企业之间，高等院校、企业与科研机构等单位的合作，共同推动知识创新
的组织方式。这种产、学、研合作的知识创新模式可以充分发挥各自优
势，从而降低知识创新风险，实现资源互补，缩短知识创新周期，同时使
合作各方在共享成果的基础上共同发展，获取更大收益。

这种产学研合作一旦成功，企业吸收知识的来源比原来丰富了，合作
研发知识创新的优势就会体现出来。企业可以从中快速选取并沉淀自己所
需的知识，创造出企业的竞争优势，提高知识创新成功的可能性。但是，
一旦合作失败，企业的知识存量不仅不会增加，反而会因为外溢而减少。

综上所述，知识创新的三条路径各有利弊，自主研发创新优势明显，
但市场竞争、研究开发的不确定性风险较高；模仿引进创新可以避开首创
的高风险，在成本降低等方面具有竞争优势；合作研发模式是知识创新的
未来走势，优势在于合作各方优势互补，分散创新风险，培养彼此的协作
精神。组织在选择路径时，一定要看清不同路径的优缺点，审视自身的条
件，同时要明确自己的定位，从而选择合适的知识创新路径。

5. 知识创新的过程

目前关于知识创新过程的研究中最具代表性的是 SECI 模型，该模型认
为知识创新是一个动态性、连续性的螺旋上升的过程，该过程的知识创新分
为四个阶段：创新知识社会化阶段、创新知识外部化阶段、创新知识组合化
阶段和创新知识内部化阶段，如图 2 - 1 所示。

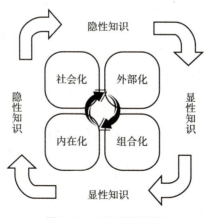

图 2 - 1　知识创新过程

（1）创新知识社会化阶段。即是从隐性知识到隐性知识的创新知识过

程，该阶段是通过组织内部成员之间的有效沟通交流从而促成知识在组织内部的共享、转移和集成，最终达到知识创新的目标。知识创新的关键是组织内部成员之间积极共享自己的创新隐性知识，此时，团队文化、管理模式、组织结构成了影响员工积极性的主要因素，因此完善知识创新环境是提高知识创新效率的有效途径。

（2）创新知识外部化阶段。即是从隐性知识到显性知识的创新阶段，该过程主要是把组织隐性知识用有效的方式表达出来，然而隐性知识通常是难以表达的、难以描述，往往只能通过隐喻、图标、可视化的工具等进行转换，通常，知识库管理系统、会议系统等平台都可以促进隐性知识向显性知识的转化。

（3）创新知识组合化阶段。即是从显性知识到显性知识的创新阶段，该过程的主要目的是将主体分散的显性知识组合成新的显性知识，并通过知识创新系统的分类、优化和系统化提高现有知识的转移和转换效率，增加知识的使用价值。

（4）创新知识内在化过程。即是从显性知识到隐性知识的创新阶段，组织显性知识的分布图可以帮助员工快速找到自己所需要的新的知识，从而有效提高组织员工自身素质，为促进员工隐性知识创新提供基础。

由此可见，知识创新的每一个阶段都会受到各界因素的影响，这些因素有些会促进知识创新的转化、有些会对知识创新的转化形成阻碍，知识创新中所有过程影响因素的汇集组成知识创新的动力系统，组织的知识创新数量在不断的动力循环中增加。

6. 知识创新的影响因素

任何事物的发展都离不开其所处的环境，环境就像一把双刃剑，一方面为事物的产生、发展提供基础，另一方面也会阻碍事物的正常发展。知识的本质属性有：内隐性和外显性、环境依赖性、复杂性，这些特性的存在导致知识创新过程会受到各界因素的影响，综合起来看分为以下几方面。

（1）人的因素。人不仅是知识的载体，更是知识创新的执行主体，由于隐性知识的存在，人成了其唯一的载体，在知识创新的过程中起着重要的作用。人类对知识的不断创新和积累推动了社会的不断进步和发展，对于一个组织来说，需要员工不断进行知识的创新和积累，并把新的知识转化为生产力，最终成为企业的竞争优势。

　　知识创新并不仅仅是科研人员自己的事，组织内部的知识创新观念、态度都对知识创新的成败有着重大的影响，组织中无论是高管还是普通员工都应是知识创新的参与者，参与到知识创新的各个环节中来。

　　(2) 沟通因素。由于知识层次、文化观念的不同，同一个组织内的成员在思想上有着很大的差异，在对待事物上往往会有不同的观点，在知识创新的过程中的体现更是明显，这时，简单有效的沟通机制就为各执一词的员工们搭建了达成一致观点的桥梁，由于许多知识是隐性的，只存在员工的脑海里，知识的转移就要靠沟通，作为知识创新的重要环节之一，能否成功转移是知识创新的成败关键，这时如果沟通渠道不通畅会导致知识在转移过程的失真或者是遗漏，导致知识创新效率降低；相反，畅通的沟通机制可以增加知识转移的时效性，抑或在此过程中碰撞出新的火花让知识创新更高效。总之，良好的沟通机制对于知识创新功效有着事半功倍的效果。

　　(3) 组织结构因素。知识创新的组织结构影响因素主要表现在知识交流和企业知识获取方面。尤其在员工的沟通交流方面，组织结构会对其产生显著的影响。企业层级和空间的限制可能影响到知识的创新过程中的不同阶段。员工之间的距离的增加和某些其他的物理障碍或者上下级之间的沟通难度大等因素，会使企业员工的沟通效率下降，对于知识创新的过程和功效的提升来说，这是非常不利的。

　　而扁平化、柔性化的组织结构，由于其灵活、适应性强等特点，有利于知识创新功效的提升，有利于知识交流和共享，有利于企业把握创新的机会。合理的组织结构，应当以创造更多的交流和沟通为目的，这将促进企业知识的创新功效的提升，有利于共享和交流知识。而不合理的组织结构，则会导致知识创新的障碍。

　　(4) 资金的影响。知识创新的过程是需要各种经费的支撑的，如果缺乏资金不仅会降低员工创新的积极性，更影响知识创新的质量，有些知识的创新是需要在不断的实验中才能得出，实验材料的不足、资金的匮乏都会影响知识创新的质量和数量。大量研究表明，在我国资金投入不足已是阻碍知识创新的主要因素。

　　(5) 文化因素。社会文化和组织内部文化都对知识创新有着不可忽视的影响，知识创新是个持续学习的过程，组织的内部文化建设是组织进行知识创新的平台。

2.1.2 知识溢出理论

知识溢出的概念于20世纪60年代提出，是指知识接受者将获得的知识与自有知识相融合开发出新的知识，却没有给予知识的提供者以补偿，因而提供者没有享受全部收益。或者给予的补偿小于知识创造的成本，接受者自觉或不自觉地没有承担全部成本的现象，我们将这一外部性和产生这一外部性的过程统称为知识溢出。即知识溢出不仅仅是一种结果，而且是一种过程。

在现代社会的发展过程中，知识溢出发挥了越来越大的作用，外部知识源与内部知识源溢出的知识能够迅捷高效地积累到组织的知识资本的蓄水池中，这是一个渐进与累积的学习过程，并成为技术创新的雄厚资本与坚实基础。知识溢出这种外部性的存在，能够带来一种积极效应，从而以较小的社会成本换取较大的社会收益，但是，这有可能也会带来企业进行知识创新的积极性的问题，所以，我们要考虑到知识创新与知识溢出可能存在的矛盾，并且通过一定的激励或者合作机制，来协调好知识溢出和知识创新之间的问题，从而使得企业或者社会能够进行良好的发展循环。

1. 知识生产函数

知识生产是指人类在从事R&D活动或生产活动中所创造的新产品、新工艺、新资源、新市场和新的管理模式（熊彼特，1912）。而知识生产函数是分析区域知识溢出和检验其对区域创新影响的一个强有力的经验检验模型。亚费（Jaffe，1989）对知识生产函数的定义是分析区域知识流动属性和检验其对区域创新影响的一个强有力的经验模型工具；安瑟伦（Anselin，2000）运用空间计量模型对这个分析框架进行了进一步扩展；菲舍尔（Fischer，2003）提出的精炼知识生产函数将区域内与区域间的溢出效应完全分离，并且考虑知识生产的时滞。

古典的知识生产函数本质上是一个两元素的C－D函数，后经诸多学者的修补和发展，已经成为分析区域知识流动属性和检验其对区域创新影响的一个强有力的经验模型工具。这个模型被广泛地运用于区域创新的经验分析。

知识生产函数的发展：

（1）格里里奇（Griliches）提出的知识生产函数模型。格里里奇对知识生产函数的定义是分析高等院校研究对区域创新能力地理溢出的概念性框架。格里里奇的知识生产函数是：

$$Y = F(X, K, u) \tag{2.1}$$

式（2.1）中，Y 是宏观或微观水平的产出；X 是正常的生产投入向量比如劳动力与资本；K 表示技术知识水平，由现在和过去的研发费用决定；u 是其他因素的作用或随机误差。技术知识水平由现在和过去的研发投入决定：

$$K = G(W(B)R, v) \tag{2.2}$$

式（2.2）中：$W(B)$ 是一个滞后多项式，B 是滞后算子；R 是研发经费；v 是随机误差项。格里里奇用柯布－道格拉斯函数形式对知识生产函数进行了具体的表述：

$$Y = DC^{\alpha} L^{\beta} K^{\gamma} e^{\lambda t + u} \tag{2.3}$$

式（2.3）中，D 是常数项，t 是时间，e 是自然对数，α，β，γ 和 λ 是待估参数。

（2）亚费（1989）扩展和改进的知识生产函数。亚费对知识生产函数的定义是分析区域知识流动属性和检验其对区域创新影响的一个强有力的经验模型工具。亚费扩展的知识生产函数由改进的两个投入要素的 C－D 函数构成：

$$\log(P_{ikt}) = \beta_{1k} \log(I_{ikt}) + \beta_{2k} \log(U_{ikt}) + \beta_{3k} \left[\log(U_{ikt}) \log(C_{ikt}) + \varepsilon_{ikt} \right] \tag{2.4}$$

式（2.4）中下标 i 表示观察的单元，k 表示技术领域，t 是时间；P 是公司的专利数，代表经济上运用的新知识；I 是企业的 R&D 费用，U 是高等院校研究投入；ε_{ikt} 是随机误差项；变量 C 是区域内高等院校与企业研发活动的地理相融指数。模型是一个企业和 R&D 与高校科研的技术关系。表示企业与高校之间相互的知识溢出。为了表述这种相互影响，亚费扩展的知识生产函数还包括两个伴随模型：

$$\log(U_{ikt}) = \beta_{4k} \log(I_{ikt}) + \delta_{1k} Z_1 + \xi_{ikt} \tag{2.5}$$

$$\log(I_{ikt}) = \beta_{5k} \log(U_{ikt}) + \delta_{2k} Z_2 + \mu_{ikt} \tag{2.6}$$

Z_1 与 Z_2 是两个区域属性变量，对于上述模型（2.5）来说，它表明了高校研发取决于企业 R&D 和区域属性变量，而对于模型（2.6）来说，它表明了企业 R&D 依赖于其交叠部分和其他区域属性变量，因为有些高校研究是由企业赞助的。

（3）安瑟林（Anselin，1997）提出了应用空间计量经济学模型的知识生产函数。空间经济学的模型总体上可分为空间滞后模型或空间自回归模型（SAR）：

$$y = \rho Wy + X\beta + \varepsilon \qquad (2.7)$$

和空间误差模型（SEA）：

$$y = X\beta + \varepsilon$$
$$\varepsilon = \lambda W\varepsilon + \mu \qquad (2.8)$$

上述将在空间计量一节中继续提到。

（4）费舍尔（Fischer，2003）提到的精炼的知识生产函数。费舍尔提到的精炼的知识生产函数将区域内和区域间的溢出效应完全分离，并且考虑到了知识生产的时滞。

$$K_{i,t} = f(U_{i,t-q},\ S^U_{i,t-q},\ R_{i,t-q},\ S^R_{i,t-q},\ Z_{i,t-q}) \qquad (2.9)$$

式（2.7）中，i 和 t 分别表示区域和时间，q 表示研究投入与产出的时滞期。为了分离区域内和区域间知识溢出的影响，费舍尔作了如下的设置：

$$U^*_{t-q} = (U_{1,t-q},\ \cdots,\ U_{N,t-q}) \qquad (2.10)$$
$$R^*_{t-q} = (R_{1,t-q},\ \cdots,\ R_{N,t-q}) \qquad (2.11)$$
$$D_i = (d^{-\gamma}_{1,t-q},\ \cdots,\ d^{-\gamma}_{i,i-1},\ 0,\ d^{-\gamma}_{i,i+1},\ \cdots,\ d^{-\gamma}_{i,N}) \qquad (2.12)$$

d_{ij} 表示溢出区域的平均地理距离，$\gamma > 0$ 是距离衰减参数。然后重新定义非区域内空间折扣的高校溢出源与非区域内空间折扣的企业溢出源为：

$$S^U_{i,t-q} = D_i U_{t-q} \qquad (2.13)$$
$$S^R_{i,t-q} = D_i R_{t-q} \qquad (2.14)$$

而式（2.7）采用柯布－道格拉斯函数的形式表述如下：

$$\log(K_{i,t}) = \alpha_0 + \alpha_1 \log(U_{i,t-q}) + \alpha_2 \log(S^U_{i,t-q}) + \alpha_3 \log(R_{i,t-q})$$
$$+ \alpha_4 \log(S^R_{i,t-q}) + \alpha_5 \log(Z_{i,t-q}) + \varepsilon_i \qquad (2.15)$$

2. 知识溢出的主要途径及其作用

（1）人员流动或交流的知识溢出。人员流动或交流包括人员在企业和企业、企业与政府、企业和大学及其他机构之间的交流，它可以是组织与组织之间官方的交流，也可以是个人与个人私下的交流。所以，一般理论认为，企业如果靠近大学，在官方和私人之间的交流比较方便，公司的技术人员，大学教师和研究生可以私下交流研发成果，也可以在一些研讨会上进行交流成果或合作事宜。所吸收的知识溢出也比较多。而相似的企业在地理上也有聚集的特性，这样各个企业的人员也可以更好地交流，更好地利用技术知识溢出，降低企业的成本。研究表明，无论是分析性的科学知识，还是诀窍类的意会知识，都需要在一个地理边界内通过人与人的近距离的交流才能产生最好的交流效果（Asheim, 2005）。所以面对面的交流具有强烈的地域性，这种地理上的优势使得企业、大学之间成本降低，研发活动变得活跃，而且也使得各个主体之间信任度增加，有利于企业与公司的发展。

以上的交流必定导致人力资本的流动，而知识附着在技术人员身上，所以随着人力资本的流动，也就相应地发生知识的溢出。而这种知识溢出，使得引进技术人员的新企业的研发成本降低，进而提高了整个区域的生产率，促进了经济的发展。因为创新型企业比较依赖于人力资本，所以这种现象对创新型企业比较明显。

（2）企业家创业精神的知识溢出。企业家创业精神是知识溢出的途径之一，企业家精神和新兴企业的产生和发展密切相关。许多工程师、技术人员在享有高技术知识剩余时，他们不仅想流动到其他的企业，而且可以更彻底地利用知识溢出去创办自己的企业。这比前者的人力资本的流动更彻底。

现在的企业家精神理论大部分认为创业机会是外生的，而大多数经济学创新理论认为创业机会是内生的。因为视角不同，所以两者并不矛盾。企业家精神理论强调的是企业家的个人认知，卡森（Casson, 2005）认为企业家是专门就稀缺资源协调做出判断性决策的一些人。所以它是以企业家为分析单元，对企业家来说，机会是外生的，当企业家意识到外生机会的存在时，他就考虑创建新的企业。而对于经济学创新理论来说，它是以企业为研究对象，所以机会是内生的，它关注的是企业如何制定策略来让企业更好地发展。

企业家精神的核心是个人发现以及开发利用机会，但并不是每个人都能发现并利用机会。企业家由于其经历、学历、认识能力不同而对机会的认识和分析能力也不同。而且企业家对风险的偏好不同，所以如果面对相同的机会，风险不同，他们的选择也不同。所以，企业家活动的产生依赖于机会的特征和开发机会个人属性之间的相互作用。即机会是外生的，而企业家与非企业家的差别在于企业家可以更好感知机会，利用和挖掘机会并把它转化为生产力。企业家更擅长发现机会并利用机会，而非企业家在认知方面并不具备这些特质。

（3）产学研合作的知识溢出。合作同时也包括科研机构、大学、企业、政府以及其他机构的合作，所以也具有一定的地域性。各主体的合作的过程同时也是创新知识溢出的过程，在合作创新中，各主体利用创新平台，分享和创造更多的创新知识，进而充分利用知识溢出。奥维兹（Audretsch）和费尔德曼（Feldman，2003）发现高等院校实验室产生的知识溢出对私营企业的商业创新贡献较大，高等院校实验室创新会引起更大的创新。所以对于企业和大学的合作来说，如果大学和缺乏自主研发的企业合作，可以实现资源的互补，使得企业能更好地利用大学的科技优势，而大学也可以利用企业的资金更好地研发，如果大学和具有自主研发能力比较强的企业合作，那么他们之间具有较好的优势加强作用。企业和大学可以利用双方研发的比较优势不断地创新改进新技术、新工艺。

对于我国来说，大量的 R&D 资源都集中在大学里，而大学又相对比较封闭，所以我国的技术进步对经济增长的贡献较低，这说明大多数的科技成果并未转化为经济效益，仅仅停留在论文和专利中。这种科技要素和经济要素相分离的状况严重阻碍了科技产业，尤其是高科技产业的发展。这就要求，第一，企业应当加强自身的 R&D 投资，增强自主创新能力。第二，企业应与大学进行合作，使大学的研发更具市场导向，更能满足社会需要，而不是仅仅停留在纸面上，无法转变成科技成果。

（4）贸易和 FDI（产业区之间）产生的知识溢出。以上知识溢出的各个途径都是产业区内部的知识溢出的主要途径，而贸易与 FDI 属于产业区之间的知识溢出途径。凯勒（Keller，2001）的研究表明，通过国际经济活动的学习，对欠发达国家的技术进步、生产率的提高非常重要。所以，一般认为发展中国家是通过与发达国家的国际贸易和外国直接投资等渠道从发达国家获得技术，这种直接接触并使用发达国家前沿技术使产业区之间可以产生知识溢出。

国际贸易给予落后国家模仿、利用或在此创新基础上的进一步创新机会。落后国家通过进口先进设备、工艺或专利，在"干中学"的知识溢出中提升自己的劳动生产率及市场占有率。所以，国际贸易使企业不仅引进了新技术、新工艺，同样也引进了新的思想、新的知识。巴罗（Barro）和 Sala - I - Martin（1995）认为，新技术的开发是由处在技术前沿的技术领导国（发达国家）完成的。对于发达国家之间的国际贸易来说，研究表明，国际贸易所带来的知识溢出与技术溢出同样提高了区域的技术创新水平。综上所述，国际贸易不仅使发展中国家更好地利用了知识溢出，促进了技术发展，同样也对发达国家具有促进作用，使得发达国家间形成优势互补。对于我国现状来说，应当对"轻进口重出口"的政策和认识进行调整，尤其是对一些高技术水平的设备和仪器更应当进行鼓励进口和税收优惠，使得进出口都能在不同方面促进我国的技术水平的进步以及经济的发展。

而对于 FDI 所带来的知识溢出来说，国内中小企业或大企业都可以获得相应的知识溢出。首先对于中小企业来说，在地域上靠近跨国公司，并且通过人员相互交流，使得他们更容易获得跨国公司的信息技术等知识溢出以更好地提升自己的生产技术水平。而对于国内大公司来说，一方面通过与国外公司的人员流动获取知识溢出；另一方面通过与国外公司的项目合作来直接获得相应的知识溢出。所以有学者认为，FDI 的溢出效应多发生在一些经济发展水平相对较高，人力资本水平也相应较高，基础设施相对完善的国家之间，对于一些比较落后的国家来说，由于基础设施，人力资本的缺乏，也就很难利用这些知识溢出。这一现象被经济学家称之为"门槛效应"，即只有当某个地区的经济发展超越了一定的"门槛"水平，才可能对 FDI 的技术外溢效应进行充分的利用。

2.2 技术创新的相关理论基础

技术进步对经济增长发挥重要的作用，它直接或间接地促进生产力水平和经济发展，如著名的论断："科学技术是第一生产力"，它深刻地说明了科学技术在现代生活和经济发展中所起的重要作用。著名经济学家熊彼特曾明确地表示创新活动是经济增长的原动力。美国经济学家萨斯坦·维布伦认为，技术不是一个外部的力量，而是经济发展中的一个组成部分。而之后的研究更加强调技术创新对劳工就业的影响，强调科学技术政策对技术创新的刺激作用，并为政府提出政策建议，促进技术进步。技术创新的观点首先由美籍奥地利经济学家熊彼特 1912 年在其著作《经济发展理论》中提出。熊彼特认为，技术创新是指"企业家对于生产因素的新的组合"，目的在于获取潜在利润。技术创新包括五个方面的内容：引入新的产品或提供产品的新功能；采用新的生产方法（主要是工艺）；开辟新的市场；获得新的供给来源（原料或者半成品）；实行新的组织形式（企业以至产业）。经过近一个世纪的发展，技术创新的理论和实践有了很大发展。由于看待技术创新的立场、方法和思想不同，人们对技术创新的理解不尽相同。

2.2.1 技术创新的内涵

国内外学者们对技术创新内涵的界定可以从以下角度进行归类：

（1）强调技术创新过程。代表观点有：伊诺思（J. L. Enos，1962）在《石油加工业中的发明与创新》中首次明确定义技术创新，认为技术创新是几种行为综合的结果，这些行为包括发明的选择、资本投入保证、组织建立、招用工人、制定计划和开辟市场等。伊诺思的定义强调技术创新过程中的管理。索罗（1956）在其学术论文中首次提出技术创新成立的两个条件是：新思想来源和后续阶段的实现发展。这一观点注重技术创新的思想来源和后续实践，将技术创新看作一个动态的过程，是技术创新概念界定上的重要观点。

（2）强调新产品与新工艺的首次应用。代表观点有：厄尔巴克（J. M. Uttebrack，1974）在《产业创新与技术扩散》中提出：与发明或技术样品相区别，创新就是技术的实际采用或首次应用。美国堪萨斯大学教授 V. K. Naryanana（2001）提出：如果一个企业生产出一种新的产品或服务，应用了一种新的系统或程序，那么它就产生了一项创新。美国国家科学基金会（NSF）在《1976年：科学指示器》中将创新定义为"技术创新是将新的或改进的过程、产品或服务引入市场"。经济合作与发展组织（OECD）1992年在《奥斯陆手册》中提出："技术创新包括新产品和新工艺，以及原有产品和工艺的显著变化。如果在市场上实现了创新（产品创新），或者在生产工艺中应用了创新（工艺创新），那么就说创新完成了。"

（3）强调创新效果。代表观点有：清华大学傅家骥教授（1998）等认为：技术创新是企业家抓住市场的潜在盈利机会，以获取商业利益为目标，重新组织生产条件和要素，建立起效率更高、效能更强和费用更低的生产经营系统，从而推出新的产品、新的生产（工艺）方法、开辟新的市场、获得新的原材料或半成品供给来源或建立企业的新的组织，它是包括科技、组织、商业和金融等一系列活动的综合过程。

1999年8月20日，中共中央、国务院在《中共中央、国务院关于加强技术创新、发展高科技、实现产业化的决定》中给出了技术创新的定义："技术创新，是指企业应用创新的知识和新工艺、新技术，采用新的生产方式和经营管理模式，提高产品质量，开发生产新的产品，提供新的服务，占据市场并实现市场价值。"

（4）强调创新成果的成功应用。代表观点有以下几种：一是认为技术创新"始于对技术的商业潜力的认识而终于将其完全转为商业化产品的整个行为过程"。二是认为，一项发明，当它被首次应用时，可以称之为技术创新，技术创新是一种新产品或工艺被首次引进市场或被社会所使用的过程。三是认为产品创新是起于企业对新产品的构思，终于新产品的销售和交货的探索性活动。四是认为，技术创新是第一次引入一种产品（或工艺）所包括的技术、制造、设计、管理以及商业活动。其从经济角度强调，只有包括新产品、新工艺、新系统或者新装置在内的第一次商业应用时，才能说完成了一项创新。五是认为，技术创新是企业对发明成果进行开发，最后通过销售而创造利润的过程。六是认为，技术创新是以其新颖性和成功实现为特征的有意义的、非连续性事件。七是认为，"技术创新是由技术的新构想，经过研究开发或技术组合，到获得实际应用，并产生经济、社会效益的商业化全过程的活动"。八是认为，"技术创新是指从一个新的构思出发到该构思获得成功的商业应用为止的全部活动。它包括科学发现、发明到研究成果被引入市场，商业化和应用扩散的一系列科学、技术和经营活动的全过程"。不但强调创新成果的商业化应用，还强调了技术创新扩散。

综合以上国内外学者对技术创新的定义来看，可将技术创新定义归纳为：技术创新包括从创新构思的产生，到产品的设计、生产、销售及市场化的一系列活动，也是知识的创造、流通和应用的过程，其实质是新技术的产生和商业化应用，而管理组织和服务的改善在其中也发挥着重要的作用。本书借鉴强调创新成果成功应用的观点，认为企业技术创新起始于创新构想的产生，通过组织内资源整合，获得实际应用，产生经济效益与社会效益，终于技术扩散及新一轮创新构想的产生。企业技术创新不单纯包括新技术新产品的创新，而是包括企业生产经营活动中一切能为企业创造或增加效益的创新活动。

2.2.2 技术创新的分类

技术创新的分类有多种方法，可以按照创新的对象、创新的技术变化性质、创新的经济价值以及创新的依据来划分。目前较有代表性的分类方法有以下几个：

（1）宏观与微观分类法，划分首要依据的是技术创新层次与范围。可以将企业技术创新分为以下几类：①渐进性创新。指在现有的产品技术、生产能力的基础之上，进行局部改造所形成的一种改进型创新。渐进性创新的累加效果可以使企业获得很大的优势，现实生活中大量创新都属于渐进性创新。②根本性创新。指首次引入的，在技术上有重大突破的，能对经济发展产生重大影响的技术变革。

（2）创新客体与主体分类法，划分主要依据是技术创新活动的对象。可以将企业技术创新分为以下几类：①产品创新。指现有产品技术的改进或新产品技术的引入，包括产品的更新换代，也包括全新产品的推出。②工艺创新（process innovation），又称过程创新。指生产服务过程中的技术变革，既包括对原有工艺的改进，又包括全新工艺的采用。

（3）按技术创新方式分类。可以将企业技术创新分为以下几类：①局部性创新，或称渐进性创新。指在技术结构和模式均未变动的条件下，进行局部技术改进。②模式性创新。指技术原理发生变动所形成的创新。③结构性创新。指技术结构发生变动所形成的创新。④全面创新。指技术原理与技术结构均发生变动所形成的创新。

2.2.3　技术创新的过程模型

技术创新过程涉及创新构思产生、研究开发、技术管理与组织、工程设计与制造、用户参与及市场营销等一系列活动。在创新过程中，这些活动相互联系，有时要循环交叉或并行操作。技术创新过程不仅伴随着技术变化，而且伴随着组织与制度创新、管理创新和营销方式创新。从 20 世纪 60 年代以来，国际上出现了多种具有代表性的企业技术创新过程模型。现将这些有代表性的技术创新过程模型介绍如下：

1. 诱导机制模型

最早提出的技术创新过程模型是线性的，当时的学者认为技术创新是由前一环节依次向后一环节递进的。由于起始环节不同，又分为技术推动模型与需求拉动模型两种。

后来很多人认为线性模型过于简单，同时对创新动力的强调过于绝对，不能全面反映企业技术创新过程，于是在 20 世纪 70 年代末 80 年代初，学者们在综合了两种线性模型的基础上提出了交互模型。此模型将技术与市场相结合，认为技术创新是由需求与技术的交互作用引发的。此类模型着重强调技术创新的引导机制，十分重视技术创新过程的启动环节，但对技术创新过程缺乏具体描述。

2. 链环回路模型

克莱因（S. Kline）和罗森堡（N. Rosenberg）于 1986 年提出了链环模型，或称链环－回路模型。这一模型对技术创新过程进行了较为全面的描述，它将技术创新活动与现有知识存量和基础性研究相联系，并体现出各个创新环节之间的多重反馈关系，是一个较为合理、较为全面、富有启发性的模型。

3. 技术创新过程综合模型

链环回路模型虽然对技术创新过程进行了描述，但基本未涉及企业技术创新管理过程，其描述是抽象的。企业技术创新过程综合模型是一个考虑了企业外部环境条件的一项创新的发展过程模型。该模型表明了两个最重要的外部环境——技术与市场需求与技术创新过程的联系，并且表明了企业 R&D、销售部门与创新过程的联系；该模型将技术创新过程划分为四个阶段，并明确指出各阶段创新的实施者及其相应实施或管理任务。

4. A－U 创新模型

一项重大创新出现之后，往往会有一系列后续的创新跟随其后，形成创新群，从而引起新产业的成长或老产业的演变。因此，围绕某一领域的系列创新对产业发展有重大影响。

20 世纪 70 年代，美国哈佛大学的阿伯纳西（N. Abemathy）和麻省理工学院的厄特拜克（Jame M. Utterback）通过对以产品创新为主的持续创新过程的研究，发现企业的创新类型和创新程度取决于企业和产业的成长阶段。他们把工艺创新、产品创新及产业组织的演化划分为三个阶段，即不稳定阶段（流动阶段）、过渡阶段（转移阶段）和稳定阶段（专业化阶段），并与产品生命周期（PLC）联系起来，提出了描述以产品创新为中心的产业创新分布规律的 A－U 创新过程模型。

2.2.4 技术创新的发展特征及其意义

1. 技术创新的空间集聚性影响

在早期工业经济时代，企业的集群现象是为了获得规模经济和范围经济，减少运输、招聘等。而且在新经济时代，当今企业面临着复杂的外部环境，这使得创新的不确定性增加，这就形成了企业对集群的依赖，因为集群企业不仅可以共享基础设施、节约运费，经济时代企业可以更加便捷地获取技术创新的消息和市场的信息，使企业更快做出反应，来做出更完善的决策。而企业并不是孤立的，是它与其他组织和个人，比如：其他企业、政府、金融机构、大学和科研机构等合作完成的。

企业的集群有利于区域的技术创新，集聚带来的外部经济也使得在特定区域内的技术创新变得更为经济。钱学锋、梁琦（2009）证实产业集聚有利于技术水平的提高，集聚产业的技术进步增长率以及对经济的技术贡献率都要高于非集聚产业。这充分证明了集群对于技术创新的重要影响，企业的集群使得整个区域的技术创新能力得到充分的提高，进而使经济得到快速的发展。也有研究认为集群对技术创新有副作用，认为产业集群并不是企业创新能力提高的充分条件。但从这些文献的研究主体可以看出，大多数为一些低端的产业，需要较少的技术创新，创新又比较容易被模仿。

而政府也同样在集群中发挥重要的作用。在企业集群形成的初期，企业之间由于技术、信息等原因靠自发的力量相互联系起来，这样使得企业之间交流方便，联系紧密，能够跟上市场的步伐，而在集群形成的后期，政府就需要发挥重要的作用，保护知识产权，引导企业发展方向，提供基础设施，使得集群更好地发展。

2. 技术创新环境网络化的影响

当集群发展到一定程度，使得各种生产要素的获得比较便利，政府的参与也使得基础设施比较完善，同样对专利也进行了合理的保护，从而区域的集群便形成了技术创新环境网络。

弗里曼（Freeman，1992）提出国家创新系统理论，阐释了产业在特定区域内集聚形成的网络对技术创新有积极的推动作用。布拉曼蒂（Bramanti）和 Maggionl（1997）研究发现创新网络促进了创新环境的改善，创新环境的改善进一步有利于创新网络的发展和创新能力的增强，二者相互联动发展。桂萍（2006）认为在一个社会资本丰富的网络中，创新主体比较容易获得所需的经验丰富的员工、信息的支持、专业化的技术、优先享受政府或其他部门提供的优惠待遇和资金融通能力等，有利于技术创新的实现。

对区域内企业来说，地域上的接近有助于技术创新的要素集聚，有利于信息、人员的交流，从而有利于网络内技术创新水平的提高。因为企业之间的交易成本会随着企业之间交易的频繁度而增加，而地域会阻碍企业的密切交流，使得成本增加，这就使得区域内企业不断的聚集，而企业的这种聚集使得内部交际成本降低，最后形成创新网络，在网络内，技术学习、创新文化、知识扩散等条件要优于网络外，从而形成有利于创新出现和维持的社会环境，这有利于提高企业技术创新成功的概率，使区域内企业创新变得更为容易，竞争更激烈，合作更紧密，技术创新水平的提高也越快。对于不同的网络，不同的文化差异造就了它的不同的特征，也就形成不同的社会网络。在网络内部，技术学习、人员交流、创新文化都优于网络外部。

3. 企业规模大小对技术创新能力影响分析

对于创新型企业来说，企业的规模和大小决定了企业的技术创新能力的不同。在全球化的今天，大型企业和跨国公司在一国范围或全球范围内都发挥着举足轻重的作用。它使得劳动力、资源在不同的国家和地区更好地进行配置，它选择具有不同文化、产业背景和不同发展特点的城市进行劳动力和资源重新配置，从而形成有利于技术创新的区域。而这些区域又逐渐引导其他各个中小创新型企业，使得创新型企业所在的区域形成创新理念最为活跃和国际交流最为频繁的区域，这有助于技术创新产生的知识首先由这些节点城市开发利用，然后再逐渐向其他城市扩散。

许多研究表明，中小企业更善于创新，大企业在制造和分配上更有效。因为对于中小企业来说，由于机制比较灵活，其竞争压力比较大，数量比较大，所以中小企业也很善于技术创新。有研究甚至认为，中小企业较之大型企业更善于创新，而大企业由于控制复杂，机构庞大，所以更善于生产资源的利用和分配。

创新型企业是现代经济的发展趋势，同时是全球化的趋势。它对一个区域的技术创新能力同样发挥着重大的作用。创新型企业集创新型企业和现代服务业为一体，企业的创新机会比其他企业创新机会要多，高科技服务业在集群内部既相互竞争，又相互合作，而对于那些相对较弱的企业和刚刚进入的企业，在区域内也可以同时通过交流合作等获得相应的高新技术，这决定了高科技服务业内部的知识和技术的溢出要远大于从外部获得知识和技术的溢出，从而增强了产业集群的核心竞争力。这种竞争和合作相结合，使得区域内创新型企业有足够的压力和动力去提高技术创新水平，进而提高竞争力。而高科技服务业企业的聚集必定引起高科技人员的聚集，他们之间官方以及非官方的交流使得企业的创新能力进一步增强。而对于企业来说，应该加强高技术服务产业科技人才的培养和引进，完善人才激励制度。

2.3 创新型企业的相关理论基础

2.3.1 创新型企业的内涵

创新型企业具有鼓励创新的文化、促进沟通和加速创新的组织结构和激励机制的特点，能在其所涉及的领域内持续不断地寻求新的突破，从而提高质量、降低成本、增强灵活性，最终将质量、价格和性能等各方面都很突出的产品提供给市场，从而有力地推动社会经济的发展。对于什么是创新型企业，近年来国内外许多专家学者从不同角度对创新型企业的内涵进行了研究，提出了许多有意义的见解。但迄今仍未有一个得到公认的权威定义。综合考虑已有的关于创新型企业的定义，它们都强调了"创新"是创新型企业核心竞争力的来源，但基本上都忽略了创新型企业归根到底要具有的高利润特征，也就是说创新型企业不但要能持续"创新"，还要找到能够使"创新"给企业带来利润的商业模式。本书认为创新型企业应是以需求为导向，以持续的创新为基础（包括技术创新、品牌创新、经营管理创新、环境创新、文化理念创新等方面的创新），以商业模式创新为支撑，具有系统的管理创新体系，能够获得高于平均利润水平的企业。

2.3.2 创新型企业的特征

从创新型企业的定义出发，结合有关文献和科技部的界定，我们对创新型企业的特点概括如下：

第一，消费者需求是创新行为的出发点。

企业创新行为要以消费者需求为中心，围绕用户需求开展的创新活动。"以消费者需求为中心"意味着企业创新行为首先要了解消费者的需求，了解其类型、特点及其变化趋势，尤其要了解消费者的共性需求与个性需求，这就要求创新型企业进行充分的市场观察、调研、分析和综合，能够及时对市场的变化做出反应。在了解用户的需求以后，企业根据消费者的需求和自身资源能力，必须最大限度地满足消费者需求，只有能够更好满足消费者需求的创新才是有价值的。

第二，持续的技术创新是创新型企业的基础。

持续技术创新是创新型企业的基础，是触发创新行为的基本动因，是体现了全新顾客价值的新型企业业务。创新型企业的技术创新不能是一次性的、静止的，必须是动态的、持续的，保持技术创新的连续性是创新型企业获得持续竞争优势的关键，这也是创新型企业的运营核心和发展方向，是企业的使命及价值观的综合反映。创新型企业的技术创新将创新思想具体化，其创新性源于企业内外部环境的发展变化，包括人类科技的新进展、制度创新和管理创新等。技术创新既指新的技术出现，也包括对现有生产要素配置的调整、工艺方式的改变、已有技术成果的再组织。

第三，商业模式创新是支撑。

技术创新是创新型企业的基础，但并不是所有技术创新行为的发展一定都获得了成功，恰恰相反，约翰逊（Johnson，2008）发现，当人们过于热衷于技术本身时，创新通常会趋于失败，而创新的成功总是取决于商业模式创新。商业模式对创新性技术应用、竞争优势和企业发展有着重要的影响，特别是在经济快速发展、科技加速进步的大背景下，在不确定性普遍存在的条件下，商业模式创新是创新型企业发展不可缺少的条件。商业模式进化是与新业务创新型企业发展互为促进的，相互交织。创新型企业的每一阶段发展，都需要有合适的模式支撑，而创新型企业的规模扩大，又都成为商业模式进化的促进和刺激因素。

第四，创新型企业面临较高风险。

经济学上，"风险是指事物未来变化的不确定性可能使决策者得到的收益低于期望收益甚至遭受损失"。相比普通企业，创新型企业面临更大的技术风险和市场风险。具有更大的不确定性是技术创新的固有特征，技术创新行为在其规划阶段、筹备阶段，均面临各种未知的挑战。管理者和研发人员等相关人士在无法确知行动结果的情况下制定行动计划，随着技术创新的展开，不断调整完善，有时还要改变主要目标和行动路线，甚至彻底放弃最初的计划。市场风险是源于供求的变化。技术创新的周期往往较长，这段时间内市场需求可能已经发生了变化，市场上的竞争对手可能完成了类似的技术创新。根据美国学者曼斯菲尔德对美国某三大公司的研究，技术创新项目技术成功率、商业成功率和经济成功率分别只有 60%、

30% 和 12%。

第五，企业生产方式是非标准化与标准化的统一。

传统企业一般以规模化、标准化和专业化为标准的生产方式，依靠生产的规模经济取得竞争优势。创新型企业在创新阶段生产活动是小批量、多品种的非标准化生产。当创新结果成熟后，其生产也会采用标准化生产方式，通过规模效益降低成本。

第六，高额利润创新型企业行为的归宿和必然结果。

创新必须以市场为导向，其本质是一种经济行为而不是一种技术行为。衡量创新是否成功的重要标准就是创新活动是否给企业带来了经济效益，能否为企业带来超过行业平均水平的利润，这是市场经济的基本要求。

2.3.3 创新型企业发展影响因素分析

创新型企业发展受到很多因素的影响，这些因素可以归结为企业内部因素和外部因素两个方面。

一是企业自身影响因素分析。包括以下几个方面：

1. 企业治理结构

企业治理结构是内部的一种制度安排，是企业进行管理和控制的规则与机制，它不仅规定了公司的各利害相关者的责权利关系分布，而且明确了有关公司各事项决策时所应遵循的规则和程序。良好的公司治理结构，可以顺畅地解决公司各相关利害方的利益分配问题，对于公司高效运转起到决定性的作用。对于创新型企业而言，机制合理和体系健全的公司结构，能够促进企业技术进步，推动企业快速成长，减少企业成长过程中的不确定性。由于资金、成长战略、技术人员是推动创新型企业发展的重要作用力，在公司治理结构体系中，董事会、股东、企业高层管理人员对于上述影响因素产生很大的影响力，进而直接影响了创新型企业发展的能力。如果公司治理安排不合理，就不能有效激励经营者和研发人员，从而不利于企业的持续成长、不利于技术创新的开展。例如，理性的股东会把企业价值最大化作为经营的目标，看重公司对未来现金流的投资，从而不仅关注短期利润，也减缓企业经营者的短期经营压力，还会积极支持公司有利于推进企业的持续成长，长远发展的 R&D 支出。

2. 企业家创新观念

企业家是企业成长的引领者，在创新型企业发展过程中，他和他的管理团队所具有的创新观念与对企业研发目标的制定与考核、企业技术创新的投入密切相关。市场环境的复杂多变性和技术进步的高淘汰率，使得现代企业永远需要面对未来的技术、资源、市场和竞争对手的挑战，无论多么辉煌的成就或成功的技术，都只能代表着过去，并不意味着企业未来的成长就会一帆风顺。创新型企业必须培育具有面向未来的忧患意识与危机意识的创新文化，使企业在持续创新的动态过程之中及时把握各种创新的机会，以此保证企业的竞争优势。机会意识、创新意识和实干精神等组成的企业家精神是创新型企业实施自主创新过程中的重要因素，只有企业家具备了创新观念，才能有意识地在企业经营过程中重视技术创新问题，将技术创新置于关系到企业前途命运的高度上来。

高层管理者的创新权力会受公司自身内部治理的限制。以委托—代理关系为核心纽带，在现代公司治理结构下，实现了企业所有权与经营权的分离，在信息不对称情况下，所有者的利益与高层管理者的利益有冲突的可能，甚至产生道德风险问题，因此，企业股东会对企业家的某些行为进行限制。但是，如果限制太严格，创新权力越小，高层管理者的创新空间越狭窄，他们就不能放开手脚进行创新谋求企业的快速成长，企业也有停滞不前的风险，从这个意义上来说，企业家的创新观念与企业的治理结构之间存在联系，为了更好地激发企业家的创新观念就必须赋予企业家更大的行动权力。

3. 企业资源状况

技术进步是一项创造性活动，需要消耗各种类型的资源，其中包括人力资源和信息资源、技术创新基础设施等，创新型企业所拥有或可以使用的资源数量和质量对企业成长有着很大的影响。技术创新的基础设施是指企业从事技术创新活动所需要的各种必要设备，这是反映企业技术进步能力的重要指标，也是决定企业技术创新能力的重要因素。完善技术创新基础设施能降低技术创新活动的成本，提高技术创新的水平和效率。人力资源也是技术创新活动的重要影响因素，一般情况下，人力资源整体素质越高，创新型企业也就越容易获得技术创新活动的成功。创新型企业的持续技术创新活动需要与之相适应的人才结构和人力资源，主要包括企业家和技术创新各环节所需的专门人才，他们共同构成了技术创新系统的人才资源因素。企业家是技术创新的协调管理者和启动者，专业人才是技术创新活动能否顺利进行的保障，因此，人才资源的储备和投资，以及合理的人才结构对创新型企业发展非常重要。此外，信息资源也是创新型企业的重要创新资源，在技术创新活动的每一个环节上，都不可避免地存在大量科技进步、行业发展、市场环境等信息流动和交换活动，充分掌握和利用这些信息将极大地提高企业技术创新效率。

二是企业环境影响因素分析。包括以下几个方面：

1. 宏观经济环境

宏观经济环境是对一个国家甚至全球经济发展的状况及所处经济周期的界定。世界各经济体的经济发展水平存在着很大的差异，一个国家的经济发展水平对于创新型企业发展有着很大的影响。经济发展状况从根本上会决定创新型企业发展的空间，经济发展水平越高，技术创新的模式也更为成熟，越容易获取技术创新所需的各类资源，相关中介机构组织的发育程度越高，完成技术创新的效率也会越高。

经济发展呈现周期性变化是世界经济增长的一般规律，在经济周期的不同阶段经济发展的状况存在着很大的差异。在经济的高涨阶段，经济发展状况和趋势较好，企业技术进步容易获得更多资源的支持，但是过于盲目乐观的技术创新容易使得企业陷入将来的发展困境，特别是当经济危机出现时，盲目的技术创新容易让企业蒙受更大的损失。在经济的衰退时期，企业发展较为困难，技术创新能够获得的支持较少，每一次的经济衰退都是技术升级进步的必要条件，但总结世界技术进步的经验可以看出，好的企业总是能抓住机会完成一次技术飞跃，成为下一个时代的引领者。因此，宏观经济环境对于企业而言既是可以利用的机会，也是面临的挑战。

2. 产业发展环境

创新型企业的生产经营活动总是在一定的社会、经济和产业环境中进行，良好的产业环境可以培育出成长良好的创新型企业。波特教授曾明确指出：一个企业的成功取决于该时期企业所处的产业的吸引力和企业在该产业的竞争地位，二者缺一不可。

（1）市场环境。市场环境首先是指市场竞争的公平性。市场经济相对于计划经济而言的优越性在于市场经济提供了公平竞争的市场环境，而健全的市场经济体制对创新型企业的持续技术进步具有重要的促进作用。竞争是市场经济活力所在，也是市场经济的基本特征，完善的市场就要给所有企业以公平的市场竞争环境，企业在竞争中取胜是其持续发展的重要条件。能否不断创新，实现可持续发展也是创新型企业能否在市场竞争中稳步发展的关键。所在市场环境其次是指产业市场容量的大小，这直接影响到一个企业所经营的高技术产品能否商品化，以及企业经营所能达到的规模。产业规模小，企业就无法进行大规模的生产，导致缺乏竞争力，产品成本较高，容易被规模化生产的质优价廉的替代产品取代。值得注意的是，由于高技术产品的开拓性，有可能当前的市场很小，但潜力市场却很大，这就需要企业在进行技术创新前对市场做好调研和发展预测工作，如果仅仅从当前市场规模来评价高技术产品的发展潜力，必将得出错误结论。市场环境还指完成技术创新活动所需的中介服务组织的市场发育程度。技术创新所需要的中介服务包括技术市场、金融服务以及咨询公司、会计师事务所、信息情报中心、律师事务所等。金融体系是企业获取技术创新所需资金的重要来源，完善的金融服务体系能使企业获得创新所需的资金，解决企业实施持续技术创新的一大障碍。技术市场是各种形式的技术交易关系的总括，它具有所有权的转换、使用权的让渡以及服务和信息传输等功能，为技术创新成果的交易提供平台。随着技术的复杂程度以及研发过程中所面临的风险越来越高，通过技术市场获得技术商品，特别是辅助性技术，能显著缩短企业创新的周期，并降低技术创新成本与风险。此外，咨询公司、信息情报中心、律师事务所、会计师事务所等专业的服务机构也为创新型企业的持续创新活动提供了有力的支持。

（2）技术环境。科技进步的大环境会给创新型企业的技术创新活动带来新的机遇和挑战，正如蒸汽机发明拉开了第一次工业革命的序幕、计算机的发明与互联网的普及成就了信息时代的高速度和高效率等标志性的科技革新一样，人类历史上的每一次重要的科学技术突破，都是以一系列高密度的技术创新活动呈现出来的，尽管企业是技术创新的主体，但就每一家企业而言，社会的技术创新并不是由其主导的，市场消费者的需求、合作者的技术创新能力、竞争对手的技术创新都会对本行业技术发展产生重要影响。企业的技术创新行动是基于经济利益考虑而做出的决定，必然会在事前认真评估技术创新行动的回报，因此，企业在进行技术创新时必定要考虑到技术发展阶段的影响。当技术处于发展初期时，需要很大的技术投资，并会承受很大的技术风险，但从长远来看，原始创新会因技术垄断而带来超额利润，适合于研发能力较强的企业；当技术发展进入中期后，技术成熟度有了很大改善，此时进行技术创新，所需投入不多也可以较快掌握核心技术，这适合承担风险能力弱，并具有一定技术研发能力的企业；当技术发展比较成熟时并达到饱和发展时，则可以考虑引进技术，这适合那些不想承担风险，并且缺乏必要技术创新能力的企业。

3. 政策法规环境

作为公共政策的制定者，政府掌握着充分的资源，在一定程度上能够为创新型企业提供强有力的政策支持。从世界各国的普遍经验来看，政府都对创新型企业的持续创新出台了政府采购、政府资助、管理支持、资源支持、教育培训等一系列支持政策和措施。政府在技术创新体系中的重要作用并不是直接参与技术创新过程，而是体现在通过创新战略和政策来引导企业的行为，从而提高整个区域的技术创新水平和能力，政府还可以通过财税、金融等方面的支持政策促进创新型企业的持续创新。需要指出的是，政府作为企业技术创新的支持者，要公平对待所有的技术创新行为，不能用政府的有形之手直接干预企业的技术创新活动，对于那些没有市场前景、缺乏经济效率的技术创新要持谨慎态度，技术创新归根到底是一种市场行为，政府过多干预就可能出现产能过剩问题，光伏产业出现的产能过剩问题就是一个政府过度干预的例子。

政策法规环境中一项重要内容是国家知识产权保护状况。企业自主创新的成果多以知识产权的形式表现，具有易模仿和易扩散等特点，只有做好知识产权保护，企业才能从技术创新中获得回报，弥补创新成本和风险，企业才有持续技术创新的积极性。健全的知识产权保护制度是提高企业技术创新积极性和保障其创新利益的重要力量，而且知识产权保护是企业自身无法完成的，只能依靠政府的力量才能实现。

4. 社会文化环境

创新型企业是社会经济发展中的一员，创新型企业的行为必然要受到所处社会的价值观、伦理规范、道德准则、风俗习惯等社会文化因素的影响。社会文化因素会影响到企业家、消费者、技术人员、同业竞争者等技术创新主体的行为，这种影响会体现在技术创新活动的方方面面。在一个崇尚技术自主创新和容忍失败的社会文化氛围中，对技术创新能够忍耐的时间越长，创新型企业从事技术创新的动力就会越强，对技术创新失败也就更加包容，这非常有利于创新型企业进行那些风险较高、周期较长的技术创新，也就更容易实现技术创新的重大突破。如果在一个更加急功近利的社会文化环境下，创新型企业的技术创新追求短、平、快，企业实现重大技术创新的可能性就很低，对经济社会发展所能产生的影响也就会较小。因此，形成一种尊重首创、接受失败、鄙视抄袭的社会文化环境对于创新型企业的创新活动有着积极的影响。

2.3.4　创新型企业的构成要素

创新型企业构成要素按其在企业形成和发展的过程中所处的地位不同，分为衍生要素和基础要素两大类。衍生要素和基础要素相辅相成，基础要素离不开衍生要素，没有衍生要素，基础要素的功能就无法得以发挥；衍生要素的形成也离不开基础要素的存在。基础要素在企业的形成和发展过程中起着决定性作用，衍生要素在创新型企业系统中发挥着不可缺少的特定作用。

（1）基础要素，包括资金、技术和管理能力。技术是企业生存与发展的基本要素，通常是指人们拥有的利用自然、改造自然的知识和能力以及方法和手段，包括设计技术、营销技术、制造技术等。相较一般企业来讲，创新型企业对技术的要求更高，技术是其立足之本。资金是企业得以运作的基础，没有一定数量的资金，企业就无法得到它所需要的其他资源。资金既可以作为一种融资能力或货币，也可以直接表现为设施、场地等。在创新型企业中，从产品的开发、研究以及技术成果的转化、生产规模的形成等方面，都需要巨额的资金作保证，没有一定的资金作保障，企业是很难有所作为的。管理能力是指人们通过计划、组织、控制、领导等工作，协调各种资源以有效实现目标的能力。资金、技术和管理能力的相互作用形成了创新型企业系统的核心部分，而拥有一定的管理能力是将系统要素有机结合，并充分发挥系统整体功能的关键。

（2）衍生要素，包括产品、员工、场地、组织规章、设备等。员工是企业中各项活动的承担者，也是企业诸多因素中最活跃的因素。一个企业要正常运作，除了要有技术人员、投资者、经营管理人员外，还需要有生产人员、服务保障人员、营销人员等。这些人员一部分通过从外部环境中招聘，由资金要素衍生而来；一部分由基础要素的行为主体转化而来。产品是构成企业的功能要素，企业通过提供的劳务或生产出来的产品来体现其功能和价值。创新型企业的生产需要高标准的生产场所和高、精、尖的设备、仪器。场地可在市场中直接租用、购买，也可自行投资建造，通常由资金要素衍生而来。设备可通过在市场上租赁、购买，也可委托制造，通常由资金要素衍生而来，也可通过自行设计、制造获得。组织规章是一个企业中用于明确组织宗旨和目标，规范组织成员的行为以及工作程序、业务流程、职位职权关系、角色分工等的规定，完善的组织规章，是创新型企业活的灵魂。

2.4　系统动力学的基本理论

2.4.1　系统动力学概述

1. 系统动力学的起源与发展

系统动力学是美国麻省理工学院的 J. W. 福瑞斯特（Jay W. Forrester）教授于 20 世纪 60 年代创立的一种研究复杂系统的计算机实验仿真方法。系统动力学是通过建立流率、流位来研究信息反馈系统的一门科学，是系统科学的一个重要分支。系统动力学研究问题的方法是一种定量与定性分析相结合、综合推理与系统分析相结合的方法。它是分析研究非线性复杂大系统和进行科学决策的一种有效的理论、方法与手段。

系统动力学主要是结合系统论（System Theory）、决策论（Decision Theory）、信息论（Information Theory）、计算机仿真学（Computer Simulation）及整合控制论（Cybernetics）所发展出的一套适合社会系统中有关"动态性复杂问题"的理论。简单而言，系统动力学是研究经由内部信息反馈过程的分析及企业管理系统行为特性的方法，并借助于计算机仿真显示出系统的结构、政策及时间的延误对系统成长与稳定的交互性影响。因此，系统动力学在实际应用上是一个"仿真实验室"，高阶管理人员能利用此实验室试验变更各种系统结构或不同的经营方针，从而可以通过对实验的结果分析制定合适的决策。

初期，系统动力学主要应用于工业企业的战略性管理。1958 年，福瑞斯特发表了著名的论文"工业动力学"，1961 年出版《工业动力学》一书，成为系统动力学的经典著作。在此基础上 1968 年福瑞斯特教授出版了《系统原理》一书，介绍了系统的基本结构；接着总结了美国城市兴衰问题的理论应用研究成果，于 1969 年发表了《城市动力学》一书，从而为系统动力学的形成奠定了基础。20 世纪 70 年代，梅多斯（D. H. Meadows）作为福瑞斯特的学生应用系统动力学建立了世界模型，并在 1971 年罗马俱乐部发表了题为"增长的极限"的研究报告，之后他们研究了世界范围内自然资源、人口、工业、农业和污染诸要素的相互制约、联系和作用以及产生的各种可能后果，从而使系统动力学在理论与应用研究中都得到了飞跃性的进展。目前，系统动力学的应用，为研究社会经济系统问题提供了新的解决方案，正在向着复杂的非线性多重反馈环组成的社会系统发展。

2. 系统动力学的研究对象

社会系统的范围十分广泛，系统动力学的研究对象主要是社会系统。概括地说，凡涉及人类社会和经济活动的系统都属于社会系统。除企业、宗教团体、事业是社会系统外，人口系统、环境系统、教育系统、资源系统、经济管理系统、能源系统等都属于社会系统。社会系统的核心是由个人或集团形成的组织，而组织的基本特征是具有明确的目的。

社会系统的基本特性是自律性和非线性。所谓自律性，就是自己做主进行决策，自我控制、协调、管理和约束自身行为的能力。社会系统的自律性可以用反馈机构加以解释，并且社会系统中的原因和结果的相互作用本身就具有自律性。所谓非线性，这是社会系统的又一基本特征，是指社会现象中原因和结果所呈现的极端非线性关系。具体地说，社会系统中的原因和结果两者在时间和空间上的分离性（滞后性），所出现的事件往往具有随机性，且是不可控制的。这种高度的非线性是由于社会系统的原因和结果相互作用的多重反馈结构和多样性所导致的。

社会系统作为一个具有滞后特性的动态系统，由于缺乏数据而难以精确地描述其行为，运用模型的仿真和模拟来研究，只能通过半定量化的方法，通过仿真实验和计算，对社会现象进行分析和预测，为社会、企业、地区、国家等制定发展战略及进行决策提供有用的信息和决策支持。

3. 系统动力学的特点

系统动力学作为一门仿真技术具有如下特点：

（1）应用系统动力学研究社会系统，能够容纳大量变量，一般可达数千个以上，而这恰好符合社会系统的需要。

（2）系统动力学模型，可以用来认识和把握系统结构，既有描述系统各要素之间因果关系的结构模型；又有用专门形式表示的数学模型，据此进行计算和仿真试验，以掌握系统未来的行为。因此系统动力学是一种定性分析和定量分析相结合的仿真技术。

（3）系统动力学的仿真试验能起到实际系统试验室的作用。通过人——机结合，既能发挥人（系统分析人员和决策人员）对社会系统了解、推理、分析、评价、创造等能力的优势，又能利用计算机高速计算和迅速跟踪等功能，从而能获得丰富而深化的信息，以此来试验和剖析实际系统，为选择满意或最优的决策提供有力的依据。

（4）系统动力学通过模型进行仿真计算的结果，都采用预测未来一定时期内各种变量随时间而变化的曲线来表示，也就是说，系统动力学能处理非线性、高阶次、多重反馈的复杂时变的社会系统的有关问题。

4. 系统动力学建模的基本步骤

（1）明确建模的目的。系统建模并不是为了单纯地建模，构建模型之前要弄清楚系统的目标，也就是仿真的目的。它的最终目的是要我们通过所建立的模型解决一些问题，比如对过去发生的事件的原因分析或对其未来发展进行预测等。因此，在开始建模之前，首先要明确我们研究的是什么样的社会现象，研究的最终目的是要解决哪些问题。

（2）确定系统边界。系统动力学研究的是封闭社会系统，因此，在明确系统建模目的后，接着就要确定系统边界。这是因为系统动力学所分析的系统行为是基于系统内部种种因素而产生的，并假定系统外部因素不给系统行为以本质的影响，也不受系统内部因素的控制。

（3）因果关系分析。确定了系统边界后，根据仿真的目的，充分了解与问题有关的知识、经验，收集一切有价值的资料，以明确要素之间的因果关系，构建系统的因果关系图。

（4）绘制系统流图。确定构成系统的元素及描述系统行为变量与参数，对因果关系图中基本要素的性质和类型加以区分。确定有关的水平变量、流率变量及其他变量，绘制系统流图。

（5）写出相关变量的基本方程。在流图的基础上，建立变量之间的数学模型，以便于后期进行定量分析。

（6）计算机仿真实验。运用相关软件，对所建立的模型进行仿真、计算、模拟。

（7）仿真结果分析。根据仿真结果，分析系统演化特征、分析系统的行为，评估各种策略，以供决策参考。

2.4.2 系统动力学的模型结构

1. 因果关系及反馈回路

一个系统中各组成部分（变量）之间存在着广泛的相互联系、相互作用。我们通常把这种广泛的相互作用和相互联系称之为因果关系（Causal Relationship），它是构成系统动力学模型的基础，是对系统内部关系的一种真实写照。借助于因果关系可以说明系统动态模式的范围，可以确认系统内部各部分（变量）之间的关系，能将复杂的管理问题作简洁而系统化表示，是一种合乎逻辑的科学方法。

因果关系链一般以箭头图表示。因果关系是系统内变量之间的因果关联，自 A 向 B 的箭头表示 A 对 B 的作用，A 表示原因，B 表示结果。其可分为正性（Positive）及负性（Negative）两种状态，或者称为正相关和负相关。

如果 A 和 B 的变化方向一致，变量 A 增加（减少）变动时，变量 B 也随之增加（减少）变动，即 A 和 B 之间具有正因果关系，用"＋"号标于因果关系链旁边，表示这种因果关系链为正因果关系链，如图 2 - 2 所示。

图 2 - 2　正因果关系链

反之，A 和 B 的变化方向相反，如果变量 A 增加（减少）变动时，变量 B 也随之减少（增加）变动，即 A 和 B 之间具有负因果关系，用"－"号标于因果关系链旁边，表示这种因果关系链为负因果关系链，如图 2 - 3 所示。

图 2 - 3　负因果关系链

所谓的因果反馈回路是因果图的基础，是指由两个或两个以上具有因果关联的变量，在图中以因果链（Causal Link）首尾串联连接而形成封闭或半封闭性的环路结构，如图2-4所示。实际的社会系统中，一般是由若干个正、负反馈环环相连构成的，不会由单一的正反馈环或负反馈环组成，因果反馈回路随着其环路内正、负性因果链的交织融合组合形成正性和负性两种环路。若环中所带的负链是偶数，则该系统的因果反馈回路属于正性回路；相反若环中所带的负链是奇数，则该系统的因果反馈回路属于负性回路。

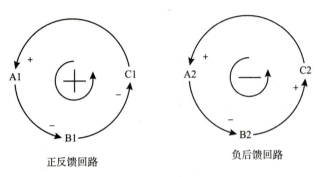

图2-4 反馈回路

正性因果反馈回路（简称正反馈）是指任何变量的变动最后都会使该变量同方向的变动趋势加强，在此环路中，形成一种自我强化的变动效果。简单来说正反馈，是一种滚雪球的效应，也是一种无止境的增长性发散过程。负性因果反馈回路（简称负反馈），形成一种自我限制的变动效果是指在此回路中，任何变量的变动最后会使该变量产生抑制变动的效果。简单来说负反馈是一个动态的收敛过程，并不断地缩小差距，即状态朝着某种边界或某个目标不断前进。负反馈环的行为可以使变化趋于稳定，是一种自我调节的行为。当负反馈的自我调节作用强于系统中正反馈的自我强化作用时，说明系统就会呈现出趋于"稳定"的行为；相反，系统当正反馈的自我强化作用强于负反馈的自我调节作用时，说明系统则呈现出无限"增长"或"衰退"的趋势。

2. 流图

系统动力学模型主要包括两个部分：系统流图与结构方程式。系统流图是根据系统因果关系的反馈回路，应用专门设计的，描述各种系统变量的符号绘制而成的。由于社会系统的复杂性以及非线性，以致无法只凭文字和语言对系统的行为和结构做出准确的描述，此外，用数学方程不能清晰地描述系统反馈回路的机理。为了便于掌握社会系统的结构及其行为的复杂性和动态特性，也为了便于人们进行关于系统特性的讨论与沟通，学者们专门设计了流图这种图像模型。

流图的基本表达形式如图 2 – 5 所示。

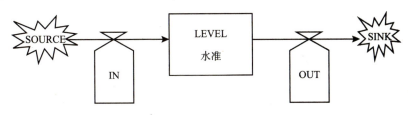

图 2 – 5 流图的基本表达形式

下面简要说明流图符号。

（1）流（flow）。流是描述系统的活动或行为。流用带有各种符号的有向边描述，流可以是物流、货币流、信息流、人流等。为简便起见，通常只区分为信息流（虚线）和实体流（实线）两种。

（2）水准（level）。水准是系统中反映子系统或要素的状态。如库存量、人口量、库存现金等。水准是实体流的积累，用矩形框表示，水准的流有流出和流入之分，使水准变量朝着增加或减小的方向变化。

（3）速率（rate）。速率用来描述系统中随时间而变化的活动状态。例如，仓库的出库率、入库率、人口的死亡率、出生率等。在系统动力学中，速率变量是决策变量。

（4）参数（parameter）。参数是表示系统在一次运行中一定条件下保持不变的量。例如，计划满足缺货量的时间、调整生产的时间等。参数一旦确定，系统在同一仿真试验的计算中则保持不变，即是一个系统常量。

（5）辅助变量（auxiliary variable）。系统辅助变量是今后在系统动力学 DYNAMO 方程中使用的一种变量，使用目的在于简化速率变量的系统方程，使复杂的方程函数易于理解。

（6）源（source）与汇（sink）。源是指系统流的来源，它相当于供应点；汇是指系统流的归宿，它相当于消费点。

（7）物质延迟。在系统中物质的传递、流动是有时间延迟的。所谓系统时间延迟是指系统对应于产生输出，某一输入需要延迟一段时间。在系统动力学中广泛使用的是指数延迟。所谓一阶指数延迟环节，实质上就是一般意义的一阶系统。比如，延迟流位的初始状态处于稳态值 y_1，在 t_1 时刻加一个值为 $(y_2 - y_1)$ 的输入流，则系统的延迟流以指数的变化规律逐渐增大，趋近于 y_2。当系统中存在二阶（或二阶以上）的高次指数延迟时，可将其视为由几个一阶指数延迟串连而成。

（8）信息平滑。信息平滑实质上是求变量的动态平均过程。它能平抑输入变量的剧烈程度。信息平滑具有指数加权滑动平均功能。平滑时间通常为常数，平滑时间越长，平抑作用也越大。

上述 8 种流图符号如图 2−6 所示。

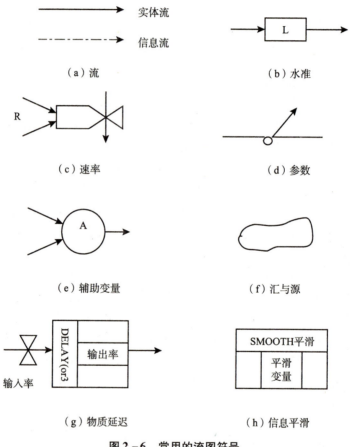

图 2−6　常用的流图符号

3. 变量及方程

系统动力学建模过程中会涉及许多的系统变量和方程。为了便于直观的理解，下面给出一个原始的系统动力学流图，如图 2 - 7 所示。

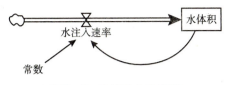

图 2 - 7　系统动力学流图

（1）水准变量及方程。水准变量，是系统内部在一段时间内的积累量，表示真实世界中可随时间迁移而累积形成的事或物。例如，容器中液体的深度、企业的库存量以及人口总量等，都可以表示为水准变量。它代表了某一时点变量积累的状态是经过一段时间累积所形成的，是由流入的变量与流出的变量之间的差，以其净速率变量对时间积分的数学形式存在的。因此，当流入与流出不相等时，于是就形成了系统动力的来源，其状态将随着时间的推移而不断地改变。水准方程式的模型式如下所示：

$$L(t) = L(t - td) + (RA - RS) \times dt$$

式中：

L：水准变量；

$L(t)$：在任何时刻 t 的水准变量值；

$L(t - td)$：在前一时刻 $(t - td)$ 所计算得到的积累值；

dt：时间无穷小差分的微分运算符；

RA：增加水准变量 L 的流速率；

RS：减少水准变量 L 的流速率。

（2）速率变量及方程。速率变量表示系统中某一种流的流动速率，系统在单位时间内的流量，也表示决策行动的起点，它是直接决定状态变量的控制阀，其通过信息的收集与处理形成对某一特定流中某一状态变量的控制政策。它一般包含四个概念：①目标；②系统现状的观测结果；③系统目标与现状间所存在的差距的表达式；④根据所存在的差距准备如何采取行动的说明。速率变量的方程一般表示为：

$$RA = f(状态变量，常数)$$
$$RS = f(状态变量，常数)$$

（3）辅助变量及方程。辅助变量在模型中主要有三种含义，第一种表示信息处理的过程；第二种代表某些特定的环境参数，为一常数；第三种表示系统的输入测试函数或数值。前两种情况都可视为速率变量的一部分，其与速率变量共同形成某一特定目的的管理机制，最后一种则是测试模式行为的各种不同情境。如果速率方程只用水准变量或常数作自变量，则常常会使得速率方程变得非常复杂而不易透彻地代表真实系统中的决策说明。而且在实际的决策说明中，并不完全以水准变量的概念来说明，常常用一些较为独立的概念表示决策的形式。为方便起见，在表示速率方程的过程中，可将它写成几个部分来计算，这些部分可以分别写成方程，这些方程就称为辅助方程。在实际的决策过程中，常将一个复杂的决策分成几个步骤进行，辅助方程能将每一步骤所包含的因素作清楚的表示。

（4）常数变量及方程。常数方程所定义的变量，在仿真模拟时常改变数值以查看该变量对系统的影响，它们是系统中数值一般不变的量。常数方程就是对一个常数符号给予固定的数值，初始值方程依附状态变量方程，表示状态变量的初始值。

（5）计算间隔。计算间隔的合适水平与模型中所要描述的最短时间有密切关系，如果计算间隔太长，则会因为计算跨度大而使仿真结果呈现出不稳定的现象；反之，如果计算间隔太短，则在模拟过程中进行近似重复的大量操作，从而浪费许多时间。

2.4.3 Vensim 仿真软件

Vensim 是一个基于视窗界面的可视化的系统动力学建模工具，提供了功能强大的图形编辑环境。在构建完成包括水准变量、辅助变量、常量等要素在内的因果反馈环之后，可以通过使用 Vensim 提供的便捷易用的公式编辑器，编辑输入变量方程，生成完整的模拟模型。在通过系统后台的检验、调试后，就可以利用一系列分析工具对所模拟系统的行为机制进行深入的分析研究。本书通过使用 Vensim PLE 5.4b 版本软件对系统动力学模型进行构思、模拟、分析和优化。

Vensim 软件利用图示化编程进行建模，使用者可以依据操作按钮画出流图，再通过 Equation Editor 输入方程和参数，就可以直接模拟使用。Vensim 软件对模型提供多种分析方法，包括原因树分析（逐层列举作用于指定变量的变量）、结果树分析（逐层列举该变量对于其他变量的作用）和反馈回路分析等，可以很明确地表示出系统内的各种关系。其输出信息也非常丰富，除了即时显示外，还提供了保存到文件和复制至剪贴板等方法输出。此外，它还具备较为强大的模型检验功能，对于所研究的系统和模型中的一些重要变量，可以依据常识和一些基本原则，预先提出对其正确性的基本要求。对于构建出的错误模型，Vensim 会自动检测出并给出提示，方便使用者进行修改。

2.5　空间计量相关理论

2.5.1　空间模型的分类

自从 20 世纪 70 年代一些欧洲学者开始进行空间计量经济研究以来，空间计量经济学就成为空间经济学及其相关学科的重要基础，成为经济学学科的一个新兴分支。空间计量经济学是以地理空间数据和空间经济理论为基础，以建立、检验和运用经济计量模型为核心，运用统计、数学方法与计算机技术对经济活动的相互作用（空间自相关）和空间结构（空间异质性）问题进行定量分析，研究空间活动和经济关系数量规律的一门经济学学科。

安瑟林（Anselin）对空间计量的定义是：在区域科学模型的统计分析中，研究由空间引起的各种特性的一系列定量研究方法。这种方法不是传统的线性变量之间相互关系的统计方法，他考虑了空间地理因素对变量的影响。安瑟林所指的区域科学模型，是指在模型中综合了区域、位置及与空间相关的影响，并且模型的估计及确定也是具有地理参考意义的数据，这些数据可能来自空间上的点，也可能来自某些区域，前者对应于经纬坐标，后者对应于区域之间的相对位置。这种方法可以更加彻底地解决问题，也更加符合现实情况。克拉森和彼林克（Klasson and Padinck，1979）定义了空间计量经济学的研究领域，包括在空间模型中对空间相互依赖的假定，空间解释变量的重要性、空间关系的不对称性；过去的和将来的相互作用之间的区别、空间模型等。

空间计量经济模型有空间误差模型和空间滞后模型。空间滞后模型通过引入变量的空间滞后形式，将一个空间位置上的变化与周边邻居位置上的变量联系在一起，这在一定程度上解释了由于空间溢出、空间扩散等相互作用造成的空间依赖；而空间误差模型通过将误差项设定为某种空间过程（如空间自回归）的形式，能够将由于测量误差等原因产生的空间依赖性加以显示表达。

1. 空间滞后模型

空间滞后模型（Spatial Lag Model，SLM）主要是探讨各变量在地区是否有扩散现象（溢出效应）。其模型表达式为：

$$y = \rho W y + X\beta + \varepsilon \tag{2.16}$$

式（2.16）中，y 为因变量；X 为 $n \times k$ 的外生解释变量矩阵；ρ 为空间回归系数，反映了样本观测值中的空间依赖作用，即相邻区域的观测值 Wy 对本地区观测值 y 的影响方向和程度。W 为 $n \times n$ 阶的空间权值矩阵，一般用邻近矩阵（contiguity Matrix）的距离矩阵；Wy 为空间滞后变量；ε 为随机误差项向量。

参数 β 反映了自变量 X 对自变量 Y 的影响，空间滞后因变量 Wy 是一内生变量，反映了空间距离对区域行为（如创新）的作用。区域行为受到文化环境与空间距离有关的迁移成本的影响，具有很强的地域性。由于 SLM 模型与时间序列中的自回归模型相类似，因此 SLM 也被称作空间自回归模型。

2. 空间误差模型

空间误差模型（Spatial Error Model，SEM）的数学表达式为：

$$y = X\beta + \varepsilon$$
$$\varepsilon = \lambda W \varepsilon + \mu \tag{2.17}$$

式（2.17）中，ε 为随机误差项向量，λ 为 $n \times 1$ 阶的截面因变量向量的空间误差系数，μ 为随机误差向量。

SEM 中参数 β 反映了自变量 X 对因变量 y 的影响。参数 λ 衡量了样本观察值中的空间依赖作用，即相邻地区的观察值对本地区观察值的影响方向和程度。存在于扰动误差项之中的空间依赖作用，度量了邻近地区关于因变量的误差冲击对本地区观察值的影响程度。由于 SEM 模型与时间序列中的序列相关问题类似，也被称为空间自相关模型（Spatial Autocorrelation Model，SAC）。

3. 空间权值矩阵的确定

在区域创新研究中，将空间效应因素引入创新过程的研究，建立空间计量经济模型进行空间统计分析时，一般要用空间权值矩阵来表达空间相互作用。

空间权值矩阵 W 是一种与被解释变量的空间自回归过程相联系的矩阵，在实际的创新分析中，该矩阵的选择设定是外生的，原因是 $n \times n$ 维的 W 包括了关于区域 i 和区域 j 之间相关的空间联系的外生信息，不需要通过模型来估计，得到它只需要通过权值计算出来就行了。W 中对角线上的元素 w_{ij} 被设为零，而 w_{ij} 表示区域 i 和区域 j 在空间上相连接的原因。为了减少或消除区域间的外在影响，权值矩阵被标准化$\left(w_{ij}^* = \dfrac{w_{ij}}{\sum\limits_{j=1}^{n} w_{ij}} \right)$成行

元素之和为 1，对于变量 x，这种转换意味着定义成空间滞后变量的 W_x 仅仅表示邻近观测值的加权平均数。

空间权值矩阵 W_{ij} 可用矩阵表示如下：

$$W = \begin{bmatrix} w_{11} & w_{12} & \cdots & w_{1n} \\ w_{21} & w_{22} & \cdots & w_{2n} \\ \vdots & \vdots & \vdots & \vdots \\ w_{m1} & w_{m2} & \cdots & w_{mn} \end{bmatrix} \tag{2.18}$$

根据相邻标准，W_{ij} 为：

$$W_{ij} = \begin{cases} 1, & \text{当区域 } i \text{ 和区域 } j \text{ 相邻} \\ 0, & \text{当区域 } i \text{ 和区域 } j \text{ 不相邻} \end{cases} \tag{2.19}$$

式中 $i = 1, 2, \cdots, n$；$j = 1, 2, \cdots, m$；$m = n$ 或 $m \neq n$。

矩阵 W_{ij} 是假定两个地区有公共的边界时时空关联才会发生，即相邻地区 i 和 j 有共同的边界用 1 表示，否则以 0 表示。

2.5.2 空间依赖性与异质性

空间依赖（spatial dependence）是现象和事物在空间上相互依赖、相互制约、相互作用和相互影响，是事物和现象本身所固有的属性，是地理空间现象和空间过程的本质特性。空间依赖可以定义为区位和观测值之间的一致性。当相邻地区随机变量的高值或低值在空间上出现集聚倾向时为正的空间自相关，而当地理区域倾向于被相异值的邻区所包围时为负的空间自相关。可见，空间依赖性意味着观测值由于某种空间作用而在地理上集聚，这些联系不同地区的作用有溢出效应及贸易、传播或其他社会经济的交互作用。由于直接作用于区域相互关系，像资本流动、劳动力、知识

溢出或交易成本等经济因素对空间依赖尤其重要。

造成空间依赖性的主要原因有两个，分别是空间要素在空间边界之间的流动（空间溢出效应），以及空间界限导致的区位、距离对空间的特征的影响。这表明，一个区位上的事物和现象可由空间系统中其他位置的事物和现象决定或部分决定，这可由下面的空间过程加以表达：

$$y_i = f(y_1, y_2, \cdots, y_{i-1}, y_{i+1}, \cdots, y_n) \qquad (2.20)$$

式中，y_i 表示变量 y 在第 i 单元上的观测值，$i \in S$，S 是所有空间单元的集合。公式表明，空间一个地点观测的数据会受到其他地点观测数据的影响。

空间异质性，是空间计量经济学模型识别的第二个来源。空间异质性是指存在发达地区和落后地区，地理空间上的区域缺乏均质性、中心和外围地区等经济地理解构，从而导致经济社会发展和创新行为存在较大的空间上的差异性。空间异质性反映了经济实践中的空间观测单元之间经济行为关系的一种普遍存在的不稳定性。区域创新的大学、企业、研究机构等主体在研发行为上存在不可忽视的个体差异，譬如研发投入的差异导致产出的技术知识的差异，这种创新主体的异质性与技术知识异质性的耦合将导致创新行为在地理空间上具有显著的异质性差异，进而可能存在创新在地理空间上的相互依赖现象或创新的局部俱乐部集团。

2.5.3 绩效评价相关理论概述

企业的任何行为都是基于企业利益目标和价值目标的行动。虽然企业行为的方式与类型各异，但其最终动机都是对企业利益目标和价值目标的追求。现代经济条件下，利润最大化仍然是企业最根本的利益目标。尽管有不少现代企业已经具备社会组织的其他属性，企业目标的构成向着多元化方向发展，但获取商业盈利和追求价值增值仍然是企业的根本属性。简单地说，绩效就是企业行为对企业利益目标和价值目标的贡献大小。在以利润最大化为核心目标的企业评价中，对盈利水平及其相关指标贡献能力的大小，是评判企业行为的根本标准。创新型企业绩效可依据创新型企业价值增长来反映。

1. 绩效评价

评价是指人们为了达到一定目的，运用特定标准，采用特定方法，对价值做出相应判断的认识过程。评价过程包括：确定评价目的和评价的参照系统、形成价值判断、获取评价信息三个环节。评价能力与评价活动随着社会的发展进步而不断提高与完善。评价对生产力发展具有极大的促进作用，促使人们改进生产组织，使人们认识和掌握客观事物及其运动规律，提高生产力水平，以获取更大的利益。

绩效评价是企业为实现经营目标，运用特定标准，采用科学方法，对企业生产经营过程及其结果做出的价值判断。通过对经营成果和绩效的评价，实现对经营者的约束和激励。所有者可以获知企业资产保值增值状况，对企业进行绩效评价，可以引导经营行为，及时发现问题，推动经营观念转变，促进内部沟通，提供决策信息，完善激励约束机制，调动经营者积极性，实现协调发展。

2. 创新型企业绩效评价与传统绩效评价差异分析

创新型企业绩效评价与传统的绩效评价具有很多不同之处。创新型企业的绩效评价是以企业创新战略为基础，评价内容的是多层面的，评价尺度涉及创新的各种层面，评价的目的是提高企业各个层面的员工的满意度，体现的是实时度量的及时性，提升企业的绩效水平。而传统的绩效评价是以传统会计系统为基础，评价内容主要是财务评价，以财务度量为主要评价维度，一般是事后度量，服务对象往往是企业中高层的管理人员，容易挫伤企业员工的创新积极性。此外传统的绩效评价一般采用固定的绩效评价模式来监视企业的绩效状况，对创新发展的适应性较差。

2.5.4 面板数据的计量模型及估计方法

面板数据指在同一时间内跟踪同一组个体的数据，它既有横截面的维度（n 个个体），也有时间维度（t 个时间）。从横截面上看是若干个体在某一时刻构成的截面观测值，从纵剖面上看是一个时间序列。

个体效应模型：

$$y_{it} = x_{it}\beta_i + z_i\delta + \mu_{it} + \varepsilon_{it} \tag{2.21}$$

其中 z_i 是不随时间而变的个体特称（即 $z_{it} = z_i$，$\forall t$），而 x_{it} 可以随个体以及时间来变。扰动项由（$u_i + \varepsilon_{it}$）两部分构成，被称为复合扰动项。其中不可观测的随机变量 u_i 是代表个体异质性的截距项。ε_{it} 为随个体与时间而变化的扰动项。假设 $\{\varepsilon_{it}\}$ 为独立同分布，且与 u_i 不相关。

如果 u_i 与某个解释变量相关，则进一步称之为"固定效应模型"（简称 FE）。如果 u_i 与所有解释变量 (x_{it}, z_i) 均不相关，则进一步称为"随机效应模型"（简称 RE），但是从经济的角度来说，随机效应模型相对较少。

对于随机效应模型来说，对于横截面的不同个体之间，假定时间序列参数齐性，且参数满足一致性，不随时间的变化而变化，所以一般的随机效应模型为：

$$y_{it} = \alpha_i + x_{it}\beta_i + \varepsilon_{it} \tag{2.22}$$

其中截距系数 α_i 和斜率系数 β_i 两个参数都是个体时期衡量，其取值随着个体的不同都在改变，截面上还受不同的结构影响。

而对于固定效应模型来说，回归截距系数相同但截距不同，即 $\beta_1 = \beta_2 = \cdots \beta_N$，模型为：

$$y_{it} = \alpha_i + x_{it}\beta + \varepsilon_{it} \tag{2.23}$$

模型中潜变量（包括时间因素和区域个体因素）影响所形成的区域个体差异只反映在截距的不同取值上。

Hausman 检验可以检验面板数据是用固定效应模型还是随机效应模型，Hausman 检验的前提是如果模型包含随机效应，他应与解释变量相关。因此在原假设 H_0：随机效应与解释变量不相关的情况下，内部估计量和 GLS 得出的估计量均是一致的。内部估计量不是有效的。在备选假设 H_1：随机效应与解释变量相关的假定下，GLS 不再是一致，而内部估计量仍一致。

Hausman 利用以上统计特点建立以下统计量：

$$W = (\hat{\beta}_w - \hat{\beta}_{GLS})' \sum_{\beta}^{-1} (\hat{\beta}_w - \hat{\beta}_{GLS})$$

$\hat{\beta}_w$ 为内部估计量，$\hat{\beta}_{GLS}$ 为 GLS 估计量，用 $\sum \beta$ 表示 β 的两种估计量协方差矩阵之差，所以 $(\hat{\beta}_w - \hat{\beta}_{GLS})$ 的协方差等于零，$\sum_{\beta} \mathrm{var}(\hat{\beta}_w - \hat{\beta}_{GLS}) = \mathrm{var}\hat{\beta}_w - \mathrm{var}\hat{\beta}_{GLS}$ 即：

$$\sum_{\beta} = \mathrm{var}\hat{\beta}_w - \mathrm{var}\hat{\beta}_{GLS}$$

Hausman 统计量即 Wald 统计量渐进服从自由度为 K 的 χ^2 分布：

$$W \xrightarrow{d} \chi^2(K)$$

上述介绍了空间计量模型和面板数据模型，而将两者结合起来就是空间面板模型，目前的空间面板模型主要考虑截面数据，忽略了时间的变化和空间的相关关系。而面板数据将时间的变换和截面数据相结合。因此将面板数据和空间计量相结合既考虑了时间变化的因素，也考虑了空间的相关性。

标准面板数据模型为：

$$y_{it} = \alpha_{it} + x_{it}\beta_{it} + \varepsilon_{it} \tag{2.24}$$

而将面板数据加入空间因素以后为空间面板模型：

$$y_{it} = \alpha_{it} + \rho W y_{it} + x_{it}\beta_{it} + \varepsilon_{it} \tag{2.25}$$

上述为空间滞后面板模型，$W y_{it}$ 是空间的滞后变量，主要度量在地理空间上邻近地区的外部知识溢出，是一个区域在地理上的 i 区域在 t 时期的变量的加权求和。

如果空间依赖性存在误差扰动项，则评价邻近地区因变量误差冲击对区域的影响程度，可以用空间误差模型，如下：

$$y_{it} = \alpha_{it} + x_{it}\beta_{it} + \mu_{it} \tag{2.26}$$

$$\mu_{it} = \lambda W \mu_{it} + \varepsilon_{it} \tag{2.27}$$

其中参数 λ 衡量了样本观察值的误差项引进的一个区域间的溢出成分。

第 3 章

创新型企业技术创新与知识创新机理分析

随着知识经济的到来，知识创新以及知识溢出对于创新型企业技术进步与技术创新发挥着举足轻重的作用。由于创新型企业严重依赖高新知识，所以越来越多的创新型企业认识到技术创新活动的成功运转，必须以相应的知识为依托，高效的知识创造以及成功的知识溢出利用伴随企业技术创新活动的始终。因此，技术创新也逐渐从传统方式转向以知识的创造和溢出为主的技术创新方式。

管理学大师德鲁克（Druker，1990）提出了"新型创新型企业"（new manufacturing）的概念，并认为"后现代"的工厂本质上并不是机械化（mechanical），而是概念化（conceptual）的，需要运用新的管理方法。新的管理方法自然离不开知识创新。知识创新是企业核心竞争能力的来源和获取持续竞争优势的关键。

溢出是知识的一个固有特性，于是企业的知识创新就能被其他企业所模仿学习，有一些企业可能成为知识的"免费搭车者"，虽然知识溢出可能使得整个社会获益，但是，这也可能会影响到企业进行知识创新的积极性，这其中一个关键的问题，就是协调好企业知识创新与知识溢出的关系。

机理是指为实现某一特定功能，一定的系统结构中各要素的内在工作方式以及各要素在一定环境条件下相互联系、相互作用的运行规则和原理。

3.1 创新型企业技术创新动态发展机理分析

技术创新是一个复杂的过程，国内许多学者对该过程进行了研究，做出了不同的表述，并设计了许多不同的阶段模式。清华大学傅家骥教授（1998）认为技术创新过程在逻辑上可以分为这样几个阶段：产生技术创新构思、技术创新构思的评价、开发试验模型、工业原形的开发、技术创新成果的初步实际应用或技术创新产品的初次商业化生产、技术创新成果的广泛采用和技术创新产品的大规模生产，以及技术创新扩散。中南大学陈文化教授认为，技术创新可分为三个基本阶段：一是新构思的概念化阶段；二是技术开发阶段；三是经济开发（试生产并首次实现其价值）阶段。哈尔滨工业大学关士续教授按时间顺序，把技术创新过程分为技术创新决策、技术创新研究开发（R&D）、生产技术创新、市场创新四个阶段。

综合以上各种观点，可以看出技术创新过程是由技术创新的构想，经过研究开发或技术组合，到获得实际应用，并产生经济、社会效益的商业化全过程活动。

技术创新过程作为知识管理和人才管理的载体，是一个复杂的过程，是由技术创新的构想，经过研究开发或技术组合，到获得实际应用，并产生经济、社会效益的商业化全过程活动。它是一个连续的、动态循环的过程，组成技术创新过程的各个阶段不仅是按线性序列递进的，而且存在着过程的多重循环与反馈，各个阶段相互区别又相互联系和促进。本书将技术创新动态发展过程划分为五个阶段：技术创新构思、技术创新评价、技术创新成果的研发、技术创新成果的商业化、技术创新的反思。各阶段由不同的职能部门来完成，是多职能部门并行推进而形成的一个互动的过程，如图 3-1 所示。

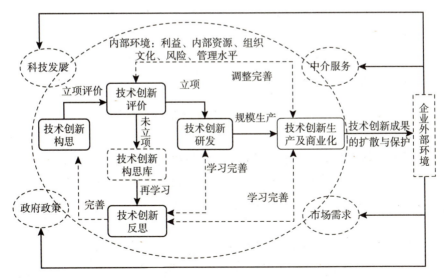

图 3-1　技术创新动态发展过程模型

3.1.1　技术创新构思阶段

从图 3-1 可以看出，创新型企业技术创新动态发展过程始于技术创新构思的产生，它是技术发展与市场需求共同作用的结果。市场变化、技术进展和机会、对某种需要的认识都可能激发技术创新构思的产生。

技术创新过程始于技术创新构思的产生，它是技术发展与市场需求共同作用的结果。市场变化、技术进展和机会、对某种需要的认识都可能激发创新型企业技术创新构思的产生。由于激烈的市场竞争以及不断的需求变化，企业为了生存和发展，必然致力于技术创新以开发新产品或新服务，从而开拓新市场，扩大市场占有率。

3.1.2　技术创新构思评价阶段

各职能部门根据各自的业务职责对上阶段技术创新构思进行初步评价、筛选、完善及组合，权衡各项技术创新构思的费用、潜在效益与风险。评价活动贯穿技术创新的全过程。除了要对技术创新的构思进行评价之外，在随后的技术创新成果的研发及商业化等阶段，都要适时进行评价。

3.1.3　技术创新研究与开发阶段

这一阶段需要投入大量的人力、物力，涉及众多部门和人员的密切配合以期解决技术创新后续生产过程中存在的问题，并在技术创新成果的研发过程中对技术创新构思不断进行调整、修正。

3.1.4　技术创新生产与商业化阶段

技术创新的技术开发部门与生产部门解决了技术创新生产技术方面的具体问题后，将着手准备新的生产线，从而进行大规模生产，然后通过营销部门实现技术创新成果的商业化。

3.1.5　技术创新的反思阶段

对组成创新型企业技术创新过程的其他阶段的经验和教训进行总结与

归纳，以此作为进行下一个技术创新项目的前期资料，便于创新型企业进行新一轮的技术创新。

3.2　基于技术创新过程的创新型企业知识创新运行机理分析

科技创新包括技术创新和知识创新，它们是国家创新体系的核心功能，在知识经济发展中发挥着举足轻重的作用。知识创新与技术创新在着眼于新产品、新工艺和新服务方面是一致的，而且两者均将创新视为从思想创造到实际应用的全过程。知识创新与技术创新共同构成了创新行为演进的主要形式，它们是同一创新过程中的不可分割的两个方面。一方面，知识创新是技术创新的基础，是新技术和新发明的源泉，是促进科技进步和经济增长的革命性力量。知识创新为人类认识世界、改造世界提供新理论和新方法，为人类文明进步和社会发展提供不竭动力。另一方面，技术创新作为知识创新的载体，它的实践反过来又能不断拓展知识创新的问题域，并为加速知识创新提供技术手段的支撑。

知识创新与技术创新都是系统性的行为，运行过程都受到内部、外部众多因素的制约，涉及企业、高校、政府等多方面主体的行为，两者是同一创新过程不可分割的两个方面。而目前大多数的相关研究还是仅侧重于其中某一方面的探索，这势必会影响研究的实用价值。本书以技术创新作为载体，系统地分析创新型企业知识创新运行的机理，并将系统动力学的理论引入知识创新运行的全过程，建立创新型企业知识创新运行的网络模型。该模型面向创新型企业知识创新运行系统，强调关注整体而非局部，动态而非静态地分析各要素行为的变化，探寻行为变化背后的系统结构和运行机理，为知识创新与技术创新研究提供了一种新的研究方法与思路。

3.2.1　基于技术创新过程的创新型企业知识创新阶段分析

知识创新是指通过科学研究获得新的自然科学和技术科学知识的过程。其目的是追求新发现、探索新规律、创立新学说、创造新方法、积累新知识。技术创新就是技术变为商品并在市场上销售得以实现其价值，从而获得经济效益的过程和行为。比较普遍的观点是，技术创新是技术发明的首次商业化，包括产品创新和工艺创新。技术创新不仅是指技术系统本身的创新，更主要的是把科技成果引入生产过程所导致的生产要素的重新组合，并把它转化为能在市场上销售的商品或工艺的全过程。

从上述知识创新及技术创新的概念可以看出，创新型企业知识创新与技术创新密切相关，借鉴技术创新过程的相关理论，将创新型企业知识创新的运行划分为五个阶段：知识创新构思；知识创新构思评价；知识创新成果的研发；知识创新成果的商业化；知识创新的反思。各阶段由不同的职能部门来完成，是多职能部门并行推进而形成的一个互动的过程。如图3-2所示。

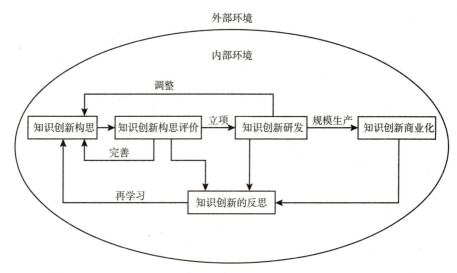

图 3-2　基于技术创新过程的创新型企业知识创新运行模式

第一阶段，产生的知识创新构思是技术发展与市场需求共同作用的结果。由于激烈的市场竞争以及不断的需求变化，组织为了生存和发展，必然致力于知识创新以开发新产品或新服务，从而开拓新市场，扩大市场占有率。这种知识创新的构思来源于知识创新人员（如领导层、技术开发人员、销售人员等）的创造性思维，或由新科学技术机会的产生或市场需求变化所带来的外部信息激发产生的新知识。

第二阶段，各职能部门根据各自的业务职责对这种知识创新构思进行初步评价，其目的在于权衡此项知识创新构思的费用、潜在效益与风险，对不同的知识创新构思进行筛选及组合，完善知识创新构思，以协调不同部门开展工作。此外，为了保障知识创新活动的顺利实施，尽量避免失误造成的损失，评价活动应贯穿知识创新的全过程。除了要对知识创新的构思进行评价之外，在随后的知识创新成果的研发及商业化等阶段，都要适时进行评价。

第三阶段，研究与开发这种知识创新构思，这一阶段需要投入大量的人力、物力，涉及众多部门和人员的密切配合以期解决知识创新后续生产过程中存在的问题，并在知识创新成果的研发过程中对知识创新构思不断进行调整、修正。

第四阶段，知识创新的技术开发部门与生产部门解决了知识创新生产技术方面的具体问题后，将着手准备新的生产线，从而进行大规模生产，然后通过营销部门实现知识创新成果的商品化。

第五阶段，知识创新的反思阶段主要是反思前几个阶段，总结成功的经验和失败的教训，作为进行下一个知识创新项目的前期资料，便于组织进行新一轮的知识创新。

3.2.2 基于技术创新过程的创新型企业知识创新运行网络模型的构建

通过上述分析，可知创新型企业知识创新的运行是一个连续的、循环的过程，各个阶段的知识创新活动不仅是按线性序列递进的，而有时存在着过程的多重循环与反馈以及多种活动的交叉进行，各个知识创新阶段相互区别又相互联系和促进。其运行过程受到内部、外部众多有形及无形因素的影响及制约，涉及政府、科研机构、大学、中介服务机构、企业、金融机构等众多主体的行为。为认识和把握知识创新运行系统各要素及各主体之间的结构和运行规律，根据创新型企业知识创新运行的五个阶段，依据系统动力学的理论，应用 Vensim 软件构建基于技术创新过程的创新型企业知识创新运行各阶段的网络模型。

1. 基于技术创新过程的创新型企业知识创新构思网络模型的构建

高校及科研机构作为知识创新的主体之一，在知识创新构思阶段起到重要的作用，其知识创新能力增加→知识创新构思的增加→知识存量增加→高校及科研机构形成进一步知识创新构思的动力增加。这一路径主要体现了高校及科研机构对知识创新构思的直接影响。

另一方面，高校及科研机构知识创新构思数量的增加→提高科技发展及知识市场交易水平，在中介组织提高服务水平，政府加强政策支持及市场需求因素的参与下，对企业的知识创新意识这一因素具有增强效应，从而形成企业知识创新构思的动力，促进知识创新构思数量增加→知识存量增加→高校及科研机构知识创新构思动力增加。这一路径主要体现了企业对知识创新构思形成的作用。上述过程如图 3 - 3 所示。

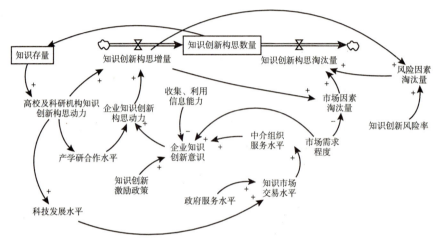

图 3 - 3　基于技术创新过程的知识创新构思运行网络模型

2. 基于技术创新过程的知识创新构思评价网络模型的构建

在知识创新构思评价阶段，政府财政收入增加→财政支出增加→政府对知识创新的投入增加→R&D 的投入增加→企业知识创新实现能力增强→知识创新立项率提高→知识创新构思的立项数量增加→知识创新为企业带来的经济效益增加→主营业务收入增加→进一步促进财政收入增加。

另一方面，政府用于教育的投资增加→教育水平提高→人员素质提高→企业知识创新实现能力增强→知识创新立项率提高→知识创新为企业带来的经济效益增加→主营业务收入增加→从而促进财政收入的增加。同时知识创新为企业带来的经济效益增加→企业用于 R&D 的投入增加→R&D 总额的增加→企业知识创新实现能力提高→知识创新立项率提高→知识创新构思的立项数量增加→知识创新为企业带来的经济效益进一步增加。知识创新构思评价阶段正是在这样一个正反馈系统中运行和发展的。上述运行过程如图 3 - 4 所示。

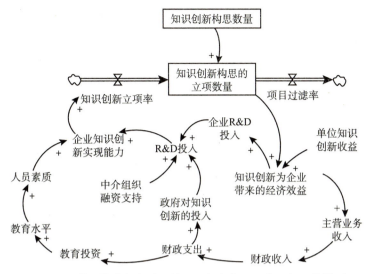

图 3-4　基于技术创新过程的知识创新构思评价运行网络模型

3. 基于技术创新过程的知识创新研发网络模型的构建

在知识创新研发阶段，知识创新研发成果数量增多→高校及科研机构获得的物质利益越多→高校及科研机构的发展越快→高校及科研机构对知识创新研发的支持力度加大→产学研之间的合作加强企业知识创新研发能力提高→高知识创新研发成功率。这一路径主要体现了高校及科研机构即产学研合作对组织知识创新研发阶段的正反馈作用。

另一方面，知识创新研发成果数量越多→高校及科研机构获得的非物质利益增加→教育水平发展→人员素质提高；另外在政府保护政策的积极参与下，共同促进企业知识创新研发能力的提高，进一步提高知识创新研发的成功率，从而促进知识创新研发数量的增加。这一路径主要体现了企业这一特殊形式的组织对知识创新研发阶段的积极作用。上述过程如图 3-5 所示。

4. 基于技术创新过程的知识创新商业化网络模型的构建

在知识创新商业化阶段，知识创新经济收益增加→知识创新为企业带来的经济效益增加→经济发展水平提高→宏观经济管理效益增加→市场机制完善→企业市场推广能力的提高→知识创新成果销售收入增加→知识创新经济收益增加。这一路径主要体现企业的市场推广能力对知识创新的经济收益的正反馈作用。

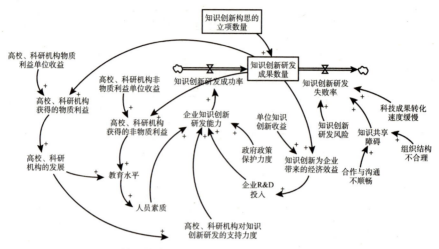

图3-5　基于技术创新过程的知识创新研发运行网络模型

　　同时，知识创新成果销售收入增加→知识创新经济收益增加→企业加大对规模化生产的投入→提高企业规模化生产的能力→知识创新成果销售收入的增加。这一路径主要体现企业的规模化生产能力对知识创新的经济收益的正反馈作用。知识创新的商业化阶段正是在这种正反馈的作用下运行和发展的。上述过程如图3-6所示。

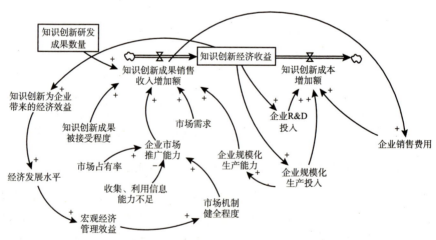

图3-6　基于技术创新过程的知识创新商业化运行网络模型

5. 基于技术创新过程的知识创新反思网络模型的构建

在知识创新的反思阶段，一方面经济发展水平的提高有利于增强宏观经济管理效益→政府知识创新意识增强→针对知识创新的激励政策增强→企业知识创新动力增强→产学研合作水平提高→组织学习力提高→知识创新的反思价值增加。

另一方面，经济发展水平提高→财政收入增加→财政支出扩大→教育投资增加→教育水平提高→组织学习力提高→也会促进知识创新反思价值的增加。反思价值的增加会促进知识存量的增加，从而推动组织进行新一轮的知识创新。可见，知识创新的反思阶段也是在一个正反馈的作用下运行和发展的。上述过程如图 3 - 7 所示。

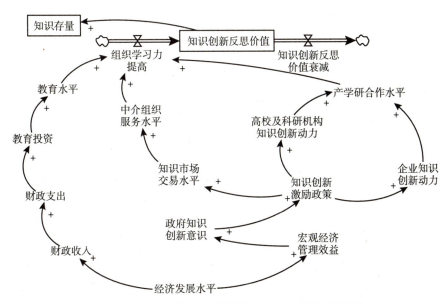

图 3 - 7　基于技术创新过程的知识创新反思网络模型

通过对基于技术创新过程的创新型企业知识创新运行机理分析可知，创新型企业知识创新的运行可以分为五个阶段，即知识创新的构思、对知识创新构思进行评价、研发、商业化及反思阶段。知识创新运行各个阶段不是孤立存在的，而是一个连续的、循环的过程，各个阶段存在着相互联系和促进的关系，阶段之间具有动态循环性的反馈机制。

根据所建立的创新型企业知识创新运行网络模型，可知创新型企业知识创新这一动态循环过程中，存在众多因素的影响和各种主体的参与。构建该网络模型的目的，不仅是要通过促进动力因素作用的发挥，而且需要通过对知识创新障碍因素的控制，使得其消极影响逐渐减少以致消失，进而使创新型企业知识创新活动得到持续良性的发展，以保证创新型企业获得知识创新的收益、取得竞争优势，使得创新型企业知识创新系统趋于完善。

3.3 创新型企业知识创新与技术创新协同发展动力研究

创新型企业知识创新与技术创新协同发展的内在动力以及外部环境系统的动力，使得创新型企业不断从无序到有序，由一种形态向另一种形态跃进，在不断变化的环境中实现转型升级，实现创新型企业的转型升级目标。外部环境的影响与内部条件的作用，共同构成了创新型企业知识创新与技术创新协同发展的动力机制。创新型企业实现转型升级的关键在于如何在动态环境下，在各要素间协调一致基础上实现量的扩张和质的改善，即需要建立起相应的转型升级动力机制。从系统角度看，创新型企业知识创新与技术创新协同发展是企业系统内生要素、外在环境要素与企业转型升级共同作用的实现目标的过程。由企业系统内部要素的耦合所产生的拉动作用称为内生转型升级动力。把外部环境所带来的挑战和竞争压力，促使企业系统改变组分特性和结构关系，达成与环境适应的推动作用称为外在转型升级动力。这种系统与环境之间的作用是企业系统演化的外部动因。

3.3.1 创新型企业知识创新与技术创新协同发展的内在动力

1. 创新型企业的创新投入

创新型企业知识创新与技术创新协同发展需要巨大投入，没有投入就不可能有产出。因此，创新型企业的创新投入是推进创新型企业知识创新与技术创新协同发展的先决条件。创新型企业的创新投入能力强弱直接反映了创新型企业知识创新与技术创新协同发展的强弱，是创新型企业创新过程中重要的客体要素之一。创新型企业主要有以下几个要素。

（1）研发经费投入。所谓研发，就是研究和发展。按照许庆瑞院士对研发的定义，研究是针对某个主体的科学知识进行大量的、系统的、反复的探索，通过对事物现象的周密调查与反复思索揭示出事物的本质。发展，或称开发，是指运用科学知识对基本思想、基本原理作进一步的发展，以产生一种新的物质形态。许多学者对 R&D 投入与企业竞争力的关系作了研究，结果都显示，两者之间存在显著正相关关系。从学者们的研究可以看出，R&D 经费投入对创新型企业知识创新与技术创新协同发展的提升具有重要意义。

所谓 R&D 经费投入是指企业在统计期 R&D 经费占总的销售收入的百分比。采用国家统计局与科技部对研发经费的统计口径。研发经费包括研发经费的内部支出和外部支出。研发经费的内部支出是指调查单位在报告期内用于内部开展研发活动（基础研究、应用研究、试验发展）的实际支出。包括用于研发项目（课题）活动的直接支出，以及间接用于研发活动的管理费、服务费、与研发有关的基本建设支出以及外协加工费等。不包括生产性活动支出、归还贷款支出以及与外单位合作或委托外单位进行研发活动而转拨给对方的经费支出。研发经费外部支出是指包括本单位委托外单位或与外单位合作进行 R&D 活动而支付给对方的经费，不包括外协加工费。

（2）技术改造及技术引进费用投入。技术改造指企业在坚持科技进步的前提下，将科技成果应用于生产的各个领域（产品、设备、工艺等），用先进技术改造落后技术，用先进工艺代替落后工艺、设备，实现以内涵为主的扩大再生产，从而提高产品质量、促进产品更新换代、节约能源、降低消耗，全面提高综合经济效益。技术改造投入就是指企业在报告期内用于技术改造的经费总数。技术改造是促进企业技术结构合理化的重要保证，是创新型企业扩大再生产的重要途径，是创新型企业提高竞争力的重要举措。

改造现有项目可以充分利用原有的生产条件和技术基础，只需对生产薄弱环节更换少量的必要设备，或在某些重要的工序采用新设备、新工艺，甚至只改进设备的某些关键部件，就能够使生产能力获得迅速增长。同时随着时间的推移，原来属于先进的技术会变成落后技术。坚持技术改造，不断地用先进的技术改造落后的技术，是生产技术发展的客观要求。

通过持续不断的技术改造，能够使企业技术设备不断更新，生产实力不断加强，企业竞争力才能不断提高。因此，技术改造是创新型企业提高竞争力的重要举措。

技术引进经费支出就是指企业在报告年度用于购买国外技术，包括产品设计、工流程、图纸、配方、专利、技术诀窍等技术资料的费用支出，以及购买关键设备、样机和样件等的费用支出。

创新型企业的建设虽然要增强企业自主创新能力，但从目前我国自主创新能力薄弱的实际来看，技术引进是不可缺少的。技术引进是发展中国家发展企业竞争力、赶超世界先进水平的必由之路，这是因为技术引进具有后发优势。从成功的经验来看，日本、韩国等国引进国外先进技术发挥后发优势，在较短的时间内迅速地实现了工业现代化。尤其是第二次世界大战后，尚落后于发达国家30年的日本在短短30年里便一跃成世界一流国家，它的技术引进只用了技术投资的26%，它的工业产值和增长中32%是从引进技术中得到的，而这一部分增加的产值是引进费用的10倍，同时引进技术生产新产品，还节约了大量的外汇。

正是因为技术引进具有的这种"后发优势"，能使实施技术引进的国家在较短时间内，以较低的代价缩短与先进国家的技术差距，这正是我国现阶段所需要的。

（3）培训费用投入。培训费用是指用于培训职工产生的费用。它是提高职工素质的基本手段，是创新型企业建设的必要投入。职工培训，是人力资源管理的重要职责，是人力资源开发的重要组成部分，是人力资源资产增值的重要途径，也是实施创新型企业提升竞争力的重要环节。首先，它是培育职工形成共同的价值观、增强凝聚力的重要工作。企业持续不断地进行职工培训，向他们不断灌输企业的价值观，养成良好的行为习惯，使员工能够自觉地按惯例工作，从而形成融洽的工作氛围。通过培训，增强职工对组织的认同感，增强员工与员工以及员工与管理人员之间的凝聚力及团队合作精神。其次，它是提升员工技术能力，做到人与"事"相匹配的有效方法。科技快速发展，必须不断更新知识才能跟上科技的发展。无论职工还是领导，都面临着这个严峻的挑战。因此，职工上岗后需要不断地进步和提高，参加更高层次的技术升级和职务晋升等方面的培训，使各自的专业知识、技术能力达到岗位规范的标准，适应将来岗位的需要。再次，它是激励员工工作积极性的重要措施。职工培训是一项重要的人力资源投资，同时也是一种有效的激励方式，培训是对职工的一种激励因素，因为他们看重通过工作得到更好的发展和提高。最后，它是企业建立学习型组织的有效手段。学习型组织是现代企业发展的必然趋势，企业的每一个员工都需要树立终生学习的思想。因此企业要想建立学习型组织，就应该有效地开展各类职工培训，建立一个能够充分激发职工活力的人才培训机制。

（4）人力资源。是参与创新型企业创新活动的所有人员，他们是创新型企业进行创新活动的行为承担者，在创新活动中起着基础性和决定性的作用。

（5）技术资源。包括相关专利、成果与知识、技术开发能力、技术诀窍等。

（6）知识资源。分为显性知识和隐性知识，显性知识是可以用文字和语言等来表达的，隐性知识是指那些"只可意会，不能言传"的知识，难以规范化和清晰表述出来的。这些只能通过成员之间的交流和学习才能体会到。

（7）资金资源。指为创新型企业进行创新活动提供的一切经费，是创新型企业竞争形成的财力保障。包括政府提供的科研经费、企业资金、银行贷款和风险投资基金等。

（8）信息资源。包括人才信息、技术信息、市场信息等各类信息，也包括信息基础设施，比如企业、高校和科研机构及其他服务机构的各种电子设备、面向内部的网络资源以及管理信息系统等。

（9）文化资源。包括诚信、合作精神、创新氛围、协同能力、冲突解决能力等。

2. 创新型企业的创新实施

所谓创新实施就是指企业确定创新战略后实施创新的能力，包括创新项目实施能力、创新研发能力、创新生产制造能力。创新实施是创新实现的关键环节，是创新型企业知识创新与技术创新协同发展实现最重要的客体因素。

（1）创新型企业的创新战略及项目规划执行力。创新战略与项目规划是指企业创新战略安排能力和创新项目（含技术创新项目、管理创新项目、制度创新项目）的策划。企业创新战略是企业发展的方向，是企业创新的全局性指导思想，关乎创新型企业的命运。

创新战略可分为自主创新战略、模仿创新战略和合作创新战略。自主创新战略是指以自主创新为基本目标的创新战略。所谓自主创新是指企业通过自身的努力和探索产生技术突破，攻破技术难关，并在此基础上依靠自身的能力推动创新的后续环节，完成技术的商品化，获取商业利润，达到预期目标的创新活动。所谓模仿创新是指企业通过学习模仿率先创新者的创新思路和创新行为，吸取率先者成功经验和失败的教训，引进购买或破译率先者的核心技术和技术秘密，并在此基础上改进完善，进一步开发，在工艺设计、质量控制、成本控制，大批量生产管理、市场营销等创新链的中后期阶段投入主要力量，生产出在性能、质量、价格方面富有竞争力的产品与率先创新的企业竞争，以此确立自己的竞争地位，获取经济利益的一种行为。所谓合作创新，是指企业间或企业、科研机构、高等院校之间的联合创新行为。合作创新通常以合作伙伴的共同利益为基础，以资源共享或优势互补为前提，有明确的合作目标、合作期限和合作规则，合作各方在技术创新的全过程或某些环节共同投入，共同参与、共享成果、共担风险。合作创新一般集中在新兴技术和创新型企业，以合作进行研究开发（R&D）为主要形式。

创新型企业就是要以自主创新战略为指导的企业，这是由我国到2020年要成为创新型国家的根本目标和我国坚持自主创新战略所决定的。实际上，傅家骥（1998）指出，自主创新是企业技术创新的最高境界，是企业成为技术领先者和市场领袖的根本标志。考察世界著名跨国企业发展的历史及新兴工业化国家企业发展的历程，我们可发现大致相同的规律：即经历技术引进、模仿跟随等追赶学习阶段，不断积累创新能力，逐步加强研究开发投入，最终过渡到自主创新为主，推动企业蓬勃发展，在国际市场上占据领先地位。在《国家中长期科学和技术发展规划纲要（2006～2020年)》里，明确把自主创新分为原始创新、集成创新以及引进消化吸收再创新。

创新战略的定位及执行情况，创新战略相关管理制度、文件完善情况，创新战略有关的决策机制，企业领导者识别、预测市场趋势、对信息收集、加工、吸纳的战略能力，企业领导者对创新的重视程度，都是创新型企业知识创新与技术创新协同发展的重要客体要素。

（2）创新型企业的研发力。

第一，R&D 人员比例。R&D 人员比例是指 R&D 人员占企业职工总数的比例。R&D 人员是指参与研究与试验发展项目研究、管理和辅助工作的人员，包括项目（课题）组人员，企业科技行政管理人员和直接为项目

（课题）活动提供服务的辅助人员。

将 R&D 人员比例归入创新型企业的创新实施能力，而把研发经费投入归入到研发投入能力，是因为研发投入是对创新的直接投入，而研发人员比例是企业技术积累的结果，不一定全部投入到创新过程之中。换言之，即使企业不实施创新战略，研发人员也同样存在，但是研发人员所占职工的比例的大小又是企业实施创新成功与否的重要因素之一。因此，把 R&D 人员比例指标归入到创新型企业的创新实施能力的要素之中。后面所涉及的技术带头人比重、研发机构数量及层次等也是同样的道理。

第二，技术带头人比重。技术带头人比重（含省部级以上技术专家和博士）是指技术带头人占技术人员的比例。研发人员的数量是影响创新型企业知识创新与技术创新协同发展的重要因素之一，而且研发人员质量的高低更是关乎创新型企业知识创新与技术创新协同发展的重要因素。技术带头人、省部级以上的技术专家以及企业博士数量是企业研发人员素质高低的直接表现，所以用三者所占技术人员的比例来衡量创新型企业知识创新与技术创新协同发展的强弱是较为适宜的。

第三，研发机构数量及层次。企业研发机构是指建在企业的工程（技术研究）中心、重点实验室、技术中心及其他研究开发机构。研发机构是创新型企业创新的主战场，也是创新型企业的竞争力的关键客体要素之一。企业研发机构集聚的创新资源包括科技创新人才和研发、中试设备，是企业自主创新的基础条件，也是企业重要的基础建设平台。企业研发机构的研发、转化能力集中反映企业的自主创新能力。不论是国外的微软、英特尔，还是国内的华为、海尔，都拥有强大的研发机构，拥有一流的研发设备和创新人才。研发机构数量及层次是指企业拥有的省级、国家级的研发机构的数量。

第四，科技成果获奖及鉴定数。科技成果获奖及鉴定数是指企业科技成果通过省部级以上鉴定以及获得省部级以上奖励的数量。科技成果获奖或鉴定数是对创新型企业知识创新与技术创新协同发展的重要评价，因为科技成果获奖以及鉴定数是对企业技术积累的一个评价，集中反映了创新型企业的竞争力。

第五，千名研究开发人员拥有的授权发明专利量。千名研究开发人员拥有的授权发明专利量是指千名研发人员所拥有的授权发明专利量。拥有发明授权专利数是指企业作为专利权人截止到申报之时拥有的，经国内外专利行政部门授权且在有效期内的发明专利数。发明专利是企业自主创新能力的具体体现和持续创新经济价值的潜在标志。发明专利数量能很好地反映企业的自主创新能力和活力，是反映发明创造能力和设计能力的具体指标。

第六，know—how 数量。技术诀窍又称"技术秘密"，是指生产有实用价值的、先进的、未经公开的、未申请专利的技术知识和独特技巧。它可以通过具体资料形式表达，如图纸、配方、专有工艺、特殊技术等。技术诀窍是一种重要的无形资产，能够为企业创造财富。它是企业长时间的实践技术经验积累的结果，反映了创新型企业的竞争力。

（3）创新型企业的制造能力。

首先是设备新度。创新与发明创造不同，创新必须能够创造出新的价值，同时，创新是一个过程，这个过程是从新思想、新产品、新工艺的构想、研究、开发、制造到商业化应用的全过程。从创新的过程来看，制造是把发明创造变为创新产品、实现商业化的重要环节，而制造能力最关键的无疑是先进的制造设备。设备新度水平就是指企业设备的先进化水平。因此，设备的先进水平是创新型企业知识创新与技术创新协同发展的一个重要客体要素之一。

其次是质量保证指数。质量保证指数是指企业获得的质量保证体系认证标准数，如 ISO、UL、CSA、PSE、CE、GS、NF、BSI、CCC、CMM 等的数量。ISO 其全称是 International Organization for Standardization，翻译成中文就是"国际标准化组织"。ISO 的技术机构技术活动的成果（产品）是"国际标准"。ISO 现已制定出国际标准共 10300 多个，主要涉及各行各业各种产品（包括服务产品、知识产品等）的技术规范。用通过 ISO 认证的数量可以衡量企业产品的标准化与规范程度。UL 是美国保险实验室的简写（Underwrite Laboratorie Inc.），它是世界上最大的从事安全试验和鉴定的民间机构之一。在 100 多年的发展过程中，其自身形成了一套严密的组织管理体制、标准开发和产品认证程序，是一个独立的、非营利的、为公共安全做试验的专业机构。CSA 是加拿大标准协会（Canadian Standard Assoeiation）的简称，它成立于 1919 年，是加拿大首家专为制定工业标准的非营利性机构。在北美市场上销售的电子、电器等产品都需要取得安全方面的认证。目前 CSA 是加拿大最大的安全认证机构，也是世界上最著名的安全认证机构之一。

（4）创新型企业的创新产品营销力。创新产品（服务）在整个创新过程中占有举足轻重的地位，企业通过创新产品（服务）来获取利润。企业创新最终是通过市场获得潜在利润，创新的经济效益需要通过市场进行检验，因此，创新型企业知识创新与技术创新协同发展的实现必须经得起市场的检验，而创新产品（服务）获得市场认可的因素除了自身产品（服务）质量、价格等因素以外，很重要的一个因素就是企业营销能力。因为一项创新产品要被广大消费者接受并认可，企业甚至需要创造需求，因此大量投入营销费用进行创新产品（服务）的营销就势在必行。

最重要营销手段之一就是广告，广告可以提高产品的品牌知名度，可以提高产品的品质认知度，维持品牌的忠诚度，有助于建立品牌。

（5）创新型企业的创新保障力。

一方面是企业知识产权保护力度。知识产权保护制度是保护科学技术和文化艺术成果的重要法律制度，是提升创新型企业知识创新与技术创新协同发展的重要政策工具。知识产权保护制度可以激励企业创新行为，为企业创新提供法律保护，加速企业创新的过程，促使企业创新成果的公开和交流。企业要保持在市场竞争中的优势地位，就必须增强知识产权保护意识，把加强知识产权保护纳入本单位的研究开发、生产经营和内部管理并形成相应的制度，建立和完善科研机构的自主创新管理制度。

另一方面是企业重大风险管理力。关于风险的定义，到目前为止，学术界没有一致的意见。1901 年，美国学者威雷特最早给出风险的定义，认为风险是关于不愿发生的事件发生的不确定的客观体现，首先指出了风险的客观性和其本质的不确定性。创新型企业的创新风险是指企业在创新过程中，由于创新外部环境的不确定性，创新系统的复杂性，以及创新者综合能力的有限性，而导致创新失败的可能性。

创新型企业知识创新与技术创新协同发展过程是一个多种创新类型，多种创新项目的集群动态系统集成的非线性复杂过程。面临的创新风险也主要是创新所带来的各种风险，比单纯技术创新风险更大、更复杂。对于企业创新过程的重大风险若不及时进行识别和管理，可能使创新型企业的建设蒙受巨大损害甚至导致企业竞争力下降。

此外，产学研合作水平也是保障创新型企业知识创新与技术创新协同发展的重要客体要素。

3. 创新型企业的创新产出

创新型企业的创新产出主要有以下几个指标。

（1）工业增加值平均增长率。工业增加值是指工业企业在报告期内以货币形式表现的工业生产活动的最终成果，是工业企业全部生产活动的总成果扣除了在生产过程中消耗或转移的物质产品和劳务价值后的余额，是工业企业生产过程中新增加的价值。工业增加值这一指标度量了创新型企业新创造的价值，如果这一指标没有显著的增长，基本可以断言创新型企业知识创新与技术创新协同发展力是不显著的。

（2）全员劳动生产率。全员劳动生产率指创新型企业年工业增加值与企业全体员工数量的比。它是考核企业经济活动的重要指标，是企业生产技术水平、经营管理水平、职工技术熟练程度和劳动积极性的综合表现。这一指标消除了企业规模大小对工业增加值的影响，比较准确地反映了企业单位人员创造的价值的大小，客观反映了企业经济效益的增长情况，是对企业工业增加值增长率的一个重要补充。

（3）新产品（工艺、服务）销售收入占全部销售收入的比重。新产品销售收入的计算主要采用国家统计局与科技部对新产品的统计口径。新产品一般是指采用新技术原理、新设计构思研制、生产的全新产品，或在结构、材质、工艺等某一方面比原有产品有明显改进，从而显著提高了产品性能或扩大了使用功能的产品。新产品（工艺、服务）销售收入占全部销售收入的比重主要是指企业新产品销售收入与企业全部产品销售收入的比，这一指标主要考察企业创新产品（工艺、服务）对企业经济增长的贡献。

（4）创新产品国内市场占有率。创新产品国内市场占有率是指新产品在同类产品中占有的市场份额，用这一指标衡量创新产品的市场地位。创新产品国内市场占有率是用来衡量企业创新产品的影响力的，如果创新产品国内市场占有率高，说明创新产品影响力高，反之则说明创新产品影响力低，企业应该反思市场占有率低的原因，找出相应的对策来提高创新产品市场占有率，因为市场占有率与获利密切相关，如果市场占有率长期处于比较低的水平，企业是不可能获得超额利润的。

（5）创新对经济增长的贡献率。创新型企业创新对经济增长的贡献率是指创新在企业经济增长中的贡献。最终产出（或净收入）的增加（减少）是所有投入生产要素（创新过程中的新投入要素和创新过程以前即已经存在的投入要素）综合作用的结果，要想把它们分离出来是相当困难的。

（6）品牌创建绩效。品牌是企业或产品在顾客或关系群体心目中形成的认知、态度和行为倾向的关系综合体。它来源于企业或产品在顾客或关系群体的每个接触点上的信息交流，以及顾客或关系群体自身的特征和购买行为产生的经验，对经济、文化和产业等宏观因素也有相当的影响。

品牌是创新型企业知识创新与技术创新协同发展的核心，作为一种高潜质的战略资源和提升竞争力的战略要素，品牌不但能增加企业的资产价值，还能增加企业的竞争优势，构成企业强有力的营销工具。它重视企业的营销实力，反映内在文化，也就是内在实力。

品牌是文化的载体，文化是凝结在品牌上的企业精神，也是对渗透在品牌经营全过程中的理念、意志、行为规范和团队风格的体现。传统的经济学理论指出：消费者在进行消费时，一般会受朴素的等值观念（即价格与产品的价值相等）的影响。然而，在产品同质化程度越来越高的今天，这种朴素的等值观念正受到来自现实的挑战。消费者在购买力相同的情况下，市场上符合他们这种传统等值标准的产品往往不止一种，传统的消费观念使消费者陷入了一种取舍两难的境地。因此，当产品同质化程度越来越高，企业在产品、价格、渠道上越来越不能制造差异来获得竞争优势的时候，品牌文化正好提供了一种解决之道。

（7）新产品环保性能、节能减排绩效。可持续发展已经成为世界发展的必然选择，可持续发展主要包括自然资源与生态环境的可持续发展、经济的可持续发展、社会的可持续发展三个方面，这三个方面是相互影响的综合体。在这样的大形势下，企业肩负着不可推卸的责任，同时也是为了企业自身的持续发展，企业所生产的产品必须符合环保要求，这不但是企业的责任，也是企业赖以生存的基础。

目前，我国经济取得了巨大成就，但经济结构不合理、增长方式粗放的问题也日益突出。在目前的情形下，若不加快调整经济结构、转变增长方式，资源支撑不住、环境容纳不下、社会承受不起，经济发展也难以为继。节能减排不仅是资源节约和环境保护的客观需要，也是创新型企业提高竞争力、加快发展的必然要求。从节能方面看，能源资源是中央企业生产经营必不可少的重要原材料和生产条件，减少能源、原材料的消耗，将最大限度地降低企业的生产经营成本，提高企业市场竞争力。从减排方面看，随着环境保护和可持续发展战略的实施，国家对环境污染的控制将进一步加强，企业发展战略中对环境保护也提出了更高要求。

（8）企业专利申请数。所谓专利，是"专利权"的简称，指一项发明创造，经申请人向代表国家的专利主管机关提出专利申请，经审查合格后，由该主管机关向专利申请人授予的在规定时间内对该项发明创造享有的专有权。

创新型企业是自主创新的主体，积极、主动、及时地申请专利保护核心技术，建立和完善专利制度，对企业发展具有重要作用。一是能够提升企业的竞争力，在保护核心技术的同时，也保护了企业的权益。二是能够使企业在激烈的市场竞争中争取主动权，产品可率先占领市场。三是能够有效配置技术创新资源。通过专利文献检索，可减少研究与开发的费用，提高研究开发起点和水平；四是能够为企业寻求更多的合作机会。通过实行专利实施许可，为企业获得更大的经济效益。

专利对企业具有重大的意义，首先，专利有效地界定了发明创造者对自己发明创造的成果具有独占和垄断的权利，从而保证了发明创造者的物质利益回报，从制度安排上充分调动了人们发明创造的主动性和积极性，从而使发明家得以大量涌现并带来浪潮般的发明创造，启动产业技术升级，创造经济增长奇迹；其次，专利是联系技术和市场的中间环节，以市场独占为其最重要特征，专利是市场竞争的有力武器和重要手段。同时，这一指标是衡量企业自主创新绩效的一个重要指标。特别是发明专利是创新型企业知识创新与技术创新协同发展的潜在标志，能很好地反映企业的自主创新绩效和活力。

（9）技术标准级别及数量。所谓技术标准，是指一种或一系列具有一定强制性要求或指导性功能，内容含有细节性技术要求和有关技术方案的文件，旨在为了使某一产业范围内的产品达到一定的安全要求或进入市场的要求。技术标准的实质就是对一个或几个生产技术设立的必须符合要求的条件。

3.3.2 创新型企业知识创新与技术创新协同发展的外在动力

社会系统是一个庞大而复杂的系统。处于社会系统内的、具有开放性系统特征的企业必然与社会系统内的其他要素有着广泛而深刻的联系。如政治环境、经济水平、社会文化环境和自然环境等都会对创新型企业的转型升级产生影响，但其影响的方式往往又是间接和相对稳定的，在结合相关研究的基础上，本书认为创新型企业知识创新与技术创新协同发展的外部动力因素包括：

（1）政策与法律。创新型企业的转型升级始终需要放在宏观的经济环境下来考察，而一个国家的经济政策制度与法律环境则是宏观经济中不可或缺的重要组成部分。政策与法律环境是创新型企业知识创新与技术创新协同发展外部动力中最重要的核心要素。

（2）市场需求及竞争状况。市场是创新型企业的主要收入来源，因此市场需求与竞争状况将直接影响着创新型企业的转型升级。一方面市场的现有稳定需求将决定着创新型企业产品方面的扩张极限。另一方面，潜在的市场需求是拉动创新型企业知识创新与技术创新协同发展的最重要的外部动力之一。此外，市场竞争压力是创新型企业创新活动的重要推动力之一。

（3）行业发展水平与结构。创新型企业知识创新与技术创新协同发展过程中容易受到所在行业的发展水平和结构的影响。当创新型企业所在行业处于衰退期或拟进入行业存在较高进入壁垒时，行业的特殊性将给创新型企业知识创新与技术创新协同发展带来严重的冲击。

（4）中介服务支持体系。科技中介机构的主要功能是在各类市场主体中推广技术，促进成果转化，开展科技评估、创新决策和管理咨询等专业化服务，是联系高等院校、科研院所与创新型企业之间的纽带，在促进科研成果转化过程中起着重要的桥梁作用，为创新型企业搭建了技术交流与分享的平台。协调好企业与科技中介之间的关系，利用好科技中介可以提供的各种资源对于创新型企业的发展有着良好的促进作用。良好的中介服务体系不仅能够有效降低创新型企业市场交易成本、增加市场机遇，同时也为创新企业的快速转型升级提供了支持。

（5）合作伙伴因素。在经济全球化与技术飞速发展的时代，企业间的联盟已经成为一种重要的创新型企业知识创新与技术创新协同发展的模式。恰当选择合作伙伴，构建良好的联盟关系，有利于联盟中的企业弥补这些劣势。

3.4　基于全要素的创新型企业知识创新与技术创新协同发展研究

3.4.1　基于全要素的创新型企业知识创新与技术创新协同发展内涵

创新型企业知识创新与技术创新协同发展是各个创新要素的整合以及创新资源在系统内的无障碍流动。是以知识增值为核心，以创新型企业，高校科研院所，政府，教育部门为创新主体要素的价值创造过程，是国家创新体系理论的新进展。合作的绩效高低很大程度上取决于知识增值的效率和运行模式。知识经济时代，传统资源如土地、劳动力和资本的回报率日益减少，信息和知识已经成为财富的主要创造者。

在知识增值过程中，相关的活动包括知识的探索和寻找；知识的检索和提取；知识的开发，利用以及两者之间的平衡；知识的获取，分享和扩散；协同创新过程中知识活动过程不断循环，通过互动过程，越来越多的知识从知识库中被挖掘出来，转化为资本，并且形成很强的规模效应和范围效应。为社会创造巨大的经济效益和社会效益，在知识增值的实现过程中，需要注意几个方面：

一是知识产权的归属权问题，知识增值为核心的创新型企业知识创新与技术创新协同发展早期应该以合同文本形式约定知识产权的归属问题。

二是利益的分配问题，利益的分配包括经济利益和社会利益，经济利益一般通过有形的资产表现出来，但社会利益如商标、美誉度等无形资产难以量化，应该以其他的表现形式单独计量。

创新型企业知识创新与技术创新协同发展是多法人主体的合作，产权以及知识产权的明晰十分重要，通过知识增值凝聚创新型企业知识创新与技术创新协同发展的各个主体要素，有利于实现创新型企业知识创新与技术创新可持续发展，同时提高各个创新主体要素之间的创新积极性，对于构建具有中国特色的自主创新型国家具有重大意义。大学科研机构通过将知识转化为资本可以增加科研经费，进而增加科研经费投入，新的科研经费投入又有利于对新的知识和科学原理的探索和发现，实现知识创造、知识收入、知识投入的良性循环；对创新型企业来讲，则可以以更低的成本获取创新资源，实现封闭式创新到开放式创新的过程，不仅可以从外部引进现成的技术人才，同时也可以将闲置的技术，资金投入创新系统的其他创新主体要素。

在实现开放式创新的新范式中，未来创新型企业的盈利能力取决于创新型企业从外部获取创新资源并将其转化为商业价值的能力，也就是获取知识，利用知识，实现知识增值的能力。政府层面上，以知识增值为核心的创新型企业知识创新与技术创新协同发展创新要素有利于推动地方经济发展，增加财税收入，降低失业率，实现资源和经济的可持续性发展；知识增值有利于科技中介机构的发展和服务水平的提高。科研中介机构包括各类大学科技园以及创业园，孵化器等组织，科技中介机构为创新型企业知识创新与技术创新协同发展创新要素协同搭建了良好的平台，有利于降低创新主体要素之间的交易成本以及道德风险。总之，创新型企业知识创新与技术创新协同发展创新要素协同是创新型企业、政府、知识生产机构（大学、研究机构），中介机构和用户等为了实现重大科技创新而开展的大跨度整合的创新组织模式。因此在实践操作层面，需要构建创新型企业知识创新与技术创新协同发展的组织和平台，推动协同创新的科学发展。

3.4.2　基于全要素的创新型企业知识创新与技术创新协同发展过程研究

1. 基于战略要素的创新型企业知识创新与技术创新协同发展过程研究

竞争是创新型企业持续发展不可回避的现实，也正是因为有了竞争才确立了"战略"在经营管理中的主导地位。由于战略本身的特点及创新型企业知识创新与技术创新协同发展的基本要求就是战略创新，它是引导创新型企业健康、持续成长的必然选择。创新型企业战略创新是指企业发现行业战略定位空间中的空缺，填补这一空缺，并使之发展成为一个大众市场。战略定位空间中的空缺可以是：新出现的顾客、细分市场或竞争对手忽视的现有顾客，细分市场、顾客的新需要或竞争对手未能充分满足的顾客目前的需要、为目前或新出现的顾客细分市场生产，传递或分销现有的或创新的产品或服务的新方法。根据创新型企业知识创新与技术创新协同发展系统的基本构成要素分析，构建基于战略要素的创新型企业知识创新与技术创新协同发展模型。如图 3-8 所示。

从图 3-8 可以看出，随着政府鼓励创新政策的逐渐完善和金融中介机构、科研机构、教育机构、其他企业等社会网络对创新型企业创新支撑力度的逐渐加大，一方面使创新型企业领导对创新的重视程度加大，促使企业加强完善创新相关制度，使企业创新战略定位和执行效率加大，提升了企业的战略创新能力，进而促使创新型企业知识创新与技术创新协同发展，实现创新型企业战略目标。

另一方面，在创新型企业知识创新与技术创新协同发展提升和创新型企业外部主体支撑力度逐渐加大的基础上，创新型企业可支配的资源逐渐增多，加大了创新型企业的创新投入，为企业领导者识别和预测市场趋势能力的加强提供了前提和保障，使企业领导对经济、技术信息加工、收集

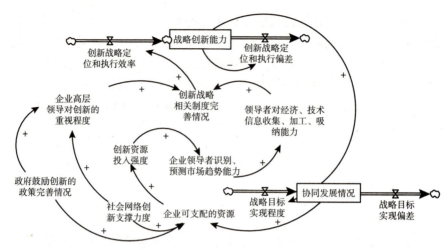

图 3 - 8　基于战略要素的创新型企业知识创新与技术创新协同发展模型

和吸纳的能力得到加强，在此基础上，与创新相关的制度会得到完善，使企业创新战略定位和执行效率提高，提升了企业的战略创新能力。

以上两条反馈，说明创新型企业知识创新与技术创新协同发展与创新型企业战略创新能力的提升相辅相成，互相促进，共同发展。

2. 基于品牌要素的创新型企业知识创新与技术创新协同发展过程研究

在经济全球化、网络化趋势下市场竞争日益激烈的背景下，品牌在提升企业形象，提升产品市场竞争力等方面具有重要作用。企业间的竞争、产品的竞争，已越发明显地表现为品牌的竞争。创新型企业品牌创新是企业提升竞争力的必然选择，是企业品牌走向世界的根本保障之一。品牌创新是指随着创新型企业经营环境的变化和消费者需求的变化，品牌的内涵和表现形式也要不断变化发展。根据创新型企业知识创新与技术创新协同发展系统的基本构成要素分析，构建基于品牌要素的创新型企业知识创新与技术创新协同发展模型。如图 3 - 9 所示。

从图 3 - 9 可以看出，从政府层面上，随着政府鼓励创新政策的逐渐完善，市场经济结构和竞争秩序得到完善，优化了企业品牌成长机制，加大了创新型企业创新产品品牌支撑力度。从社会层面上，随着金融中介机构、科研机构、教育机构、其他企业等社会网络对创新型企业创新支撑力度的逐渐加大，促进了正面的舆论导向，加大了公众认同度，增强了品牌的群众基础，加大了创新型企业创新产品品牌支撑力度。从企业层面上，随

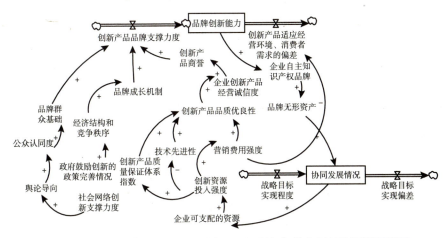

图 3 - 9 基于品牌要素的创新型企业知识创新与技术创新协同发展模型

着企业竞争力的提高，企业可支配的资源逐渐丰富，创新资源的投入强度加大，这使得创新产品质量保证体系指数提高，产品技术先进性提高，营销费用强度提高，从而提高了创新产品的品质优良性，提高了创新产品的经营诚信度，提高了产品的商誉，加大了创新型企业创新产品品牌支撑力度。以上三方面在加大创新型企业创新产品品牌支撑力度的情况下，提高了创新型企业的品牌创新能力，促进了企业自主知识产权品牌的发展，增加了企业品牌无形资产，促进了创新型企业知识创新与技术创新协同发展，实现了企业战略目标。

3. 基于商业模式要素的创新型企业知识创新与技术创新协同发展过程研究

商业模式是指一个完整的产品、服务和信息流体系，包括每一个参与者和其在其中起到的作用，以及每一个参与者的潜在利益和相应的收益来源和方式。商业模式创新作为一种新的创新形态，其重要性已经不亚于技术创新。近几年，商业模式创新在我国商业界也成为流行词汇。商业模式创新是指企业价值创造提供基本逻辑的创新变化，它既可能包括多个商业模式构成要素的变化，也可能包括要素间关系或者动力机制的变化。通俗地说，商业模式创新就是指企业以新的有效方式赚钱。根据创新型企业知识创新与技术创新协同发展系统的基本构成要素分析，构建基于商业模式要素的创新型企业知识创新与技术创新协同发展模型，如图 3 - 10 所示。

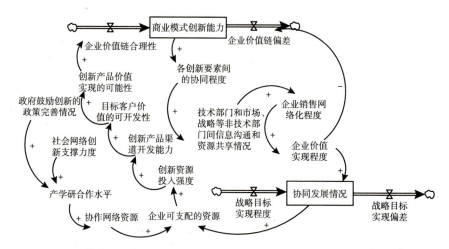

图 3 - 10   基于商业模式要素的创新型企业知识创新与技术创新协同发展模型

从图 3 - 10 可以看出，一方面，随着政府鼓励创新政策的逐渐完善和金融中介机构、科研机构、教育机构、其他企业等社会网络对创新型企业创新支撑力度的逐渐加大，产学研合作水平得到提高，创新型企业可利用的协作网络资源增加，提供给企业更多的可支配的资源，使企业创新资源投入强度加大，使企业创新产品开发能力加强，促使创新产品目标客户价值的可开发性加强，增加了创新产品价值实现的可能性，表明企业的产品价值链的合理性，促进了创新型企业商业模式创新能力的增加。另一方面，创新型企业商业模式创新能力的增加，提高了企业各创新要素的协同程度，使技术部门和市场、战略等非技术部门间信息沟通和资源共享情况得到完善，提高了企业销售的网络化程度，促进了创新型企业知识创新与技术创新协同发展，实现了企业战略目标。

4. 基于企业文化要素的创新型企业知识创新与技术创新协同发展过程研究

文化理念创新就是指为了使企业的发展与环境相匹配，根据本身的性质和特点形成体现企业共同价值观的企业文化，并不断创新发展的活动过程。文化理念创新的实质在于企业文化建设中突破与企业经营管理实际脱节的合理化的文化理念和观念的束缚，实现向贯穿于全部创新过程的新型经营管理方式转变。根据创新型企业知识创新与技术创新协同发展系统基本构成要素分析，构建基于企业文化要素的创新型企业知识创新与技术创新协同发展模型。如图 3 - 11 所示。

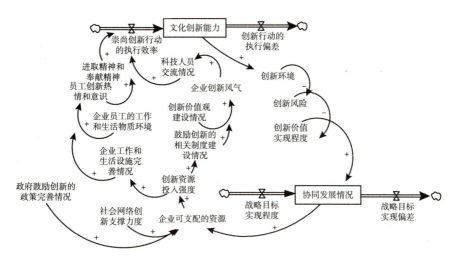

图 3 - 11　基于企业文化要素的创新型企业知识创新与技术创新协同发展模型

从图 3 - 11 可以看出，一方面，随着政府鼓励创新政策的逐渐完善和金融中介机构、科研机构、教育机构、其他企业等社会网络对创新型企业创新支撑力度的逐渐加大，丰富了企业可支配的资源，加强了创新资源的投入强度，使企业员工工作和生活的设施得到完善，改善了员工工作和生活的物质环境，激发了员工创新热情、进取精神和奉献精神，提高了崇尚创新行动的执行效率。另一方面，随着创新资源投入强度的增加，鼓励创新的相关制度将不断完善，使得弘扬创新的精神和意识、树立创新理念、形成员工共同创新的创新价值观的建设不断完善，促进了创新风气的形成，促进了科技人员之间知识和信息的交流，同样加大了崇尚创新行动的执行效率。这将促进企业文化理念创新能力的增强。创新型企业文化理念创新能力的增强又进一步改善了创新环境，减少了创新风险，提高了创新价值的实现程度，进而促进了创新型企业知识创新与技术创新协同发展，实现了企业战略目标。

5. 基于体制机制要素的创新型企业知识创新与技术创新协同发展过程研究

体制制度创新是创新型企业知识创新与技术创新协同发展提升的前提，体制制度创新即创新者为获得追加或额外收益而对现存制度所进行的变革，是企业内一切指导员工行动的规则、规定工作流程的规章，具体包括企业产权制度、经营制度、人事制度、营销制度等要素。企业体制制度创新即通过不断地调整完善企业内部的各种规章制度，优化企业内部各利益相关者的关系，合理配置各种要素，使之适应知识经济时代外部环境多变性的趋势，满足企业内部一系列创新要求。企业体制制度创新的根本作用就在于通过改变企业产权结构，为企业技术创新提供合理的制度保障和体制机制保证，形成有效的创新激励制度。根据创新型企业知识创新与技术创新协同发展系统的基本构成要素分析，构建基于体制机制要素的创新型企业知识创新与技术创新协同发展模型。如图 3 – 12 所示。

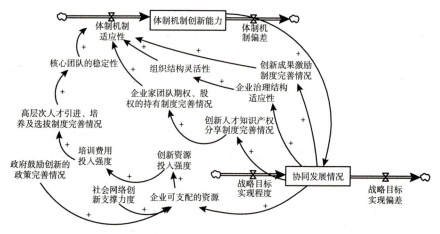

图 3 – 12　基于体制机制要素的创新型企业知识创新与技术创新协同发展模型

从图 3 – 12 可以看出，一方面，随着政府鼓励创新政策的逐渐完善和金融中介机构、科研机构、教育机构、其他企业等社会网络对创新型企业创新支撑力度的逐渐加大，企业可支配资源逐渐丰富，创新资源投入强度加大，培训费用投入强度加大，对企业高层次人才引进、培养及选拔制度逐渐完善，企业核心团队的稳定性得到加强，使企业体制机制对创新的适应性加强，企业体制机制创新能力加强，从而促进了创新型企业知识创新与技术创新协同发展，实现企业战略目标。另一方面，随着企业竞争力的提高，企业创新人才的知识产权分享制度不断完善，企业家团队期权、股权的持有制度不断完善；随着企业竞争力的提高，企业治理结构适度性加强，组织结构灵活性得到提高；随着企业竞争力的提高，创新成果激励和绩效制度不断完善。以上这些都促使企业体制机制对创新的适应性加强，企业体制机制创新能力加强，从而促进了创新型企业知识创新与技术创新协同发展。

6. 基于技术要素的创新型企业知识创新与技术创新协同发展过程研究

技术是创新型企业知识创新与技术创新协同发展的核心。创新型企业技术创新是指创新型企业运用先进的科学技术改进现有生产工艺和组织方式，以发现和控制新的原材料、开辟新市场、生产出新产品，从而提高企业的市场竞争力、盈利水平乃至可持续发展水平的能力，技术创新子系统反映创新型企业技术创新的行为与经济效果。根据创新型企业知识创新与技术创新协同发展系统基本构成要素分析，构建基于技术要素的创新型企业知识创新与技术创新协同发展模型。如图 3 - 13 所示。

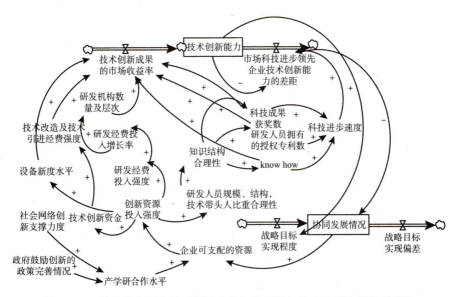

图 3 - 13 基于技术要素的创新型企业知识创新与技术创新协同发展模型

从图 3 - 13 可以看出，随着政府鼓励创新政策的逐渐完善和金融中介机构、科研机构、教育机构、其他企业等社会网络对创新型企业创新支撑力度的逐渐加大，产学研合作水平得到提高，这为企业提供了更丰富的可支配资源，加大了创新资源投入强度，这一前提下，企业技术创新能力的提高沿着三条路径进行，一是创新资源投入强度的加大，使企业将拥有更多的技术创新资金，技术改造和技术引进经费强度加大，设备新度水平得到提高，技术创新成果的市场收益率得到提高，企业技术创新能力得到提高。二是创新资源投入强度的加大，使研发人员规模与结构、技术带头人比重都将更加合理，进而企业知识结构更加合理，转化成为科技成果奖数增加、know how 数增加、研发人员拥有的授权专利数增加。这些成果数量的增加，使企业技术创新成果的市场收益率的提高弥补了由于科技进步而产生的市场科技进步领先技术创新能力的差距。三是创新资源投入强度的加大，使研发经费投入强度加大，研发经费投入增长率加快，研发机构数量和层次进一步提高，技术创新成果的市场收益率得到提高，企业技术创新能力得到提高。沿着这三条路径，企业技术能力进一步提高，创新型企业知识创新与技术创新协同发展，从而实现企业战略目标。

3.4.3　创新型企业技术创新与营销创新协同作用研究

技术创新与营销创新是解决我国创新型企业发展问题的有效途径，按照投入—转化—产出三个阶段，分别研究技术创新与营销创新作用机理，分析二者协同作用演化机理并给出机理模型，揭示其内在作用规律。在此基础上，研读大量国内外文献总结出技术创新与营销创新的影响因素，构建创新型企业技术创新与营销创新协同作用评价指标体系，为创新型企业创新评价提供新思路。

技术创新过程分为投入、转化、产出三个阶段。其中，投入过程是指对人、财、物的投入，这是技术创新的保障，贯穿技术创新整个过程。在投入的基础上，进行科学实验、调查研究、创新信息收集等产生创新构思，即进入创新转化过程，转化过程中通过构思评价选取可行性较大的构思转化为产出，产出包括直接产出和间接产出，直接产出如专利、开发的新产品等，间接产出主要指技术创新带来的经济效益，如利润增长、销售额增加、劳动生产率的提高等。其过程如图 3 - 14 所示。

营销创新可以分为投入、转化、产出三个过程。投入包括人员、财力、物力的投入。在投入的基础上，提高营销人员素质和信息化程度将会增加企业创新行为。与技术创新投入不同的是营销创新中大型设备的投入相对较少，而人员、广告、信息化平台的投入占比较大。转化过程是指营销人员素质的提高、企业营销信息化程度的提高和企业营销创新行为的增加等。产出过程同样分为直接产出和间接产出，直接产出包括销售额的增长和市场份额的增加等；间接产出包括员工营销创新意识的增强和营销知识存量的增加等。其过程如图 3 - 15 所示。

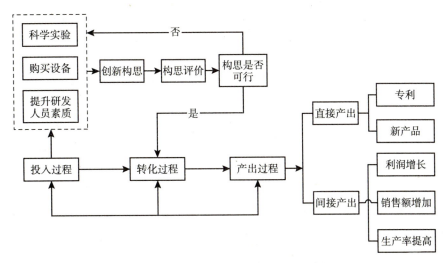

图 3 - 14　基于投入产出的技术创新过程

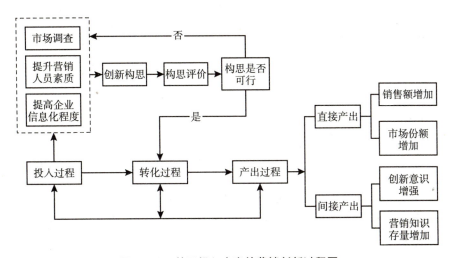

图 3 - 15　基于投入产出的营销创新过程图

1. 创新型企业技术创新与营销创新协同演化机理分析

1971 年，德国斯图加特大学教授、著名物理学家赫尔曼·哈肯（Hermann Haken）首次提出协同的概念。1976 年，哈肯系统地论述了协同理论，并发表《协同学导论》《高等协同学》等相关著作。本书技术创新与营销创新协同作用是指在复杂大系统内，技术创新子系统与营销创新子系统的各要素之间在企业不断发展、演化过程中相互影响相互作用，产生超越技术创新子系统，以及营销创新子系统单独作用的效果，从而形成整个系统的统一作用和联合作用。这一定义强调在企业成长过程形成的复杂大系统中，在一定输入的条件下，复杂大系统会通过技术创新子系统和营销创新子系统之间的协同作用，在自身涨落力的推动下达到新的稳定，即系统本身所固有的自组织能力。

协同具备多个属性特征，最基本的特征是子系统间的资源共享，通过资源共享实现"1＋1＞2"的协同效应。比如，企业仅通过技术创新使企业绩效提高了一倍，仅通过营销创新也能使企业绩效提高一倍，但如果企业发挥技术创新与营销创新的协同作用，可能会使企业绩效提高三倍、五倍甚至更多，这就是协同效应。通过资源共享实现协同效应是指通过企业内部资源的多次利用提高创新效率，降低创新成本，从而更大限度地提高企业绩效。

本书把技术创新子系统和营销创新子系统划分为投入系统、转化系统和产出系统，探讨三个系统中各要素的协同关系，但二者协同过程中不可避免地受到组织内部管理创新和外部环境因素变化的影响，故对二者协同作用的评价指标体系还应包括内外部环境中其他要素的衡量指标。

技术创新投入—营销创新投入系统协同。技术创新投入主要用于引进技术创新人才、购买设备和科学实验等，营销创新投入主要用于引进营销创新人才、市场调查和提高企业信息化程度，这些要素之间存在相互作用。如营销创新中市场调查越深入，掌握的市场信息越多，这对技术创新中科学实验产生正向调节作用；人才的引进对研发过程与市场调查过程产生促进作用（见图3－16）。

技术创新投入—营销创新转化系统协同。技术创新投入力度越大，符合市场需求的产出越多，这对营销创新转化产生正向促进作用；同样，营销创新转化过程越顺利，就越能对技术创新投入产生激励作用。

技术创新投入—营销创新产出系统协同。营销创新产出包括市场份额的增加、销售额的增加、创新意识的增强和企业营销知识存量的增加等，技术创新投入的增加会增强企业的竞争力，这有利于帮助企业打开市场，占领市场份额，增加销售额；企业营销知识存量的增加将反向促进技术创新投入过程。

技术创新转化—营销创新投入系统协同。可行的技术创新构思的执行、转化过程与营销人员对企业内外部环境的实时监控密不可分，也就是说，技术创新转化过程要根据内外部环境的变化做出不同程度的调整。

　　技术创新转化—营销创新转化系统协同。创新构思在转化过程中可能会面临各种现实问题，因此，二者在转化过程中应加强信息流动，保证转化过程的顺利进行。如技术创新在转化过程中受阻应及时调整营销策略；营销创新在转化过程中受阻也要及时调整技术创新策略。

　　技术创新转化—营销创新产出系统协同。技术创新转化过程的顺利进行将会直接增加营销创新的产出；营销创新的产出会给技术创新转化过程提供资金支持。

　　技术创新产出—营销创新投入系统协同。技术创新产出的新产品等要获得市场份额离不开营销，这就会促使企业加大营销创新投入；营销创新中增加投入，如加大广告投放力度，有助于提高企业的产品市场认同度，这对技术创新产出起到保障作用。

　　技术创新产出—营销创新转化系统协同。技术创新产出量越大，对营销创新转化效率与质量的要求越高；同样，高效的营销创新转化过程将会对技术创新的产出量发挥及时调节作用。

　　技术创新产出—营销创新产出系统协同。二者的产出过程是相互促进的作用，不被市场认同的技术创新是无效的。

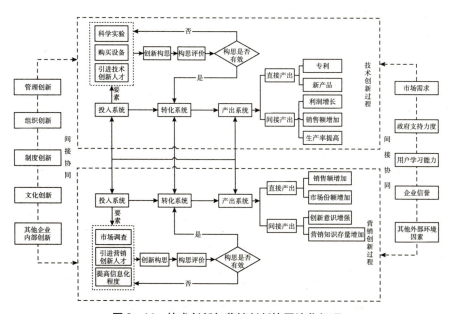

图 3-16　技术创新与营销创新协同演化机理

2. 技术创新与营销创新协同作用指标体系构建

通过检索外文文献发现，关于技术创新与营销创新的外文文献大都发表在管理类期刊上，本书首先选择了具有较高影响力的管理领域的国际顶级期刊：AMR、ASQ、AMJ、SMJ、RJOB、HRM、JOM、OS、JB、JIBS 等作为目标期刊，在 EBSCO 数据库中进行检索。本书分别以 "technology innovation" "marketing" 和 "business model" 为关键词检索相关文章，共检索到 185 篇文章，仔细阅读获取文献信息，以确定文章内容是否与研究主题相关，总共选取了 45 篇文章。为了使文献的检索更加全面，本书又扩充了部分相关文献的检索。如：information knowledge systems management 以及 strategy & leadership 等，最终本书共确定 47 篇相关文献（见表 3 − 1）。

表 3 − 1　　外文期刊中关于企业技术创新与营销创新的研究文献数量

期刊名称	文献数量
Academy of Management Journal（AMJ）	7
Administrative Science Quarterly（ASQ）	3
Strategic Management Journal（SMJ）	4
Journal of Management（JOM）	15
Journal of International Business Studies（JIBS）	4
Organization Science（OS）	3
Information Knowledge Systems Management	2
Strategy & Leadership	9
其他	6
合计	51

国外对技术创新影响因素的研究，集中在研发能力、企业规模、企业成熟度、信息化程度、管理者的创新性、技术吸收能力、外部环境复杂性、消费者学习能力、企业间的合作程度等几个方面。学者使用调查问卷的方法，搜集了伊朗 218 家通信技术公司的资料，并使用结构方程模型研

究企业间竞争对企业绩效的影响。他们发现，企业内部资源的分配、研发能力、学习能力和营销能力对企业创新绩效产生较大影响。在对 463 家半导体公司 10 年的数据研究后，得到这样的结论：企业规模是影响创新活动的重要因素。还有学者使用结构方程模型分析了台湾建筑业的相关数据，得出结论：基于云的信息管理平台能够大大提高企业的技术创新能力和企业绩效。技术外包虽然能够提高技术创新的效率，但外包技术的不适应性将会减低企业绩效。当然，企业的技术吸收能力可以降低这种不适应性。跨领域的技术更具有影响力，进而探讨了知识重组对创新的影响。

国外对营销创新影响因素的研究，主要是企业管理信息系统的使用、企业内部资源的合理分配、营销策略、消费者的群体特征、市场认同程度、竞争对手产品质量、企业开放程度等方面。强调在营销中管理信息系统的作用，他们建议管理人员有效利用管理信息系统，通过该系统来引导消费者实现产品和服务的精确定位。学者们通过调查德国 866 家企业数据发现，当产品设计、定价等不变，只改变营销策略如改变包装或寻找新的分销渠道，会导致"新产品"的产生。该研究有助于更好地了解市场营销在企业创新过程中的作用，意识到体验营销的重要性。他们通过感知变量、感觉变量、思维变量、行为变量和相关变量五个变量来构建顾客满意度，发现这五个变量对客户满意度有显著的正向影响。

早在 20 世纪末期，国外学者就高度重视二者协同的重要作用。通过对日本企业的考察探究出创新对研发—营销界面关系的影响，即企业采取不同的创新战略会导致在新产品开发中各职能部门交流方式的不同和参与程度的不同。他们认为，在创新过程中只重视"互动"而不重视"合作"的企业，一般不会取得较好的企业绩效。只有通过技术和市场的协同创新，才能有效整合研发部门和营销部门之间的职能关系，从而提升企业价值。不同部门之间的合作与协同，不仅能发挥各部门的专长、共享有效信息，而且能促使各部门对不同观点的质疑和挑战。

国内相关研究方面，本书分别在 CNKI、CSSCI 和维普期刊数据库中对相关文献进行了检索，通过检索结果可以发现，国内学者已经对技术创新影响因素、营销创新影响因素进行了大量富有成效的研究，但是对二者协同创新的研究较少，检索结果如表 3 - 2 所示。

表 3 - 2   国内关于技术创新与营销创新的研究文献

数据库	检索关键词	文献数量（篇）	百分比（%）
CNKI	创新型企业技术创新影响因素	3296	50.73
	创新型企业营销创新影响因素	250	3.85
	技术创新协同	2769	42.62
	营销创新协同	43	0.66
CSSCI	创新型企业技术创新	50	0.77
	营销创新	27	0.42
	技术创新协同	12	0.18
	营销创新协同	0	0.00
维普期刊	技术创新影响因素	17	0.26
	营销创新	29	0.45
	技术创新协同	3	0.05
	营销创新协同	1	0.02
总计		6497	100

  国内一部分学者对技术创新能力的评价是把技术创新过程分为投入、转化、产出三个阶段，并分别确立指标对三阶段进行评价，确定了技术创新能力评价的一级指标：技术创新投入能力、技术转移吸收能力、技术创新产出能力、环境支撑能力。另一部分学者通过分析技术创新的影响因素，进而确立评价指标。这些因素主要包括研发能力、政府引导、企业内部资源的协同程度等方面，认为技术协同创新是装备创新型企业技术创新研究的重要趋势，影响装备创新型企业技术创新的关键因素有信息服务网络、政府引导作用、研发投入和产出、产业影响和企业管理模式，提高技术创新的关键路径是构建技术创新协同网络。

  国内学者对营销创新能力的评价主要包括创新环境、创新投入、战略支持、营销观念创新、信息化程度等方面。莫洁（2010）从企业创新环境、营销组织、营销文化、创新投入四个方面设立指标体系对企业营销创新能力进行了评价。朱玉胜（2013）探讨了装备创新型企业整合营销战略协同度评价体系，该体系从营销创新的动力机制、运行机制、支持保障机制、风险防范机制四个方面对装备创新型企业营销创新进行了全方位评价，认为企业通过知识整合对获取的顾客、市场信息进行有效的整理有助于营销创新的成功。

近几年，国内学者也越来越意识到协同作用的重要性。认为企业技术创新与市场创新协同的最主要的部门是产品中心，技术要素与市场要素的协同呈金字塔形，并具有动态性，探讨了二者协同的主要方式，这对提升企业创新绩效具有重要意义。也有学者从生态学的角度，探讨了产业技术创新生态系统的协同演进，从而为提高产业技术创新能力和国际竞争力提供建议。

通过阅读国内外相关文献，并对文献中因素进行归类整理、统一名称，选取阅读文献中出现次数比例在 3% 及以上的因素，提取后的技术创新与营销创新的共同影响因素和直接影响技术创新或营销创新的因素，如表 3 - 3 所示。

表 3 - 3　　　　　　　　　国内外文献中二者影响因素统计

影响因素		文献中出现次数	占比（%）
技术创新与营销创新共同影响因素	企业经营状况	25	10.6
	人力资本素质	18	7.7
	企业规模	21	8.9
	信息化程度	20	8.5
	领导者的创新意识	13	5.5
	开放程度	22	9.4
	进入行业时间	8	3.4
	产品市场认同度	20	8.5
	市场需求	19	8.1
营销创新影响因素	用户学习能力	8	3.4
	企业信誉	7	3.0
	市场集中度	12	5.1
技术创新影响因素	政府支持力度	14	6.0
	研发能力	28	11.9
总计		235	100

进一步查阅文献分析用户学习能力、企业信誉、市场集中度、政府支持力度、研发能力之间的关系，发现研发能力越强，用户的学习能力越

强，因为研发是基于用户需求和用户体验而进行的，因此把二者之间的关系用研发—用户学习能力指标描述，作为影响技术创新与营销创新协同作用的指标。企业信誉越好，政府支持力度越大，则用信誉—政府支持力指标作为影响技术创新与营销创新协同作用的指标。市场集中程度越高，说明竞争力越大，那么企业更需要加大研发力度和营销力度来保持市场优势地位，因此用研发—营销力指标作为影响技术创新与营销创新协同作用的指标。

在上述影响因素的基础上，并结合《国家统计年鉴》和《工业企业科技活动统计年鉴》相关数据指标，构建了创新型企业技术创新与营销创新协同作用理论指标体系。其中，研发—用户学习能力、信誉—政府支持力、研发—竞争力的出现次数按两个影响因素出现的平均值计算。如表3-4所示。

表3-4　　创新型企业技术创新与营销创新协同作用理论指标体系

指标	指标量化
企业经营状况	利润总额
人力资本素质	研究人员数量
企业规模	企业员工总数
信息化程度	每百人使用计算机台数
领导者的创新意识	研发经费中企业自筹经费/研发经费
开放程度	行业中外资企业/创新型企业总数
进入行业时间	规模以上企业数/创新型企业总数
产品市场认同度	新产品广告投入/销售额
市场需求	新产品销售收入/总销售收入
研发—用户学习能力	—
信誉—政府支持力	—
研发—营销力	—

3. 指标体系提取

在仔细研读大量国内外相关文献的基础上，结合《国家统计年鉴》（2016）和《工业企业科技活动统计年鉴》（2016）相关数据，将上述指标分为定性指标和定量指标。

　　本书"创新型企业技术创新与营销创新协同创新作用机理分析"是按照投入—转化—产出过程进行的，因此把前文指标的提取过程进一步分类，以与前文保持一致，但由于投入与产出过程的指标都会对转化过程产生影响，很难提取出只对转化过程产生较大影响的指标，因此，本书仅把上述指标分为投入过程和产出过程指标，如表3－5所示。

表3－5　　　　　　　　　　　　指标分类

指标		指标量化	指标性质
投入指标	人力资本素质	研究人员数量	定量指标
	领导者的创新意识	研发经费中企业自筹经费/研发经费	
	信息化程度	每百人使用计算机台数	
	开放程度	行业中外资企业/创新型企业总数	
	进入行业时间	规模以上企业数/创新型企业总数	
	产品市场认同度	—	定性指标
	研发—用户学习能力	—	
	信誉—政府支持力	—	
	研发—营销力	—	
产出指标	企业规模	—	
	企业经营状况	利润总额	定量指标
	市场需求	新产品销售收入/总销售收入	

定量指标说明：

　　一般认为，利润总额越高，企业经营状况越好，故本书用利润总额数据表示企业经营状况。

　　人力资本素质的衡量一般看其文化程度，故本书用研发人员中研究人员数量衡量人力资本素质。

　　当领导者具有较强的创新意识时，研发经费中自筹经费占比较高，故用研发经费中企业自筹经费/研发经费衡量领导者创新意识的强弱程度。

　　当企业计算机配备率较高时，就认为企业信息化程度较高，故用每百人使用计算机台数衡量企业信息化程度。

　　开放程度是指创新型企业中与外资企业合作的企业数量或外资企业的

数量，故用行业中外资企业和中外合资企业/创新型企业总数衡量企业开放程度。

市场需求是指消费者对企业新产品的认可程度，当新产品销量较高时，表明市场需求越旺盛，故用新产品销售收入/总销售收入衡量市场需求。

进入行业时间是指企业的成熟程度，成熟企业的市场份额相对稳定，产品市场认同度较高，企业信誉较好，有利于企业推出新产品。一般认为，达到一定规模的企业相对成熟，故用规模以上企业数/创新型企业总数表示企业进入行业时间的长短。

产品市场认同度是指消费者对产品的了解程度，当企业广告投放力度较大时，就认为产品市场认同度相对较高，故用新产品广告投入费用/新产品销售收入表示产品市场认同度。

第 4 章

知识溢出对创新型企业技术创新能力
影响因素的系统分析

4.1 知识溢出对创新型企业技术创新能力的影响

4.1.1 知识溢出与技术创新能力的内涵关系分析

　　知识溢出影响着创新型企业技术创新与技术创新能力的整个过程和各个方面。知识溢出首先作用于技术创新的开始部分。企业通过人员交流、流动、访问或间谍活动，利用其他企业的知识溢出活动发明新专利，从理论上提出改进生产技术的可能。知识溢出在这个时期提高了研究开发阶段的技术创新能力，以备在生产时充分利用，实现其价值。在产品生产的过程中，通过利用以上的知识溢出所发明的专利，并把新科技运用到生产上来提高技术创新能力，就是所谓的"干中学"。这个时期的知识溢出主要影响生产阶段的技术创新能力。当产品销售出去，知识溢出对技术创新的影响仍未结束，企业通过与同行企业的利润比较，通过人员流动与员工交流总结不足，为下一轮的生产做好准备，而这一时期则影响了销售阶段的技术创新能力。

　　综上所述，知识溢出通过对技术创新过程的影响来最终影响技术创新能力，实现产品技术水平和技术创新生产率的提高，产品性能与质量的改进。所以，在信息比较丰富、人员交流比较密切的组织中，创新活动就比较活跃。由此可知，知识溢出的发生增加了企业的知识存量，进而提高了技术创新能力，所以技术创新能力在某种意义上也是知识的运用和增加。技术创新能力的提高离不开知识溢出，它是知识以及知识溢出的价值实现的结果。

4.1.2 知识溢出对创新型企业技术创新能力不同方面的影响分析

技术创新的源头是知识创新，知识创新的途径是知识溢出，而对于创新型企业来说，有些学者甚至认为知识溢出水平对创新产出的贡献超过了研发资本因素。在存在知识溢出的情况下，技术进步存在自我加强的机制以至于产生知识溢出，将加快创新型企业的技术创新的正反馈效应。知识溢出通过干预技术创新的以下几个方面进而影响创新型企业的技术创新能力。

1. 知识溢出对创新型企业技术创新的空间集聚性影响

随着交通和 IT 技术的发展，科技的全球化速度在不断加快，人们自然认为随着时间的推移，创新活动会在全球范围内均匀分布。但事实并非如此，对于创新型企业来说，地理集聚特征越来越明显。这与知识的不易转移性相关，它只在一定区域内进行转移，所以知识溢出影响技术创新的空间规律。技术和知识的产生具有相当强的地方性，而创新型企业对知识的依赖性特别强，所以知识溢出的存在对创新型企业的技术创新的集聚发挥着重大的作用。知识溢出的区域性和衰减性影响了创新活动的区域性，这使得区域内知识存量增加，创新型企业可以更好地运用知识溢出来提高技术创新能力。

隐性知识相对于显性知识来说，其难以进行编码化或记录，只能通过显性知识而间接互动和交流。隐性知识的特点决定了技术创新企业集群分布的特点，集群使企业有一个更好的知识环境，有利于企业的创新资源实现互补，使企业容易探寻到合适的创新路径，这有助于创新型企业提高技术创新能力。聚集可以使企业更方便地利用知识溢出，增加学习机会，提高创新水平，所以创新型企业中大多数都会集聚在一起。又因为大学是知识溢出的源泉，所以这种集聚又多以大学为中心。

企业集聚在一个特定的区域，使得在区域内部知识溢出的发生成为可能。知识溢出通过影响技术创新的集聚来提高技术创新能力，使创新型企业在特定区域范围内能更好地进行面对面的交流和不断的接触，进而使企业通过更好地利用知识溢出给企业带来好处，为企业提供更好的创新知识，减少创新风险和创新成本，进而提高技术创新能力。魏剑锋（2008）认为产业集群技术创新优势主要来源于知识溢出效应和网络效应，知识溢出改变了集群企业创新的知识环境，降低了企业的创新成本和风险，有利于企业的创新资源实现互补。因此，政府应该保护集群内创新型企业技术创新成果。而从整个创新型企业来说，这节省了区域的创新成本，使得区域的技术创新能力提高。而在新经济知识发挥着突出作用的高科技产业与新兴产业中，创新活动呈现出的集聚趋势尤为明显。

2. 知识溢出对创新型企业不同经济主体技术创新能力的影响

知识溢出对创新型企业不同经济主体的技术创新能力的影响差别很大。大多数的研究都认为知识溢出对创新型企业中的新兴产业和中小企业的影响比较大，因为新兴产业和中小企业相对比较灵活，对新知识新技术的需求较大，能够获取和利用高新知识所产生的溢出对这些企业至关重要。知识溢出和知识共享是创新型企业发展的动力。而创新型企业是高技术行业的一个重要分支，并且无论是区域，还是区域间的创新型企业的知识溢出对技术创新能力的影响都很显著。知识溢出对创新型企业的重要作用在于创新型企业的知识技术含量高，而这种知识又很难进行编码，所以距离的远近影响了创新型企业对知识溢出的利用能力。也就是说，区域内的知识溢出必然加快创新型企业技术创新的速度，而创新型企业的创新机会也比其他企业创新机会要多，知识溢出对它的技术创新能力影响也尤为明显。

知识溢出对创新型企业中的中小企业的技术创新能力影响也很显著。许多研究表明中小企业和潜在进入企业更善于创新，它们主要进行根本性创新，而大企业和已进入者一般只进行改进型创新。换句话说，地位上并不占优势的中小企业是创新的主力军，而占主导地位的大公司其实则更倾向于缓慢的创新活动。

知识溢出和知识共享是创新型企业中的新兴产业和中小企业发展的动力所在。知识溢出能促进企业不断提高技术创新、促进高新技术的产业化、易于获得范围经济等。而中小企业由于人员缺乏，资金有限，所以它们危机感比较强。这就形成了中小企业内部人员多变、结构灵活、善于学习的特性，也使得中小企业可以更好地获得知识溢出，并利用知识溢出所带来的成果提高企业的技术创新能力。而大型企业具有人员众多，资金庞大，机构繁杂，关系复杂等特点，这也决定了它们的创新滞后，不思进取等结果。另一方面技术落后的企业比技术先进的企业所接受的溢出要高得多，而许多中小企业也正是知识缺乏的企业。知识溢出总会从知识丰富的企业流向知识不足的企业，所以越落后企业的吸收能力越强，这也使得知识溢出对技术落后的中小企业与刚刚起步的创新型企业的技术创新能力影响较大。但这种从知识丰富企业流动到知识不足的企业也是有条件的，如果知识缺乏的中小企业的人员素质、设备水平都普遍不足，这种知识溢出也就很难被利用和吸收。而优胜劣汰使得那些接受和吸收能力快的中小企业更能适应市场的发展，促进自己企业技术创新能力的提高。

3. 知识溢出对创新型企业技术创新环境网络化的影响

各企业首先聚集在一起形成集群。在集群中，各企业员工之间进行交流沟通，企业之间也相互合作，这些企业、员工、政府和金融机构交织在一起，最后形成知识溢出网络。在网络中，创新型企业、科研机构以及其他的机构紧密联系起来，而其中各种大小企业也相互依赖、关系紧密，另外还有政府的干预和金融以及其他中介机构的相互联系，使得企业的创新环境形成网络化、系统化。另外，创新型企业外部信息和知识的交换与协调对企业的创新非常重要，它有效地克服了单个企业在从事复杂技术创新时的能力局限，降低了创新活动中的技术和市场不确定性，由此引发了技术创新网络环境研究的兴起。

费里曼（1991）指出网络组织是一种基本的制度协议，被看作一种相互渗透的市场和组织形式。除此之外，学者们分别从经济学角度、管理过程角度以及网络组成成员角度对创新网络进行了定义。创新网络包括企业的外部网络和内部网络。外部网络包括各个企业、大学、政府、金融机构、中介等；内部网络包括各部门人员流动、范围经济、各组织研发配合，以及各个经济主体在新产品研发过程中的交流。知识溢出在创新网络中发挥重要作用，影响网络中企业的开发、合作、生产等整套过程。

网络的主体通过知识交流、知识创造、知识整合形成知识溢出，进而实现技术创新能力的提高。知识溢出一开始促进了创新型企业集群的产生，而集群的产生促进了创新网络环境的形成。这个环境网络通过创新系统各主体之间长期正式和非正式合作与交流形成以增强创新能力为目的的相对稳定的联系网络。网络不仅促进网络中的知识转移，还促进新知识的产生。而网络成员的合作以及为合作创造便利条件的网络环境对知识创造和知识扩散起着促进作用。由此可见，知识以及知识溢出从合作、交流和学习等方面对创新网络发挥着重要的作用，而这种网络的作用同时提高了创新型企业技术创新能力。

由于创新网络主体间知识模仿和扩散等主观条件和文化制度等客观条件，网络形成自身的结构特征，而这种结构特征影响着技术创新能力的发展。在网络发展的过程中，各主体相互交流沟通越紧密，相互之间产生的知识溢出也越丰富，形成的网络也越稳定，创新也越趋于稳定。这是因为在创新网络环境中，所有进行创新的企业组成一个知识场，每一个其中的创新型企业都可以看作是一个知识主体，那些在创新网络中占重要地位的企业以及吸收知识溢出能力比较强的创新型企业产生的创新成果越多，整个网络的知识量也越多，网络也就越稳定。所以，创新网络中知识总量越丰富、创新型企业在创新网络中的地位越重要，它吸收知识溢出的能力越强，技术创新能力就越强。

4.1.3　知识溢出各主体对创新型企业技术创新能力的影响

知识可以通过不同途径和方式在个人和区域之间的互动过程中发生溢出，而各种方式的知识溢出都对创新型企业技术创新能力产生影响。它们之间的知识溢出降低了企业的创新成本，加速了企业的技术创新步伐，使知识得到共享。知识溢出对创新型企业技术创新能力影响的机制至少可以分为以下四类：

1. 人员交流和流动途径的知识溢出对创新型企业技术创新能力的影响

经济全球化虽然加快了信息的流通，减少了物流的成本，但人员的流动在地理上仍受很大的限制。这种人员流动的地区黏性，决定了区域间人与人的交流仍然是传递信息的重要方式，面对面的交流仍是隐性知识传播的一个重要途径。而对于人员流动来说，地域的限制要比交流小一些，但仍然和地域有着重要的联系。区域内的人员流动必定大于区域之间的人员流动。而人才在不同空间范围的流动并与周围群体发生互动和交流，不仅促进了新知识的创造，而且加速了知识在不同群体之间的传播。

知识分为分析和综合两类。在综合性知识运用较多的地方，创新主要采用现有的知识，是知识的新应用，属于缄默的知识。而这类知识不易交流和转移，大多是员工从干中学或经验的积累。这种密切的人员来往就加速了技术人员之间的交流和沟通。而许多重要的新知识的产生一方面是靠区域内重要人员专家的相互沟通交流，另一方面靠人才的集群和相互流动，所以一些重要的创新型企业会为员工提供较好的创新、工作以及生活环境，这就使得在该区域内能积聚大量人才。

知识附着于人力资本。本哈比和斯皮格尔（Benhabib and Spiegel，1994）研究发现人力资本通过两种机能影响经济增长率：人力资本直接影响国内的技术创新和人力资本存量，会影响向国外学习的能力。可见人力资本对技术创新的提高起到重要作用，它使得创新型企业能更善于发现知识溢出，并更好地利用知识溢出来提高创新水平。而知识溢出的主要途径也正是人员的正式或非正式交流与流动，这种知识溢出在促进创新型企业技术创新能力进步方面发挥着直接的作用。人员之间的交流所产生的知识溢出使创新型企业之间互相学习，互相进步。企业之间密切的交流使得它们之间的竞争和合作加强，从而使得创新型企业技术创新能力大大提高。

除此之外，创新型企业之间的人员流动也使知识溢出在企业之间发生，并且这种知识溢出更加直接有利于创新型企业的技术创新能力的提高。在创新型企业中，创新服务所产生的新知识往往都需要大量受过良好教育的员工来完成，所以高端人才的流动，更是为创新型企业带来新的技术、新的知识、新的思想、新的理念，这些人员的流动使得创新型企业的技术创新能力得到很大的提高。所以说，人员流动，特别是高技术人员的流动对企业有很大的影响。这些通过人员流动溢出的知识与创新型企业原有的知识进行交流和思想的碰撞，达到互相补充和促进的效果。而这种人员流动所产生的知识溢出使企业和整个创新型企业的可利用知识量增加，使企业更好地发展新技术，生产新产品，最后达到提高企业生产效率和提高技术创新能力的目的。

2. 政产学研合作的知识溢出途径对创新型企业技术创新能力的影响

大学和科研机构是知识溢出的源泉，而政府作为公共知识和研发投资的重要提供者，对知识溢出有着重要的贡献。所以，政产学研等多主体的合作所产生的知识溢出对创新型企业技术创新能力的增加产生了重要的叠加作用，形成各个主体相互融合、相互促进的整个网络系统。在创新型企业网络中的创新型企业与其他机构的接触越广泛，网络中蕴藏的知识资源就越丰富，就可以吸收更多的知识溢出，促进创新型企业技术创新能力增长。

博纳柯西（1994）认为，企业寻求合作创新的目的是获得外部的 R&D 资源，以弥补自身的 R&D 资源的不足。这就要求企业有一定的技术水平。人力资源和技术水平越高，越容易吸收知识溢出，而人力资源水平较低，则不利于吸收外部资源，也不利于创新。许多研究表明区域内如果有专业化的创新资源，如大学或科研机构，将会比别的区域更有优势，因为知识是积累的，这种优势会不断自我加强，导致创新活动的积聚。因此，产学研合作一直是创新型企业创新研究的重要话题。大学通过支持当地区域、转移技术以及安排学生在合作企业就业等形式，为企业、个人和政府机构相互作用提供了平台，为知识溢出创造了可能，而有效地利用知识溢出又为提高技术创新能力创造了可能。作为创新型企业来说，它的创新比较活跃，所以喜欢靠近大学或者是研究所，因为这使得创新型企业能更好地利用知识溢出，以至于提高技术创新能力。一方面，创新型企业通过与大学合作、科研机构合作，创新服务的思路，创造服务业新知识，提出更好的管理方法，提高企业以及区域技术创新能力，产生经济效益。另一方面，大学通过专利或论文等基础理论的研究给企业提供理论基础，以及通过培养人才对企业予以支持等间接的方法影响创新型企业研发活动，进而提高技术创新能力。所以，大学作为知识溢出的源泉直接或间接地促进了技术服务业技术创新能力的提高。

而政府通过加大科研方面的财政支出或调整支出的结构产生不同的创新产出结果；或者直接与企业、大学以及科研机构合作产生大量知识溢出和创新产出，进而加速推动生产力发展，促进企业创新能力的提高，进而促进区域和社会的发展。政府在促进大学与创新型企业合作与科技成果转化中的作用主要表现在政府通过对基础设施项目的完善促进大学研发，通过拨款资助促进大学的研发，通过嘉奖人才促进大学的科研成果转化，以及帮助推广大学的项目和产品促进大学的科技成果转化等。政府计划项目和拨款资助是我国政府采取的主要措施。虽然我国政府在大学科技成果转化方面起着重要的作用，但是措施类型比较单一。直接的计划拨款资助仍是主体，政府应该更多地制定宏观政策，间接地支持和帮助大学的科技成果转化。

创新型企业与大学的互动关系主要有企业将大学科研成果转化为商品的转化能力，在转化过程中大学和企业两者的协作关系以及两者地理上的关系。企业对大学科技成果的需求是两者合作的前提，如果大学的科技成果符合企业的需求，或者大学有能力研发出企业的需求，则双方有合作的机会。而对科技成果的转化和两者的协作关系则要求两者科技人员、技术人员的广泛交流与合作。关于大学和企业的地理关系，前面已经涉及，它是企业和大学合作的重要影响因素，关系着双方能否合作的一个重要前提。大学和企业在合作对象的选择上都应该充分考虑这一因素。

政府在促进创新型企业和大学等科研机构的合作中发挥重要的作用。大学，企业和政府构成一个网络系统。任何一个合作项目都离不了这个网络，都在这个网络中进行。而这个网络也不是一个真空网络，它受到外部环境的推动和制约。而外部环境包括文化制度方面的外部环境、法律经济方面的外部环境以及科学技术方面的外部环境。政府通过基础设施的建设来与创新型企业和大学进行直接合作，或通过拨款、建立经济开发区使企业和大学联系更加紧密。我国的大学和创新型企业仍然处于两个封闭的范畴之内，政府应该起到合适的衔接作用。政府在不同阶段要根据大学和创新型企业的不同需求制定不同的政策。我国政府的政策在促进大学和创新型企业合作方面的体系尚不完善，许多方针措施仍停留在纸面上，同时措施力度也不够大、不够均衡，存在很大的调整空间。政府在大学和创新型企业合作前期，应以直接的计划推动和经费资助为主，或为大学和创新型企业充当中介机构，引导两者的合作，而在后期则应致力于间接的财政政策以及其他政策。

3. 企业家活动的知识溢出途径对创新型企业技术创新能力的影响

企业家不仅仅要善于发现机会，而且能通过利用知识溢出来建立自己的企业，由于非编码化知识具有很强的社会根植性，企业家根据自己特殊的生活环境、历史根基以及文化蕴涵在创业时获得企业聚集区域大量的隐性知识，并把知识溢出运用到新的生产，又成功利用自己的素养更好地发现和利用这些别人看不见或认为没有价值的隐性知识。企业家创业发生的知识溢出会以新建企业率、自我雇用率和就业率等形式表现出来。企业家在创业过程中通过与不同的群体发生互动和交流，特别是与其他企业合作时尽可能吸收和利用知识溢出，使知识溢出发挥最大作用，扩展了企业家技术选择的范围，为企业家识别利用机会以及创立企业提供了可能。企业将知识溢出成功地转化为生产率，进而提高创新型企业技术创新能力。因此，企业家的活动使创新型企业外部学习机会增加，加快了技术转移、扩散的速度，提高了创新型企业技术创新能力。同时，企业家创立创新型企业可以进一步涉及其他行业，吸引其他资源和知识溢出，进一步扩大自己的企业，进而形成集群。

所以，在当代企业，企业家和企业家精神对公司的发展和技术创新能力的提高起着非常重要的作用。企业家精神是企业家所拥有的在管理组织方面的能力，承担一定风险的勇气，以及不断创新的进取心。企业家精神是企业家的综合素质，反映企业家的应变、指挥以及心理承受能力等。在企业的决策结构中，占有重要地位。尤其是中小企业和在企业发展的初期，企业家精神更是关系到一个企业的发展和未来。

在对影响企业家精神的因素中，企业家的心理背景，职业经历和专业素质都非常重要。这其中包括企业家的学历、资质、年龄，以及认识技术创新的程度和年限。这些因素反映了企业家的基本素质、专业技术水平、社会阅历以及创新观念。正是以上的这些因素影响了企业家的才能与精神，对企业家在技术创新项目上与其他主体合作或利用知识溢出发挥了重要的作用。

4. 贸易与 FDI 的知识溢出途径对创新型企业技术创新能力的影响

在经济全球化的今天，国家之间频繁的国际贸易和国际投资使得它们成为技术传递的主要渠道，正为各国的技术创新水平的进步发挥着巨大作用。而贸易与外商直接投资对知识溢出有着显著的影响，落后国家通过模仿外国进口产品得到外资企业的知识溢出，可以提高本国技术创新能力，加速经济增长，对经济有着进步作用。由此可见，企业通过国际贸易同样可以获得知识溢出，而这种知识溢出的获得是靠模仿得来的。但贸易投资的知识溢出在影响技术创新能力方面也有缺点，如控制本国市场，挤占本国企业，由于东道国与外资的技术差距而无法利用知识溢出等。因为贸易与投资为当地创新型企业带来了知识溢出潜力的同时，决定了东道国人力资源水平，也限制了它能够吸收多少外商直接投资和跨国企业的技术溢出。

国内关于贸易 FDI 对技术创新的影响的文献，学者们没有统一的意见，有研究表明外商投资企业 R&D 溢出是促进本地企业技术创新的主要外部力量，而有些人认为其有局限性或不显著，如哈达德和哈里森（Haddad and Harrison，1993）研究发现更高技术水平的 FDI 并不一定会带来国内研发能力的提高。伯仁茨特恩等（Borensztein et al.，1998）指出只有东道国具有一定的人力资本积累，才有吸收先进技术的能力，FDI 才能促进生产率较快增长，而简单的外商投资并不会给技术创新带来很大的技术溢出。如范承泽等（2008）研究显示 FDI 对中国国内研发投入的作用为负。

由上可知，贸易和投资所产生的知识溢出对创新型企业技术创新能力有着重要的作用，它受制于本国自身条件，如本国吸收能力、基础设施水平等，只有在这些条件完善的情况下，创新型企业才能更好地利用知识溢出来促进技术创新能力，因而大多数学者都提出了贸易与投资方面的门槛效应，即本国的知识水平与人力资本水平小于门槛值将不利于吸收外国的知识溢出，也就不能提高技术创新能力。但如果高于门槛值就不存在这种现象，必将促进创新型企业技术创新能力。

5. 文化制度等方面的知识溢出对创新型企业技术创新的影响

我国地域广阔，经济机构不平衡。如何发挥创新型企业创新的能动性，进而形成各有特色的创新文化体系对我国的技术创新发展十分重要，是我国创新体系建设的关键，对我国的实际情况有广泛的意义。

区域中知识溢出和技术创新还受到文化、制度以及地理等其他因素的影响。创新具有很强的社会性。这种社会关系随着时间的变化也引起技术创新集群的变化，有些集群从无到有，从小到大，代表着未来发展的方向，是充满活力的朝阳产业，如美国硅谷的 IT 高科技产业。而有些则是日益衰弱的夕阳产业，如德国的鲁尔工业区以及改革开放以后一段时间我国的东北老工业基地的较慢发展。而对于创新型企业来说，它是未来发展的方向，因此正向的文化制度等因素必定促进创新型企业的技术创新能力的提高。

一个地区的制度文化等因素为当地的企业和人们提供了从事商业活动的道德规范和规则制度，是企业和人员的一个商业准绳，也提供和形成了一种商业习惯。这种商业准则和习惯决定了区域技术创新能力的发展速度和方向，也决定了知识生产和学习的效率。文化制度等因素对一个区域内各个主体的互动频率和强度也有很大的影响，从而决定了一个区域的创新能力。

而一个地区的地理和历史等原因也对技术创新能力有着重要的影响。在一些地区，由于历史地理等原因，会有其他区域不具备的优势，比如良好的创业环境和丰富的创新知识溢出。这种良好的创新氛围会促进创新集群的发展，进而促进区域经济的发展。地理上的接近使得企业可以获得规模的经济，使企业更容易获得信息资源，降低成本。而历史的因素是一些历史事件或一些偶然事件导致了路径的依赖。

4.2 知识溢出对创新型企业技术创新能力影响因素的模型构建

根据上述内容，技术创新的源头是知识溢出，对于创新型企业来说，知识溢出状况对组织技术创新能力的贡献超过了研发资本因素。在知识溢出的情况下，技术进步存在自我加强的机制，产生知识溢出将加快组织技术创新的正反馈效应。知识溢出通过干预技术创新而影响技术创新能力。知识溢出对技术创新能力的影响因素如图4-1所示。

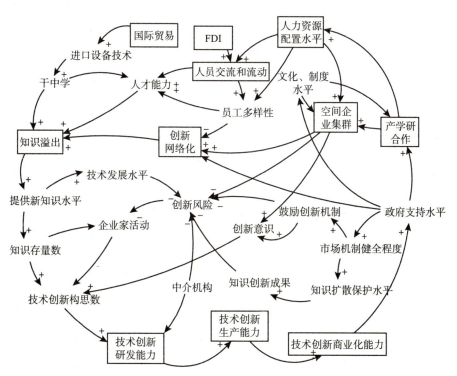

图4-1 知识溢出对创新型企业技术创新能力的影响关系图

　　人员的流动、企业家的活动、贸易与 FDI 以及产学研合作等知识溢出的几种途径通过一些中间变量最终对知识溢出形成正反馈的作用，反过来随着知识溢出的增加同样反作用于人员流动等现象的发生。以上两者的相互关系对技术创新具有正反馈作用，而形成的技术创新知识对知识溢出则形成反馈作用。

第 5 章

知识溢出对创新型企业技术创新能力
影响的评价指标体系研究

5.1　知识溢出对创新型企业技术创新
能力影响的指标体系构建

5.1.1　知识溢出对创新型企业技术创新能力影响的指标体系构建的原则

（1）综合性原则。如果仅仅根据单一要素进行分析判断，很可能做出不正确甚至错误的判断。因此，有关知识溢出对创新型企业技术创新能力影响的指标体系要能体现出整个功能的高效与结构关系上的和谐。

（2）代表性原则。指标体系中的每一个指标项目应具有代表性和典型性。

（3）实用性原则。所选指标在实际调查中和数理统计中有可操作性，同时应反映我国创新型企业知识溢出对技术创新影响的特点。

（4）动态性原则。整体性的相互关系是在动态中表现出来的。作为现实存在的系统，联系和有序性是变化的。因此，指标体系的构建应考虑创新型企业的动态发展规律，注重各指标项目之间的相互关系变化。

5.1.2　知识溢出对创新型企业技术创新能力影响的指标的选取

目前尚未建立起完整的技术创新能力的指标体系，本书关于知识溢出对创新型企业技术创新能力影响的指标选取了技术创新能力产出型指标与投入型指标两个一级指标，以及在一级指标下的 5 个二级指标和 17 个三级指标，从知识溢出的角度对高科技服务业创新能力进行评价。在数据方面，本书采用除西藏、海南等其他 29 个省份 2013 年的数据，数据来源于《中国统计年鉴》《高科技统计年鉴》以及《第三产业统计年鉴》。

本书按照投入—产出把一级指标分为两个，而创新型企业的投入指标又分为创新型企业社会创新绩效和创新型企业职工创新绩效两个二级指标。创新型企业的投入指标分为三个二级指标，包括：创新型企业资金、人员投入，创新型企业合作溢出投入，创新型企业的外部整体环境。

创新型企业社会创新绩效又有三个三级指标。专利是政府依法向创新者授予的，在一定时期内对某项实用新型产品、工艺、物质或设计所拥有的独占权利。之所以专利是衡量技术创新产出的一个重要指标，是因为它反映了一个国家和地区新产品、新知识的积累能力，而且许多国家都有其专门的数据库。但专利也存在许多缺点，比如不是所有专利都运用到商业领域，也不是所有在商业领域得到运用的技术都申请专利。因为统计年鉴中没有创新型企业的专利申请数，而创新型企业是现代服务业与创新型企业在社会经济发展的过程中，相互渗透、相互交叉、相互融合，逐步发展形成的新兴产业，因此用创新型企业专利申请数来代替。由于专利在表示产出方面具有局限性，所以书中除用创新型企业专利申请数来表示专利状况外，还加入创新型企业增加值增长率和法人数量增长率。而创新型企业职工创新绩效包括职工平均工资和就业数占第三产业比重两个三级指标。创新型企业资金、人员投入包括资金和人员两个方面。研究开发（R&D）经费是创新型企业创新能力的重要组成部分，是自主创新的物质基础，研发经费是评价企业创新能力的重要指标。雅各布森等（Jacobsson et al.，1996）指出使用这一指标的最大优势是数据易从企业获得，且数据具有可加性，可用于产业和国家的技术创新能力的评价。而研发人员尤其是高技术人员更是自主创新的核心部分。只有掌握一定的专业技术人员，才能将科技成果转化为科技产品，尤其对像我国这样的发展中国家来说，提高高技术人员的素质与能力对提高我国技术创新能力非常重要。本书中投入的资金包括创新型企业固定资产投资额、创新型企业 R&D 经费投资额、投入的人员数和专业技术人员投入数、创新型企业 R&D 人员数。

知识溢出对技术创新能力也有重要的影响，企业不仅依靠自己的研发资金投入和科技人员的投入获取收益，同时也跟大学、政府等合作获得知识溢出。王缉慈（2001）认为创新环境是发展创新型企业必需的社会文化环境、它是地方行为主体（大学、科研院所、企业、地方政府等机构及其个人）之间在长期正式或非正式的合作与交流的基础上所形成的，相对比较稳定。创新型企业合作溢出投入是从企业、政府、大学、科研机构的相互合作或交流中所获得的知识溢出，其中包括区域内和区域间的知识溢出。其中，第三产业外商直接投资占 GDP 比重和进口贸易额占 GDP 比重属于区域间的知识溢出。而高校、科研机构 R&D 经费筹集属于企业和高校之间的知识溢出。

第三个二级指标是创新型企业的外部经济环境、整体的创新以及经济水平对创新型企业很重要，所以一般相似的企业在空间上更容易产生集群现象。它包括两个三级指标，其中服务业 GDP 增加值占地区生产总值比重表示一个地区创新型企业整体状况。人均 GDP 则表示区域的基本经济状况，外部的总体经济环境对创新型企业发展起着重要的作用，决定了一个企业的未来发展形势。

最后一个二级指标是创新型企业的外部文化制度环境，任何经济体都存在于外部的文化制度下，又依存于一定的外部文化制度，有什么样的文化制度环境，就形成怎样的企业集群，它对企业的集群类型发挥着举足轻重的作用。但是目前并没有准确的指标来统计社会的外部文化制度因素，大多是关于企业文化的指标，所以本章试探性地运用了四个三级指标，因为创新型企业要求的是高技术的人才，所以这里用每十万人中大学生数表示人力资源状况。每百万人中互联网用户数表示电信的基础设施，它表示资本的外部硬件以及软件的环境。政府的高等教育支出占总支出的比重表示政府对高等教育的支持情况，属于对未来的高技术人力资源的培养。用国有资产的比重表示省域的国有经济布局和结构调整的方针政策，其国有经济的比重表示了社会的经济制度因素（见表 5-1）。

表 5-1　　　创新型企业知识溢出对技术创新能力的指标体系

一级指标	二级指标	三级指标	代码
产出指标	社会创新绩效	高技术企业专利申请数	X_1
		创新型企业增加值增长率	X_2
		创新型企业法人数量增长率	X_3
	职工创新绩效	创新型企业职工平均工资	X_4
		创新型企业就业数占第三产业比重	X_5

续表

一级指标	二级指标	三级指标	代码
投入指标	区域资金、人员投入	创新型企业固定资产投资额	X_6
		创新型企业 R&D 经费投资额	X_7
		专业技术人员投入数	X_8
		创新型企业 R&D 人员数	X_9
	合作溢出投入	第三产业外商直接投资占 GDP 比重	X_{10}
		进口贸易额占 GDP 比重	X_{11}
		高校、科研机构 R&D 经费筹集	X_{12}
	外部经济环境	服务业 GDP 增加值占地区生产总值比重	X_{13}
		人均 GDP	X_{14}
	外部文化制度环境	每十万人中大学生数	X_{15}
		每百万人中互联网用户数	X_{16}
		政府的高等教育支出占总支出的比重	X_{17}
		国有资产所占的比重	X_{18}

5.2 知识溢出对创新型企业技术创新能力影响评价指标体系的因子分析

因子分析是一种通过显在变量测评潜在变量，通过具体指标测评抽象因子的分析方法，它的基本思想是将实测的多个指标，用少数几个潜在的指标（因子）的线性组合表示。因子分析主要应用到两个方面：一是寻求基本结构，简化观测系统；二是对变量或样本进行分类。

因子分析的基本思想是根据相关性的大小把变量分组，使得同组内的变量的相关性较高，而不同组的变量相关性较低。每组变量代表一个基本结构，这个基本结构称为一个公共因子，也是指标重新组合的一种方式。因此，本节运用因子分析来重新划分指标体系，研究各个指标之间的相互关系，使距离相近的指标形成一些新的指标，进而研究其中的关系。

知识溢出对创新型企业技术创新能力影响的因子分析步骤如下：

1. 因子分析的检验方法

KMO 检验（Kaiser – Meyer – Olkin Measure of Sampling Adequacy）：

KMO 值在 0 和 1 之间，KMO 值越接近于 1，意味着变量间的相关性越强，原有变量越适合做因子分析。Kaiser 给出了常用的 KMO 度量标准：0.9 以上表示非常适合，0.8 以上表示适合，0.7 以上表示一般，0.6 以上表示不太适合，0.5 以下表示不适合。

巴特利特球度检验（Bartlett's Test of Sphericity）：零假设为相关系数矩阵是单位阵。巴特利特球度检验统计量近似服从分布。如果该统计量的观测值比较大，对应的 P 值小于给定的显著性水平，则拒绝零假设，认为相关系数矩阵不大可能是单位阵，即原有变量适合进行因子分析。

本章的 KMO 和 Bartlett 检验如表 5 – 2 所示。

表 5 – 2   **KMO 和 Bartlett 检验**

KMO 和 Bartlett 的检验		
取样足够度的 Kaiser – Meyer – Olkin 度量		0.667
Bartlett 的球形度检验	近似卡方	794.295
	df	136
	Sig.	0.000

巴特利特球度检验统计量的观测值为 794.295，相应的概率 P 值接近 0，显著性水平 α 为 0.05，由于 P 值小于显著性水平 α。则应拒绝原假设，认为相关系数矩阵与单位阵有显著差异。KMO 值为 0.667，在 0.5 ~ 1 之间，同样说明适合做因子分析。根据 Kaiser 给出的 KMO 可知适合进行因子分析。

2. 因子的提取

因子的选取是根据特征值和特征向量进行的。特征值越大，方差贡献率也就越大，也就是因子占的比重越大，它的重要程度越高（见表 5 – 3）。

表 5 – 3 解释的总方差

成分	初始特征值			提取平方和载入			旋转平方和载入		
	合计	方差的百分比（%）	累计百分比（%）	合计	方差的百分比（%）	累计百分比（%）	合计	方差的百分比（%）	累计百分比（%）
1	8.298	48.810	48.810	8.298	48.810	48.810	5.707	33.573	33.573
2	3.776	22.214	71.024	3.776	22.214	71.024	5.461	32.126	65.699
3	1.658	9.752	80.776	1.658	9.752	80.776	1.992	11.717	77.416
4	1.157	6.808	87.584	1.157	6.808	87.584	1.729	10.168	87.584
5	0.729	4.287	91.871						
6	0.519	3.056	94.927						
7	0.234	1.374	96.301						
8	0.225	1.324	97.625						
9	0.132	0.774	98.398						
10	0.090	0.530	98.928						
11	0.065	0.381	99.309						
12	0.042	0.250	99.559						
13	0.035	0.203	99.762						
14	0.023	0.133	99.895						
15	0.012	0.072	99.967						
16	0.004	0.025	99.982						
17	0.003	0.015	99.997						
18	0.001	0.008	100.000						

提取方法：主成分分析。

第一个因子的特征值为 8.298，解释了 17 个因子总方差的 48.810%，第二个因子的特征值为 3.776，解释了总方差的 22.214%，前两个因子累计解释了总方差的 71.024%。第三个因子的特征值为 1.658，解释了总方差的 9.752%，累计贡献率为 80.776%。第四个因子的特征值为 1.157，单独解释总方差的 6.808%，累计贡献率为 87.584%。所以这里一共提取四个因子，认为可以描述创新型企业知识溢出对创新型企业技术创新能力影响的总体情况。而第二组数据就是提取出的这四个因子的情况。第三组数据描述了最终因子解的情况。因子在旋转后，累计方差并没有变化，但是重新分配了各个因子解释原有变量的方差，使得因子更易于解释。

3. 因子的旋转

因子的旋转使因子具有更强的可解释性：通过因子旋转可以使一个变量只在尽可能少的因子上具有比较高的载荷，因子的含义就变清楚了。它其实是将因子载荷矩阵右乘一个正交矩阵，得到一个新矩阵。它不影响原有变量的共同度，但会改变因子的方差贡献，即会重新分配各因子解释原有变量方差的比例，使因子更易于理解。其中因子旋转分为以下两类：

（1）正交旋转：坐标轴在旋转过程中始终保持垂直，新生成的因子保持不相关。正交旋转方法通常有：四次方最大法（Quartimax）、方差最大法（Varimax）和等量最大法（Equamax）等，因为方差最大法使用较多，因此本书使用方差最大化的旋转方式。

（2）斜交旋转：坐标轴可以是任意角度的，新生成的因子不能保证不相关，使因子具有命名可解释性方面，斜交旋转通常优于正交旋转，但却不能以保持因子的不相关性为代价。因此，一般选择正交旋转方法（见表5-4）。

表5-4　　　　　　　　　　旋转成分矩阵

	成分			
	1	2	3	4
VAR00005	0.923			
VAR00004	0.917			
VAR00011	0.890			
VAR00013	0.885			
VAR00006	0.847			
VAR00012	0.741			
VAR00010	0.705			
VAR00007		0.962		
VAR00009		0.943		
VAR00001		0.940		
VAR00016		0.883		
VAR00015		0.805		

	成分			
	1	2	3	4
VAR00002		0.732		
VAR00018		−0.683		
VAR00003			0.823	
VAR00008			0.642	
VAR00014				0.839
VAR00017				0.775

提取方法：主成分分析法。
旋转法：具有 Kaiser 标准化的正交旋转法。

a. 旋转在 6 次迭代后收敛。

F_1 是表示创新型企业内部情况及其外部溢出状况的因子。包括：X_4，X_5，X_{10}，X_{11}，X_{12}，X_{13}，X_6。

F_2 是表示创新型企业投入产出以及制度文化指标情况的因子。包括：X_7，X_9，X_1，X_{16}，X_2，X_{15}，X_{18}。

F_3 是表示创新型企业法人——技术人员情况的因子。包括 X_3 和 X_8。

F_4 是表示外部经济制度状况的因子。包括：X_{14}，X_{17}。

4. 计算因子得分

因子得分（即标准化主成分）是因子分析的最终体现。计算因子得分是用原有变量描述因子：

$$F_k = \beta_{k1}x_1 + \beta_{k2}x_2 + \cdots + \beta_{kp}x_p \tag{5.1}$$

本章通过因子得分对选取的四个因子进行排序得到表 5−5：

表 5−5　　　　　　　　　　因子得分和排序

省份	F_1	排序	F_2	排序	F_3	排序	F_4	排序
北京	1.1199	3	4.6021	1	1.3498	1	2.4605	1
天津	0.2118	12	0.4733	12	0.1603	11	0.2604	11
河北	0.1130	16	0.3447	16	0.1071	17	0.1844	16

续表

省份	F_1	排序	F_2	排序	F_3	排序	F_4	排序
山西	0.0459	23	0.1845	22	0.0556	22	0.0981	22
内蒙古	0.0200	26	0.0907	26	0.0276	26	0.0481	26
辽宁	0.2747	10	0.7132	9	0.2299	10	0.3888	9
吉林	0.0818	19	0.3222	17	0.0967	18	0.1717	17
黑龙江	0.1762	13	0.4802	11	0.1529	12	0.2598	12
上海	0.7324	4	1.7609	2	0.5771	4	0.9678	3
江苏	1.1498	2	1.7306	3	0.6485	3	0.9862	2
浙江	0.5476	5	0.7546	8	0.2929	7	0.7201	5
安徽	0.1120	17	0.3807	14	0.1160	16	0.2039	14
福建	0.2581	11	0.2737	18	0.1186	15	0.1620	18
江西	0.1090	18	0.1981	21	0.0707	19	0.1095	21
山东	0.5161	6	0.6708	10	0.2656	9	0.3871	10
河南	0.1473	15	0.3719	15	0.1202	14	0.201	15
湖北	0.3092	9	0.8835	7	0.2777	8	0.4235	8
湖南	0.1607	14	0.3880	13	0.1274	13	0.2118	13
广东	2.2462	1	1.5457	4	0.8049	2	0.9626	4
广西	0.0420	24	0.1506	24	0.0462	24	0.0805	24
重庆	0.0747	20	0.2171	20	0.0690	20	0.1165	20
四川	0.4231	7	1.3379	5	0.4097	5	0.6587	6
贵州	0.0575	21	0.0943	25	0.0348	25	0.0526	25
云南	0.0489	22	0.2208	19	0.0646	21	0.1173	19
陕西	0.3640	8	1.2264	6	0.3723	6	0.4781	7
甘肃	0.0413	25	0.1842	23	0.0545	23	0.0978	23
青海	0.0054	29	0.0199	28	0.0068	29	0.0106	28
宁夏	0.0074	28	0.0177	29	0.0070	28	0.0095	29
新疆	0.0177	27	0.0879	27	0.0261	27	0.0465	27

　　对于因子 F_1（创新型企业内部情况及其外部溢出状况）来说，排在前五位的为广东、江苏、北京、上海和浙江，由于广东、江苏、上海和浙

江属于东部沿海发达的城市，所以在知识溢出方面获得较大的优势，这其中 FDI 和贸易方面的知识溢出比较多，因为在东部沿海地区，可以获得较多的外商直接投资，而进出口贸易量也比较大，所以区域间的知识溢出相对较多，而东部沿海地区地域互联，相互之间也能更好地相互利用知识溢出。而对于北京来说，因为知识总是从丰富的地区流向相对缺乏的地区，而北京的创新型企业比较发达，使周围可以更好地利用知识溢出，从外省市获得的知识溢出相对较少，主要集中在城市内部之间的知识溢出。而排在最后五位的为甘肃、内蒙古、新疆、宁夏和青海，这些省份都是西部欠发达的地区，外商投资较少，国际贸易量也不足，所以从区域间获得的知识溢出相对较弱，而对区域内的知识溢出来说，因为普遍省内的创新型企业比较落后，知识溢出依旧相对较弱。

对于因子 F_2（创新型企业投入产出以及文化制度指标情况）来说，排在前五位的是北京、上海、江苏、广东和四川，排在最后五位的是贵州、内蒙古、新疆、青海和宁夏。四川作为西部省份排在第五位，说明其不但在投入产出方面比较优秀，而且还有比较好的外部文化制度环境，而排在后五位的省份都是西部不发达的省份，因此，可以根据产业聚集的特征去带动周边产业的发展，使知识流向其他周边省份，提高其他省份的创新水平，同时把优秀的外部环境辐射到其他的省域。F_2 因子的最后一个因素是国有资产所占比重，但是系数为负，说明国有资产的比重并没有对因子得分有所贡献，而且与文化制度负相关，说明国有资产对于高技术服务行业来说比重偏大，并没有对创新能力起到正向影响。

对于因子 F_3（创新型企业法人——技术人员情况）来说，排在前五位的是北京、广东、江苏、上海和四川，排在最后的是贵州、内蒙古、新疆、宁夏和青海。同 F_2 指标一样，除了北京、上海、广东、江苏等经济发达的直辖市和沿海省份外，四川排在第五位，所以其不仅在创新型企业的总体投入产出比较上占优势，在人员投入合法人数方面也有优势，而这些方面总体都属于投入和产出的因子，这说明四川在创新型企业方面比较重视，投入了大量的人力资本和资金支持。

对于因子 F_4（外部经济制度状况）来说，它包括人均 GDP 和政府的高等教育支出占总支出的比重两个指标，排在前五位的是北京、江苏、上海、广东和浙江，这说明这些省份的经济状况较好，而创新型企业同时需要高技术人才，因此政府对高等学校的投资在高技术发展未来的潜力很重要，所以以上五个省份在对人力资源的培养方面相对较好。排在后五位的是贵州、内蒙古、新疆、青海和宁夏，因为是西部欠发达的省份，所以人均 GDP 相对较低，而政府对于高等教育的投资也比较不足，因此国家应对西部欠发达的省份加大教育投资。

5. 综合评价

综合评价分为：一是由专家给出权重计算总的得分，二是由因子（旋转后）的方差贡献率为权重计算总的得分，本章运用第二种方法：以方差贡献率为权重计算得分：

$$F = \alpha_1 F_1 + \alpha_2 F_2 + \cdots + \alpha_p F_p \qquad (5.2)$$

根据式（5.2）以各主因子特征方差贡献率作为加重权数反映创新型企业的技术创新能力的综合得分为：$F_{综} = 48.81\% \times F_1 + 22.21\% \times F_2 + 9.75\% \times F_3 + 6.81\% \times F_4$。由 Bartett 法得出 29 个省市、自治区、直辖市的综合因子综合得分与排序。排在前十位的是：北京、广东、江苏、上海、浙江、四川、陕西、山东、湖北、辽宁。而排在后十位的是：重庆、云南、山西、甘肃、广西、贵州、内蒙古、新疆、宁夏、青海。从前十位来说，北京作为首都排在了第一位。而广东在地域上属于珠江三角洲。江苏、上海、浙江在地域上则属于长江三角洲。而四川、陕西作为西部城市同样排在前十位当中，说明其创新型企业在中国比较具有优势。辽宁作为东北省份排在第十位，是东北省份唯一进入前十的省份。在其他的东北省份中，黑龙江排在第十二位，吉林排在第十八位，总体排名在全国属于前半区。从后十位来看，都属于中西部地区，经济比较落后，创新型企业自然也很落后。

5.3　知识溢出对创新型企业技术创新能力影响评价指标体系的聚类分析

本节希望讨论中国各省在知识溢出对创新型企业创新能力指标体系下是否具有空间性，因此可以运用聚类分析，研究距离相近的省份是否聚在一类。聚类分析是统计学中研究"物以类聚"问题的建立分类的多元统计方法，它能够将一批样本（或变量）数据根据其诸多特征，按照在性质上的亲疏程度在没有先验知识的情况下进行自动分类，产生多个分类结果。聚类内部个体特征具有相似性，不同类之间个体特征的差异性较大。所谓

"没有先验知识"是指没有事先制定分类标准；所谓"亲疏程度"是指在各变量（特征）取值上的总体差异程度。聚类分析正是基于此实现数据的自动分类的。

1. 变量个体间距离的计算方式

两个事物的接近程度可以用点与点的距离或向量的相似系数来度量，如果把 n 个样本（X 中的 n 个行）看成 p 维空间中 n 个点，则两样本间相似程度可用 p 维空间中两点的距离来度量。令 d_{ij} 表示样本 X_i 与 X_j 的距离。常用的距离的计算方式有：

（1）欧氏距离：两个体（x，y）间的欧式距离是两个体 k 个变量值之差的平方和的平方根。

（2）切比雪夫距离：

$$d_{ij}(\infty) = \max_{1 \leq \alpha \leq p} |x_{i\alpha} - y_{i\alpha}| \tag{5.3}$$

（3）明氏距离：

$$d_{ij}(p) = \sqrt[p]{\sum_{i=1}^{k} |x_{i\alpha} - y_{i\alpha}^p|} \quad d_{ij}(2) = \sqrt{\sum_{i=1}^{k} (x_{i\alpha} - y_{i\alpha})^2} \tag{5.4}$$

（4）马氏距离：

设 $\sum$ 表示指标的协差阵即：

$$\sum = (\sigma_{ij})_{p \times p}$$

其中 $\sigma_{ij} = \dfrac{1}{n-1} \sum_{\alpha=1}^{n} (x_{\alpha i} - \overline{x}_i)(x_{\alpha j} - \overline{x}_j) \quad i,j = 1,\cdots,p$

$$\overline{x}_i = \frac{1}{n} \sum_{\alpha=1}^{n} x_{\alpha i} \quad \overline{x}_j = \frac{1}{n} \sum_{\alpha=1}^{n} x_{\alpha j}$$

如果 $\sum^{-1}$ 存在，则两个样本之间的马氏距离为：

$$d_{ij}^2(M) = (X_i - X_j)' \sum{}^{-1} (X - \mu) \tag{5.5}$$

其中 μ 为总体的均值向量，$\sum$ 为协方差阵。

马氏距离即排除了各指标之间相关性的干扰，而且还不受各指标量纲的影响，除此之外，将原始数据做线性交换后，马氏距离仍不变。所以本章选用了马氏距离来度量样本的距离。

2. 系统聚类方法

类与类之间的距离的定义不同，就产生了不同的聚类方法：

（1）重心法。重心法定义两类之间的距离就是两类重心之间的距离，设 G_p 和 G_q 的重心（即该类样品均值）分别是 $\bar{X}_p$ 和 $\bar{X}_q$，则 G_p 和 G_q 之间的距离是 $D_{pq} = d\bar{x}_p\bar{x}_q$。$G_p$ 和 G_q 分别有样本 n_p，n_q 个，将 G_p 和 G_q 合并为 G_r，则 G_r 内样本个数为 $n_r = n_p + n_q$，它的重心 $\bar{X}_r = \dfrac{1}{n_r}\left(n_p\bar{X}_p + n_q\bar{X}_q\right)$，某一类 G_k 的重心是 $\bar{X}_k$，它与新类 G_r 的距离为：

$$D_{kr}^2 = \frac{n_p}{n_r}D_{kp}^2 + \frac{n_q}{n_r}D_{kq}^2 - \frac{n_p}{n_r}\frac{n_q}{n_r}D_{pq}^2 \tag{5.6}$$

（2）类平均法。重心法虽然比较有代表性，但并未充分利用各样本的信息，类平均法定义两类之间的距离平方为这两类元素两两之间距离平方的平均，即

$$D_{pq}^2 = \frac{1}{n_p n_q}\sum_{X_i \in G_p}\sum_{X_j \in G_j}d_{ij}^2 \tag{5.7}$$

设聚类到某一步将 G_p 和 G_q 合并为 G_r，则任一类 G_k 和 G_q 的距离为

$$D_{kr}^2 = \frac{n_p}{n_r}D_{kp}^2 + \frac{n_q}{n_r}D_{kq}^2 \tag{5.8}$$

由于类平均法能充分利用各样品的信息，所以本书选用类平均法为聚类方法。

（3）可变类平均法。由于类平均公式中没有反映 G_p 和 G_q 之间距离 D_{pq} 的影响，所以将任一类 G_k 与新类 G_r 的距离改为：

$$D_{kr}^2 = \frac{n_p}{n_r}(1-\beta)D_{kp}^2 + \frac{n_q}{n_r}(1-\beta)D_{kq}^2 + \beta D_{pq}^2 \tag{5.9}$$

其中 β 是可变的，且 $\beta < 1$。

3. 聚类分析的结果

本章运用马氏距离来计算样本之间的距离，用类平均法来进行聚类，聚类图如图 5-1 所示。

第一类：北京。

第二类：湖南。

第三类：上海、江苏、浙江、重庆。

第四类：天津、河北、山西、内蒙古、陕西、辽宁、吉林、黑龙江、安徽、福建、江西、山东、河南、湖北、广东、广西、四川、贵州、云南、甘肃、青海、宁夏、新疆。

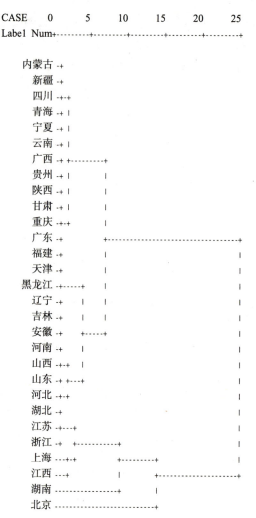

图 5 – 1　知识溢出对创新型企业技术创新能力影响指标的聚类图

从聚类图 5 – 1 中可知，首先，内蒙古、新疆两个相邻的省份最早聚在一起，广东和福建两个东部沿海省份最先聚在一起。四川、青海、宁夏、云南、广西、贵州、山西、甘肃、重庆等西部城市最先聚在一起，江苏、浙江、上海三个邻近省市，也是长三角的最重要的省市，也最先聚在一起。山西、山东、河北这三个围绕北京的中东部城市最先聚到一起，进而和黑龙江、吉林、安徽、河南这些地域上在东北和东部的相邻省份也聚在一起。

表 5 - 6 所示是聚类结束后，各个类之间的聚类距离聚类分析的结果，仅仅给出了分类，并非按照结果显示的第一类最好，第二类次之。从矩阵中可以看出，第一类和第二类之间的距离最大，差距也最大，从聚类成员表中可知，北京属于第一类，而湖南属于第二类。说明两者的差距很大，而湖南在全国创新型企业中排在 13 位。说明两者在发展模式上十分不同。

表 5 - 6　　　　　　　　　　　　　**最终聚类中心间的距离**

最终聚类中心间的距离				
聚类	1	2	3	4
1		5377601. 584	3895568. 393	5223003. 664
2	5377601. 584		2523305. 261	2886236. 334
3	3895568. 393	2523305. 261		1403054. 115
4	5223003. 664	2886236. 334	1403054. 115	

所以，从这张聚类图和以上分析可以得知，创新型企业具有集群的特征，空间分布倾向于明确的空间分布模式。这表明主要的集群是以围绕北京为中心的省份发生集群和以上海为龙头的长三角经济特区的集群，而上海在集群中，北京却单独属于一类。从最终聚类中心间的距离来看，第一类和第四类的距离也比较大，说明北京和周边的一些区域，如天津、河北、山西、山东的距离很大，说明这些区域并没有很好地利用北京的知识溢出来提高技术创新能力，以至于和北京形成集群。而以上海为龙头的长江三角洲和浙江、江苏等形成集群，属于一类，相互利用知识溢出，更有利于整个区域的发展。而从集群图上看，西部地区在创新型企业的创新活动上也存在集群现象。这说明创新型企业省域间存在一种空间的非均衡态势，表现为以北京为中心环渤海的和以上海为中心的长江三角洲的创新集群，区域创新之间的差距没有表现出趋同的迹象。

第 6 章

知识溢出对创新型企业技术创新能力影响模型的计量过程与结果分析

第 4 章以我国 29 个省域为研究对象，而本章以知识溢出对技术创新能力影响的各个变量为研究对象，两章分别从横向和纵向研究了知识溢出对创新型企业技术创新能力的影响。本章以 Stata 作为统计软件，因变量采用 2012 ~ 2013 年的数据，由于存在时滞因素，所以自变量采用 2011 ~ 2012 年的数据，也就是本书假设有一年的时滞。以各个影响变量为主体进行研究，对创新型企业从无溢出和加入溢出因素两个角度进行分析，研究创新型企业知识溢出对技术创新的影响大小和影响方向。最后加入空间因素，研究创新型企业是否受空间的影响，发生空间聚集效应。

6.1 研究的基础假设

第 5 章以中国 29 个省域为研究单位，构建了知识溢出对创新型企业技术创新能力影响的评价指标体系，并在指标体系的基础上，进行了因子分析和聚类分析，得到省域各个因子分别的排名和总体排名，研究了各个省份在创新型企业的现状和所处的位置。并运用聚类分析得到了省域创新型企业空间聚集的特点，根据各个省域的得分和排名结果给出意见和建议，所以并未对指标体系中的各个指标进行分析。

本章为了准确测量各个变量的影响大小，以影响创新型企业的变量为研究单位。从第 5 章的指标体系入手，根据因子分析的结果，挑选出每个因子中影响比较大的变量，并在此基础上对这些变量进行回归分析，得出这些变量对创新型企业技术创新能力影响的大小和方向，根据这些变量的结果为企业和政府提出意见和建议。

6.1.1　变量的选取

关于变量的选取，本章分为四个因素，首先是专利申请作为因变量表示产出，而研发投入和溢出因素作为两个自变量，并且最后加上控制变量。具体的变量选取如表 6–1 所示：

表 6–1　　　　　　　　　　　　变量的选取

变量名	符号	单位	定义与度量	预期影响
研发产出				
专利申请	PAT	项	高技术企业专利申请数	
研发投入				
研发资金投入	CRD	万元	创新型企业 R&D 经费投资额	+
研发人力资本投入	HC	人数	创新型企业 R&D 人员数	+
专业技术人员投入	TP	人数	专业技术人员投入数	+
溢出因素				
大学研发	URD	万元	高校、科研机构 R&D 经费筹集	+
产学研发	CUR	万元	大学研发中企业的资金	+
外商投资	D	万元	第三产业外商直接投资额	?
国际贸易	FDI	万元	进口贸易额	+
	INTR			
控制变量				
人均 GDP	GDP	万元	人均 GDP	+
政府高等教育	GUI	万元	政府对高等教育的支出额	+
政府教育支出	GEI	万元	政府的教育支出额	?
社会人力资本	HK	人数	初中以上学历占六岁以上人口比例	+

本章首先要研究在没有溢出的情况下，也就是说仅仅包含区域内的研发投入和研发产出，通过回归分析得出产出和投入两者之间的关系以及影响系数的大小。其次加入溢出因素，研究在溢出因素加入的情况下，研发

投入系数的大小和方向是否变化。其次是溢出变量的影响情况，研究那些溢出变量是否利于创新型企业的技术创新能力，哪些溢出变量对创新型企业的技术创新能力影响为负，并在结果的基础上解释原因并且给出意见。最后，根据以上回归分析的结果，选出影响比较大的变量，并在此基础上运用空间计量经济学的空间回归方程对这些变量进行空间回归，研究中国创新型企业是否存在空间性，并计算空间系数的大小。

6.1.2 各变量影响的假设

根据以上的变量和以往的研究经验，首先对以上变量进行分析，并在此基础上进行假设检验，再通过回归的结果证明假设是否成立。

（1）大量的研究都证明企业的自主研发投入对区域的技术创新有推动作用，而且相对于其他因素比较明显，本章把自主研发投入分为研发资金投入和研发人力资本投入，提出假设：

H_1：创新型企业研发投入，其中包括研发资金投入和研发人力资本投入，对区域创新型企业的研发有显著影响，两者存在正相关。

（2）关于大学的知识溢出效应，很多学者认为，之所以很多企业围绕大学而建，是因为大学产生的知识溢出能促进企业的技术创新能力，进而促进创新型企业的技术创新能力。所以本章假设：

H_2：大学的研发对创新型企业的技术创新具有溢出效应，与区域技术创新能力为正相关关系。

（3）国际贸易、FDI 为最重要的两个技术传递渠道，而且更加开放的国家有更大的能力去吸收先进国家创造的先进技术。所以对于外商直接投资来说，有些研究证明外商直接投资有利于区域技术创新能力的提高，外商直接投资产生的知识溢出被区域其他企业所吸收，从而提高了区域的技术创新能力。而有些却认为外商直接投资不利于技术创新能力的发展，因为外商投资挤占了区域其他企业的份额，因为技术的差异，使得其他企业无法有效地利用知识溢出。对于不同产业来说，外商直接投资又有不同影响。关于创新型企业，本章假定：

H_3：创新型企业的外商直接投资产生正向溢出，有利于技术创新能力的发展。

（4）关于国际贸易来说，它产生的知识溢出是区域间的知识溢出。同外商直接投资相似，大多数学者认为区域能否有效地利用国际贸易所带来的溢出，和区域自身的创新能力有关。研究表明，越是开放的国家通过国际贸易从其他国家学到先进技术的机会就越大。但对于发展中国家来说，应该进行更深入的研究。所以本章对创新型企业的假设：

H_4：国际贸易对于创新型企业具有正向的知识溢出效应，能促进区域技术创新能力的发展。

（5）对于政府对高等教育的投入越多，区域接受高等教育人口也越多，高等教育的投入有利于人力资源的培养，所以对高技术产服务业来说，高技术企业可以从中得到知识溢出，促进区域的技术创新能力的提高。本章假设：

H_5：政府对高技术教育的投入对创新型企业的溢出是正向的，有利于创新型企业技术创新。

（6）对于政府的教育支出来说，相对于高等教育来看，主要是集中在基础教育，为创新型企业提供的人才和知识溢出也略有不足，因此，本章假设：

H_6：政府对教育的投入对创新型企业技术创新能力的影响不显著或为负。

（7）对于社会人力资本来说，一个社会的总体人力资本水平影响着各行各业的绩效水平，如果一个社会总体人力资本水平较高，那么其社会的创新绩效也就越高，因此，本章假设：

H_7：社会人力资本水平对创新型企业技术创新能力的提高有正向作用。

6.2 知识溢出对技术创新能力影响的实证分析

6.2.1 创新型企业经验假设模型

本书在创新投入产出的经验分析中，采用柯布—道格拉斯（Cobb – Douglas）函数和知识生产函数的理论模型：

$$PAT_{it} = A_{it}RD^{\alpha}SPILL^{\beta} \tag{6.1}$$

对式（6.1）两边取对数得：

$$\ln PAT_{it} = \ln A_{it} + \alpha RD_{it} + \beta \ln SPILL_{it} + \gamma \ln X_{it} + \varepsilon_{it} \tag{6.2}$$

式（6.2）中，$\ln A$ 为常数项，PAT 为各省域高技术专利申请数，为区域自主研发，$SPILL$ 为外部知识溢出变量，X 代表产业的控制变量和环境变量中加入人均 GDP，高等教育（UP）和政府的教育支出（GEI）作为控制变量。i 代表地区，t 代表时间。ε 代表其他未观察到的影响区域创新型企业的因素。其中 RD 包括企业研发投入（CRD）和人力资本投入（HC）；$SPILL$ 包括产学合作研发（UCRD），政府研发（GRD），外商直接投资的知识溢出（FDI）和国际贸易的知识溢出（INTR）。

在模型（6.2）中没有考虑研发活动的空间相关性，由于区域内的研发活动和研发政策会相互影响，产生知识溢出，创新要素在地区间的分配除了受本地的影响外，还受到周边区域创新的影响。根据式（6.2）的经验估计，加入空间滞后变量得到模型：

$$\ln PAT_{it} = \ln A_{it} + \mu \sum_{j \neq i} W_{ij} \ln PAT_{it} + \alpha RD_{it} + \beta \ln SPILL_{it} + \gamma \ln X_{it} + \varepsilon_{it}$$

$$(6.3)$$

式（6.3）中，空间滞后因变量 $W_{ij} \ln PAT_{it}$ 是一内生变量，反映了空间距离对区域创新的影响，W_{ij} 是空间权值矩阵，它的作用是给 i 区域的邻近区域进行权重赋值，一般来说，相邻的区域赋值为 1，不相邻的区域赋值为 0。

6.2.2　创新型企业回归分析

为了对我国大陆除去西藏和海南的 29 个省域研发投入产出的区域技术创新影响因素进行分析，运用 2012～2013 年的面板数据，数据取自《中国统计年鉴》《中国第三产业统计年鉴》《中国创新型企业统计年鉴》，运用 Stata 软件进行回归分析，通过对有溢出和无溢出的回归，加入空间系数和没有空间系数的回归进行比较，揭示各个变量对区域创新的影响及其贡献在时空上的变化。

1. 未考虑研发合作等溢出变量的回归分析

第一部分只考虑创新型企业研发的投入和产出的关系，以及加入控制变量，方程如下：

$$\ln PAT_{ti} = \beta_0 + \alpha_1 CRD_{it} + \gamma \ln GDP_{it} + \varepsilon_{it} \qquad (6.4)$$

具体如图 6-1 所示。

```
Random-effects GLS regression              Number of obs      =        58
Group variable: sheng                      Number of groups   =        29

R-sq:  within  = 0.0694                     Obs per group: min =         2
       between = 0.9388                                     avg =       2.0
       overall = 0.9358                                     max =         2

Random effects u_i ~ Gaussian              Wald chi2(2)       =    169.44
corr(u_i, X)        = 0 (assumed)          Prob > chi2        =    0.0000
```

PAT	Coef.	Std. Err.	z	P>|z|	[95% Conf. Interval]	
CRD	.6971633	.0656554	10.62	0.000	.5684811	.8258455
GDP	.3179656	.2071261	1.54	0.125	-.0879941	.7239253
_cons	-1.679341	.6831017	-2.46	0.014	-3.018196	-.3404866
sigma_u	.43128325					
sigma_e	.07056862					
rho	.97392504	(fraction of variance due to u_i)				

图 6-1　（6.4）方程回归图

通过检验，面板数据符合随机效应的模型，因此选用随机效应的 GLS 进行回归，从回归的结果来看，如果只考虑企业的研发投入和人均 GDP，两者对创新的贡献都是正的，但企业的研发投入是显著的，而人均 GDP 则不显著。

式（6.4）中，仅考虑了企业的研发投入和控制变量人均 GDP 对创新的影响。PAT 为各省域高技术专利申请数，CRD 为区域内企业自主研发。

$$\ln PAT_{ti} = \beta_0 + \alpha_1 CRD_{it} + \alpha_2 \ln TP_{it} + \gamma \ln X_{it} + \varepsilon_{it} \qquad (6.5)$$

式（6.5）中，加入了研发人力资本的投入，PAT 为各省域高技术专利申请数，为区域自主研发。区域研发投入包括企业研发投入（CRD）和专业技术人员投入数（TP），其中 X 为控制变量，包括人均 GDP，政府高等教育支出额（GUI）和政府的教育支出（GEI），所以式（6.5）可变为：

$$\ln PAT_{ti} = \beta_0 + \alpha_1 CRD_{it} + \alpha_2 \ln TP_{it} + \gamma_1 \ln GDP_{it} + \gamma_2 \ln GEI_{it} + \varepsilon_{it} \quad (6.6)$$

根据以上结果来看，对于创新型企业来说，企业的 R&D 研发投资和专业技术人员投入对技术创新技术能力有正增长的作用，而且都很显著，说明内部的研发投资对创新能力的影响很显著。对于人均 GDP 作为控制变量来说，对创新的作用是正的，但不显著。而对于另一个控制变量教育投入来说，它对创新能力的影响为负，且不显著（见图 6-2）。

```
Random-effects GLS regression                Number of obs      =        58
Group variable: sheng                        Number of groups   =        29

R-sq:  within  = 0.0911                       Obs per group: min =         2
       between = 0.9256                                      avg =       2.0
       overall = 0.9233                                      max =         2

Random effects u_i ~ Gaussian                 Wald chi2(4)       =    213.68
corr(u_i, X)        = 0 (assumed)             Prob > chi2        =    0.0000
```

PAT	Coef.	Std. Err.	z	P>|z|	[95% Conf. Interval]
CRD	.6282849	.076218	8.24	0.000	.4789003 .7776696
TP	.5563013	.2645822	2.10	0.036	.0377297 1.074873
GDP	.1911221	.2164885	0.88	0.377	-.2331875 .6154317
GEI	-.1192605	.1687339	-0.71	0.480	-.4499728 .2114518
_cons	-.2609004	2.181716	-0.12	0.905	-4.536986 4.015185

sigma_u	.39205732	
sigma_e	.07110864	
rho	.96815151	(fraction of variance due to u_i)

图 6-2 (6.6) 方程回归图

将式（6.6）中的专业技术人员投入数（TP）替换成创新型企业 R&D 人员数，也就是研发人力资本投入（HC），为下式：

$$\ln PAT_{ti} = \beta_0 + \alpha_1 CRD_{it} + \alpha_2 \ln HC_{it} + \gamma_1 \ln GDP_{it} + \gamma_2 \ln GEI_{it} + \varepsilon_{it} \quad (6.7)$$

将式（6.7）中教育的政府投资改为政府对高等教育支出额（GUI）这个控制变量，得：

$$\ln PAT_{ti} = \beta_0 + \alpha_1 CRD_{it} + \alpha_2 \ln HC_{it} + \gamma_2 \ln GUI_{it} + \varepsilon_{it} \quad (6.8)$$

考虑到社会人力资本水平对创新型企业的影响，得式（6.9）：

$$\ln PAT_{ti} = \beta_0 + \alpha_1 CRD_{it} + \alpha_2 \ln TP_{it} + \gamma_1 \ln GUI_{it} + \gamma_2 \ln HK_{it} + \varepsilon_{it} \quad (6.9)$$

表 6-2　　　　　　　　　未考虑溢出变量的回归分析

	(13.4) PAT	(13.6) PAT	(13.7) PAT	(13.8) PAT	(13.9) PAT
CRD	0.697 *** (9.88)	0.628 *** (8.24)	0.595 *** (5.17)	0.634 *** (6.235)	0.621 *** (7.23)
GDP	0.317 (1.16)	0.191 (0.88)	0.258 (1.17)		
GEI		-0.119 (-0.71)	-0.0828 (-0.40)		
UP				0.243 * (1.01)	0.214 (1.23)

续表

	(13.4) PAT	(13.6) PAT	(13.7) PAT	(13.8) PAT	(13.9) PAT
TP		0.556* (2.10)			0.457* (1.94)
HC			0.153* (1.13)	0.134* (1.03)	
HK					0.024 (0.86)
_cons	-1.679** (-1.65)	-0.261 (-0.12)	-0.636 (-0.23)	-0.645* (-0.25)	-0.946* (-0.65)
N	58	58	58	58	58
$\overline{R}^2$	0.9358	0.932	0.923	0.943	0.935

注：$*p<0.1$，$**p<0.05$，$***p<0.01$。

从表6-2结果分析来看，创新型企业R&D经费投资额对创新是具有正向作用的，而且在$p<0.01$的情况下显著。说明区域的直接研发投资对创新能力的影响是最为重要和不可忽视的，所以对于企业来时，要时刻把加大自主研发投资放在促进创新能力的首位，而对于政府来说，加大对区域的创新投资力度也有利于区域的自主创新能力。

对于控制变量人均GDP来说，其对创新型企业的影响始终为正的，说明人均GDP越高的省份，其创新型企业技术创新能力也相应比较高，但是作为控制变量，其影响并不显著。说明人均GDP只是间接地影响创新型企业的创新能力，因为人均GDP越高的地方，对创新型企业的需求也就越高，因此相应地在创新型企业各方面投入也比较多，所以其技术创新能力也就越强。

根据式（6.6）和式（6.7）来看，政府的教育投资区域创新型企业的影响是负的，但是并不显著，说明政府对教育的投资并没有对创新型企业的技术创新能力有所提高，或者并不影响到高技术企业的技术创新能力。原因是政府的教育投资的大多数都用在基础教育的方向，而创新型企业需要的是高层次的人才，所以基础教育的投资对创新型企业的技术创新影响并不显著。而把政府的教育投资换成政府对高等教育的投资，也就是对式（6.8）的回归来看，政府对高等教育的投资是显著的，其对创新型企业的影响为正向，说明政府对高等教育的投资可以显著促进创新型企业的创新能力。因为要提高创新型企业的创新能力，需要高层次的研发人员，而政府对高等教育的投资培养了大量的研发人员，所以相比基础教育投资来说，政府对高等教育的投资能显著促进创新能力。

对于创新型企业 R&D 人员数和专业技术人员投入数来说，通过式（6.6）来看，专业技术人员投入对创新能力提高的系数为 0.556，在 $p < 0.1$ 的情况下显著，而对于式（6.7）来说，创新型企业 R&D 人员数对技术创新能力的影响系数为 0.153，在 $p < 0.1$ 的情况下显著。这说明无论是专业技术人员的投入还是 R&D 人员的投入都能促进创新型企业的技术创新能力的提高。但专业技术人员的投入的系数是 R&D 人员的投入系数的 3.6 倍，而本书是短面板模型，所以，通过回归来看，短时期的专业技术人员投入比 R&D 人员投入更有利于创新型企业的创新能力的发展。这是因为，R&D 投入是一个长期的过程，从研发到投入生产必须经历数年时间，但其创新结果却是根本的、彻底的。而对专业技术人员的创新绩效来说，在工作过程中随时发现不足之处，随时进行工艺的改进，在短时间内比较有利于技术创新能力的提高，但专业技术人员只是改造和完善工艺，长期来说，其对技术创新能力的提高并不显著。综上所述，R&D 人员投入对长期的技术创新能力提高比较显著，而专业技术人员投入在短期对技术创新能力提高比较显著。

对于社会的人力资本来说，其系数为 0.024，但是在 $p < 0.1$ 的情况下不显著，而且系数较小。这说明，社会人力资本未对区域创新形成有效的促进效果，我国区域创新型企业的创新能力的提高主要依赖于研发资金和人员的投入。

结论：通过以上的计量分析可知，H_1 假设是成立的，即创新型企业研发投入，包括资金投入和人员投入，对创新型企业的技术创新能力具有正向作用。所以创新型企业应该把加强资金和人员的投入放在第一位，其对创新型企业创新能力提高是最直接和有效的方式。而假设 H_5 和假设 H_6 也是成立的，即政府对高等教育的投入对创新型企业的溢出是正向的，而政府对教育的投入对创新型企业技术创新能力的影响不显著或为负。这就要求政府正确地分配教育投入，在基础教育和高等教育之间进行权衡，而综合 H_7 的假设来看，也就是社会人力资本水平对创新型企业的技术创新能力的提高并不显著，但是系数为正，因为政府对基础教育的投入会影响全社会的人力资本的存量，而人力资本对创新型企业的创新能力影响为正，虽然影响系数很小。这说明，政府的教育投入对创新型企业的影响趋势还是有利的。

2. 考虑研发合作等溢出变量的回归分析

以上分析并没有考虑研发之间的合作，即企业与高校、科研机构之间的区域内的合作，以及国际贸易与 FDI 区域间的合作。而无论是区域内还是区域外的溢出都会影响区域的创新能力。式（6.10）用来考察区域内的知识溢出对创新型企业创新绩效的影响：

$$\ln PAT_{ti} = \beta_0 + \alpha_1 CRD_{it} + \alpha_2 \ln TP_{it} + \beta_1 \ln URD_{it} + \gamma_1 \ln GDP_{it} + \gamma_2 \ln GEI_{it} + \varepsilon_{it}$$

$$(6.10)$$

式（6.10）中包括企业的研发（CRD）、专业技术人员投入（TP）、大学研发（URD）、人均 GDP（GDP）和政府教育支出（GEI）三个变量。此经验模型用来考察产学研合作对创新型企业的影响（见图 6-3）。

```
Random-effects GLS regression              Number of obs      =        51
Group variable: sheng                      Number of groups   =        29

R-sq:  within  = 0.0403                     Obs per group: min =         1
       between = 0.9271                                    avg =       1.8
       overall = 0.9115                                    max =         2

Random effects u_i ~ Gaussian              Wald chi2(5)       =    213.47
corr(u_i, X)      = 0 (assumed)            Prob > chi2        =    0.0000
```

PAT	Coef.	Std. Err.	z	P>|z|	[95% Conf. Interval]	
CRD	.6515546	.0788709	8.26	0.000	.4969704	.8061388
TP	.7274388	.2649743	2.75	0.006	.2080988	1.246779
GDP	.283995	.2480977	1.14	0.252	-.2022676	.7702575
GEI	-.2258935	.1030946	-2.19	0.028	-.4279553	-.0238318
URD	.1739583	.1817905	0.96	0.339	-.1823445	.530261
_cons	-1.258664	1.526442	-0.82	0.410	-4.250436	1.733108
sigma_u	.42838958					
sigma_e	.08103098					
rho	.96545721	(fraction of variance due to u_i)				

图 6-3　（6.10）方程回归图

式（6.10）中加入产学研合作变量：

$$\ln PAT_{ti} = \beta_0 + \alpha_1 CRD_{it} + \alpha_2 \ln TP_{it} + \beta_1 \ln URD_{it} + \beta_2 \ln UCRD_{it}$$
$$+ \gamma_1 \ln GDP_{it} + \gamma_2 \ln GUI_{it} + \varepsilon_{it} \tag{6.11}$$

式（6.11）中 $UCRD$ 表示产学合作研发。

式（6.11）考虑了区域间 FDI 的知识溢出模型，而式（6.12）则是考虑了国际贸易所产生的知识溢出对区域技术创新能力的影响：

$$\ln PAT_{ti} = \beta_0 + \alpha_1 CRD_{it} + \alpha_2 \ln TP_{it} + \beta_1 \ln INTR_{it} + \gamma \ln GUI_{it} + \varepsilon_{it} \tag{6.12}$$

（6.10）方程回归如图 6－4 所示。

```
Random-effects GLS regression              Number of obs      =        58
Group variable: sheng                      Number of groups   =        29

R-sq:  within  = 0.1221                     Obs per group: min =         2
       between = 0.9238                                     avg =       2.0
       overall = 0.9215                                     max =         2

Random effects u_i ~ Gaussian              Wald chi2(4)       =    207.84
corr(u_i, X)      = 0 (assumed)            Prob > chi2        =    0.0000
```

PAT	Coef.	Std. Err.	z	P>|z|	[95% Conf. Interval]	
CRD	.6251121	.0789456	7.92	0.000	.4703816	.7798427
TP	.4786196	.248221	1.93	0.054	-.0078846	.9651237
GUI	.1602383	.157939	1.01	0.310	-.1493165	.4697931
INTR	-.0115402	.0793549	-0.15	0.884	-.1670729	.1439925
_cons	-2.725817	1.197394	-2.28	0.023	-5.072665	-.3789681
sigma_u	.38656653					
sigma_e	.06867337					
rho	.96940616	(fraction of variance due to u_i)				

图 6－4　（6.12）方程回归图

而式（6.13）包括外商直接投资的知识溢出（FDI）所产生的知识溢出对区域创新能力的影响，所以属于区域间的创新绩效模型：

$$\ln PAT_{ti} = \beta_0 + \alpha_1 CRD_{it} + \alpha_2 \ln HC_{it} + \beta_1 \ln FDI_{it}$$
$$+ \beta_2 \ln UCRD_{it} + \gamma_1 \ln GUI_{it} + \gamma_2 \ln GDP_{it} + \varepsilon_{it} \tag{6.13}$$

式（6.14）综合以上两个因素，考虑外商直接投资（FDI）与国际贸易（INTR）两个因素的知识溢出对创新型企业的技术创新能力的影响：

$$\ln PAT_{ti} = \beta_0 + \alpha_1 CRD_{it} + \alpha_2 \ln HC_{it} + \beta_1 \ln FDI_{it}$$
$$+ \beta_2 \ln INTR_{it} + \gamma_1 \ln GEI_{it} + \gamma_2 \ln GDP_{it} + \varepsilon_{it} \tag{6.14}$$

（6.12）方程回归如图 6－5 所示。

```
Random-effects GLS regression              Number of obs     =       58
Group variable: sheng                      Number of groups  =       29

R-sq:  within  = 0.2060                     Obs per group: min =        2
       between = 0.9201                                    avg =      2.0
       overall = 0.9191                                    max =        2

Random effects u_i ~ Gaussian              Wald chi2(6)      =   305.43
corr(u_i, X)      = 0 (assumed)            Prob > chi2       =   0.0000
```

PAT	Coef.	Std. Err.	z	P>|z|	[95% Conf. Interval]	
CRD	.309731	.1081168	2.86	0.004	.0978259	.5216361
HC	.1180767	.1335229	0.88	0.377	-.1436233	.3797768
GEI	-.0898824	.2122788	-0.42	0.672	-.5059412	.3261763
FDI	.7542631	.1403122	5.38	0.000	.4792563	1.02927
INTR	-.058211	.1159991	-0.50	0.616	-.2855651	.1691431
GDP	.2989335	.2671586	1.12	0.263	-.2246877	.8225548
_cons	1.071204	2.371302	0.45	0.651	-3.576463	5.71887
sigma_u	.39664953					
sigma_e	.06789678					
rho	.97153298	(fraction of variance due to u_i)				

图 6-5　(6.14) 方程回归图

根据以上各个方程的综合结果，得到表 6-3。

表 6-3　　　　　　　　　　考虑溢出变量的回归分析

	(13.7) PAT	(13.8) PAT	(13.9) PAT	(13.10) PAT	(13.11) PAT
CRD	0.652 *** (8.77)	0.456 *** (5.45)	0.625 *** (7.34)	0.320 *** (3.31)	0.309 *** (4.34)
TP	0.727 * (2.09)	0.543 * (2.21)	0.479 * (2.56)		
GDP	0.284 (1.65)			0.149 (0.83)	0.299 (1.29)
GEI	-0.226 (0.85)				
URD	0.174 * (2.16)	0.163 * (2.34)			

续表

	(13.7) PAT	(13.8) PAT	(13.9) PAT	(13.10) PAT	(13.11) PAT
UCRD		0.237 * (3.21)		0.245 * (2.34)	
HC				0.0292 (0.33)	0.118 (2.12)
FDI				0.766 *** (5.50)	0.754 *** (5.05)
INTR			−0.012 (−1.12)		−0.058 (−1.06)
GUI		0.172 (0.78)	0.160 (0.70)	0.174 (0.81)	
_cons	−1.259 (−0.96)	−1.123 (−0.87)	−2.725 ** (−1.15)	−0.460 (−0.78)	0.071 (0.11)
N	58	58	58	58	58
$\bar{R}^2$	0.9115	0.9132	0.9215	0.9202	0.9191

注：括号中为 t 统计量；$*p<0.1$，$**p<0.05$，$***p<0.01$。

从式（6.3）的回归中可以看出，研发资金投入（CRD）在 $p<0.01$ 的情况下是显著的，而专业技术人员投入（TP）在 $p<0.1$ 的情况下也是显著的。而区域的研发资金投入和专业技术人员投入都属于自主研发投入，说明对于一个区域来说，自主研发对提高区域技术创新能力的作用最为显著。这表明我国以后发展创新型企业必须坚定地把自主投资放在首位的策略，而不一定要把引进和吸收外国技术作为促进创新型企业的主要渠道。

而人均 GDP 同样是正向不显著，GEI 则是负向不显著。和上述无溢出的回归得到的结果相同。

在考虑了回归的变量以后，GUI 由原来的显著变为不显著，说明其他加入溢出因素后，它的解释能力变弱。式（6.10）和式（6.11）主要描述了大学的研发和产学合作对创新型企业的影响作用。从大学的研发资金投入来看，大学研发（URD）的系数为正。在 $p<0.1$ 的情况下显著，系数分别是 0.174 和 0.163，说明大学的研发对创新型企业具有稳健的正面

促进作用，其弹性系数在 0.16 以上。产学合作（UCRD）的系数为 0.237，说明产学合作对创新型企业技术创新能力提高发挥着积极促进的作用，也就是说，这就证明了假设 H_2 是正确的，即大学的研发对创新型企业的技术创新具有溢出效应，与区域技术创新能力呈正相关关系。

式（6.12）主要研究国际贸易对创新型企业技术创新能力的溢出作用，本章中用的是进口贸易指标，因为许多文献说明，进口对创新的溢出作用为正，而出口的溢出作用为负，而从本章的回归分析来看，进口并没有促进创新型企业的技术创新能力，其系数为负，并不显著，说明在创新型企业这个行业中，区域并未很好地利用国际贸易所产生的溢出效应，而进口贸易挤占了区域内的企业的市场占有率，其效果大于国际贸易所产生的溢出效应，也就是说，创新型企业并没有达到高级贸易对区域产生正向作用的这个门槛。所以假设 H_4 是错误的，国际贸易并未对创新型企业产生正向的知识溢出效应，也未能促进区域技术创新能力的发展。

式（6.13）主要是研究 FDI 对创新型企业技术创新能力的溢出作用，其弹性系数为 0.766，并且在 $p < 0.01$ 的情况下显著，说明 FDI 对创新型企业具有十分稳健的促进作用，并且，增加 1% 的 FDI 投入量，技术创新能力提高 0.766%。说明我国的创新型企业的水平已经达到可以吸收外商直接投资的门槛水平。也就是说假设 H_3 也是正确的，即创新型企业的外商直接投资产生正向溢出，有利于技术创新能力的提高。而式（6.14）把外商直接投资和国际贸易综合起来考虑，同样得到外商直接投资显著且正向的溢出、国际贸易负向且不显著的结果。

3. 创新型企业的空间计量模型

以上回归分析并不考虑空间因素，而知识溢出会使区域内企业形成聚集，相互之间互相学习，对创新形成促进作用。创新的空间模型分为空间滞后模型和空间误差模型，根据本章的数据情况，适用空间滞后模型。而在数据的选取上也去除了上述不显著的变量，仅留下创新影响显著的变量。

计量方程如下：

$$\ln PAT_{ti} = \beta_0 + \mu \sum_{j \neq i} W_{ij} \ln PAT_{it} + \alpha_1 CRD_{it} + \varepsilon_{it} \tag{6.15}$$

式（6.15）仅考虑了省域企业的研发资金投入，并在此基础上加入了空间因素，探讨省域创新能力是否具有空间性。

$$\ln PAT_{ti} = \beta_0 + \mu \sum_{j \neq i} W_{ij} \ln PAT_{it} + \alpha_1 CRD_{it} + \alpha_2 \ln TP_{it} + \varepsilon_{it} \tag{6.16}$$

式（6.16）在式（6.15）的基础上加入了专业技术人员投入变量。属于没有溢出变量的回归方程，仅仅考虑区域企业的自身投入状况，包括企业的资金投入和技术人员的投入。

$$\ln PAT_{ti} = \beta_0 + \mu \sum_{j \neq i} W_{ij} \ln PAT_{it} + \alpha_1 CRD_{it} + \alpha_2 \ln TP_{it} + \beta_1 \ln URD_{it} + \varepsilon_{it}$$

$$(6.17)$$

式（6.17）在式（6.16）的基础上加入了大学的研发投入，探讨在计入空间因素后，大学的研发所产生的知识溢出对创新能力的影响是否显著以及空间性是否明显。

$$\ln PAT_{ti} = \beta_0 + \mu \sum_{j \neq i} W_{ij} \ln PAT_{it} + \alpha_1 CRD_{it} + \alpha_2 \ln TP_{it}$$
$$+ \beta_1 \ln URD_{it} + \beta_2 \ln UCRD_{it} + \varepsilon_{it} \qquad (6.18)$$

式（6.18）在式（6.17）的基础上加入企业大学的研发合作，所以自变量在空间的因素基础上，探讨了企业自身的投入和溢出的因素相结合的影响水平（见表6-4）。

表6-4 考虑空间因素的知识溢出回归分析

	(13.12) PAT	(13.13) PAT	(13.14) PAT	(13.15) PAT
CRD	0.522*** (6.57)	0.516*** (5.76)	0.425*** (5.34)	0.344*** (3.31)
TP		0.483* (3.11)	0.449** (2.86)	0.432* (2.56)
URD			0.212 (2.12)	0.248* (2.64)
UCRD				0.245* (2.34)
μ	0.1343* (2.12)	0.2145* (3.34)	0.1874 (2.93)	0.2012** (3.13)
_cons	-1.324* (-0.99)	-1.132 (-0.84)	-2.834** (-1.21)	-0.412 (-0.87)
N	58	58	58	58
$\overline{R}^2$	0.9112	0.9121	0.9205	0.9221

注：括号中为 t 统计量；$*p < 0.1$，$**p < 0.05$，$***p < 0.01$。

　　根据表 6 - 4 的回归结果来看，从式（6.15）和式（6.16）来看，无论是从省域的自主研发资金投入，还是从专业技术人员投入来看，对技术创新能力的影响均是正向并且显著的，这与上述的结果一致，说明在空间滞后模型中，省域的资金和人员的投入是显著的。

　　而对于式（6.17）和式（6.18）来说，大学的研究投入对省域高技术企业是正向的，但是式（6.17）不显著，而式（6.18）是显著的。企业和大学的研发合作则对省域技术创新能力是正向显著的，所以从整体上来说，在加入空间因素的模型中，大学的研发投入和大学企业的研发合作对省域的技术创新能力的影响比较明显。

　　对于以上四个方程的空间性来说，有两个方程在 $p < 0.1$ 的情况下影响显著，一个在 $p < 0.05$ 的情况下影响显著。也就是说绝大多数都通过了 0.1 和 0.05 水平下的显著性检验，这表明我国省域的企业技术创新能力在邻近的空间上存在溢出效应。而对于式（6.17）来说，考虑了空间作用下的大学研发对省域技术创新能力的影响的空间系数是正向的，说明大学的研发对省域的技术创新有促进作用，但是却不显著，说明大学的研发对企业技术创新来说影响还不够明显。但是假如大学企业合作形成变量后，空间因素就变得比原来较为明显，说明两者一同作用于企业的技术创新能力。

第 7 章

基于创新要素协同的创新型
企业技术创新绩效评价

7.1 基于创新要素协同的创新型企业技术创新绩效评价指标设计与数据收集

7.1.1 基于创新要素协同的创新型企业技术创新绩效评价指标设计

1. 战略创新要素评价指标

理论研究和企业实践结果表明，战略创新要素对创新型企业技术创新绩效有着重要作用。宋旭琴（2006）应用评价理论建立了一个企业战略创新能力评价的评价模型，并以此方法对一个公司的企业战略管理能力进行了简单的数量化研究。她认为战略管理能力的组成要素包括：定位能力。定位能力是指企业选择特定行业和寻求特定发展领域来经营其事业的能力。企业要根据自身的实际，做出适合自身发展的战略选择。分析竞争态势与优势的能力。企业战略的制定，必须分析竞争态势，分析竞争者的竞争地位和自己的比较优势，才能有针对性地制定发展战略。资源配置与协调的能力着重是指企业内部人、财、物、时间和信息等经济资源的合理分配和相互协调的能力。据此，她从企业家与企业家精神、企业使命的认同度、企业内部创新氛围、企业的长期化倾向四个评价维度建立了企业战管理能力的评价模型。参考宋旭琴提出的战略管理能力组成要素和企业战略制定过程的研究结果，结合实地访谈，本书从企业成长战略自身完备程度、领导层对成长战略的重视程度、企业成长战略执行体系完备程度、企业成长战略与企业成长阶段的适应性四方面来评价创新型企业成长。

2. 技术创新要素评价指标

众多研究表明了技术创新能力对企业尤其是创新型企业成长性具有重要性，而对于技术创新的衡量也有多种方式。哈斯基森和爱尔兰（Hitt and Ireland，1985）对企业研发能力进行了评价，其评价内容包括：研究和开发新产品、研发支出和项目团队等。吴运建、周良翼（1995）在其研究中提到，研发强度（R&D intensity）是目前技术创新评价最有代表性的基础参量之一。弗朗西斯·纳林（Francis Narin，2003）以专利数目、研发密度等为解释变量，分别对企业成长机会与股票报酬做实证研究，研究结果表明研发密度、专利数目对企业成长机会与未来 3 年的股票报酬率显著正相关。周寄中（2002）从三个维度对企业技术创新进行评价，这三个维度分别是：研发技术水平、研发人力资源和研发资金投入。其中，对研发技术水平的评价指标有 6 个，对研发人力资源的评价指标有 4 个，对研发资金投入的评价指标有 3 个。这些评价指标对本书具有很强的借鉴意义。本书从企业研发人员数量与结构、企业 R&D 投入占销售额比重、企业拥有专利、技术秘密数量、企业内部知识积累等维度对创新型企业成长进行评价。

3. 品牌创新要素评价指标

对于企业来说，品牌是其经营活动的出发点和归宿。杜纲、姚长佳、王义兴（2001）关于企业关键能力的维度研究将品牌层面分为以下几个部分：一是主导产品自身价值与竞争力，其子指标为主导产品性能的独特性、主导产品的市场前景等；二是主导产品市场地位，其子指标为主导产品的竞争范围、主导产品的市场占有强度等；三是产品信誉与企业形象，其子指标为产品在消费者中的信誉与忠诚度、企业在公众中的技术质量形象；四是市场营销技能与水平，其子指标为营销队伍的整体素质与业务能力、营销策划的技能与效果、营销网络的覆盖范围与有效性、售后服务的顾客满意度；五是产品适应与调整能力，其子指标为产品更新换代速度等；六是市场反应能力，其子指标为市场信息收集的及时准确性、市场信息处理和反馈的及时有效性、营销理念与技巧的创新能力等。

在以上所有提到的评价内容和指标的基础上，结合实地访谈，本书基于市场规模与前景、市场竞争的公平性、替代品威胁与同业竞争者竞争力、潜在进入者的实力来综合衡量创新型企业成长。

4. 商业模式创新要素评价指标

在以往的研究中，单独对来自企业外部的商业模型创新要素进行评价的研究较少。本书结合实地访谈，设计了科技中介与咨询服务机构发展情况、金融市场的完善与金融服务创新、公共技术服务平台的完善程度、人力资源市场的完善程度、科技要素市场的完善性与流动性、企业信用评价与信用体系完善程度几项指标来综合衡量创新型企业成长。

5. 企业文化创新要素指标

在企业文化的量化评价中，比较有影响力的量表包括以下几种：奎因和卡梅隆（Quinn and Cameron，1998）通过在文献总结和实证研究的基础上，构建的组织文化评价工具 OCAI（Organizational Cultural Assessment Instrument），它是在竞争价值框架 CVF（Competing Values Framework）的基础上开发出的。他们认为企业文化通过企业所信奉的价值观、主导性的领导方式、语言和符号、过程和实践，以及成功的定义方式来得到反映。CVF 由柔性——稳定性、关注内部——关注外部两个成对维度构成，从而把组织文化划分为宗族（Clan）、活力（Adhocracy）、市场（Market）及层级（Hierarchy）四种类型。OCAI 从影响组织绩效的因素中提炼出六个方面来评价组织文化：主导特征、领导风格、员工管理、组织凝聚力、战略重点和成功准则，一共涉及 24 个评价条目。丹尼森（Denison，1995）的组织文化评价量表把组织文化特质划分为适应性（Adaptability）、使命（Mission）、一致性（Consistency）及参与（Involvement）四种类型。王国顺等人（2007）在文献回顾和实证研究的基础上，识别出了企业文化的七个维度，分别是企业意识、员工意识、团队意识、创新意识、核心价值观、顾客意识、目标愿景。在以上所有提到的评价内容和指标的基础上，结合本书的实地访谈，研究从企业家精神（创新、学习、冒险、宽容、诚信）、企业文化与企业环境的协调适应性、企业文化的人本性与员工认同度、企业创新文化与员工创新意识四个维度对创新型企业的企业文化进行了评价。

6. 制度创新要素评价指标

在以往的研究中，单独对制度创新要素进行评价的研究较少。在以上所有提到的评价内容和指标的基础上，结合本书的实地访谈，通过评估管理层评价能力、研发/营销/生产部门的界面管理、现代管理工具与管理手段、企业绩效考核与薪酬制度来综合衡量企业的市场营销能力。

以上具体评价指标如表7-1所示。

表7-1　基于创新要素协同的创新型企业技术创新绩效评价指标

一级评价指标	二级评价指标	三级评价指标
创新要素指标	战略创新要素指标	企业成长战略自身完备程度
		领导层对成长战略的重视程度
		企业成长战略执行体系完备程度
		企业成长战略与企业成长阶段的适应性
	技术创新要素指标	企业研发人员数量与结构
		企业 R&D 投入占销售额比重
		企业拥有专利、技术秘密数量
		企业内部知识积累
	品牌创新要素指标	市场规模与前景
		市场竞争的公平性
		替代品威胁与同业竞争者竞争力
		潜在进入者的实力
	商业模式创新要素指标	科技中介与咨询服务机构发展情况
		金融市场的完善与金融服务创新
		公共技术服务平台的完善程度
		人力资源市场的完善程度
		科技要素市场的完善性与流动性
		企业信用评价与信用体系完善程度
	企业文化创新要素指标	企业家精神（创新、学习、冒险、宽容、诚信）
		企业文化与企业环境的协调适应性
		企业文化的人本性与员工认同度
		企业创新文化与员工创新意识
	制度创新要素指标	管理层评价能力
		研发/营销/生产部门的界面管理
		现代管理工具与管理手段
		企业绩效考核与薪酬制度

续表

一级评价指标	二级评价指标	三级评价指标
绩效指标	规模绩效维度指标	市场份额增长率
		总资产增长率
	知识绩效维度指标	知识积累能力
		知识运用能力

7.1.2 基于创新要素协同的创新型企业技术创新绩效评价指标数据获取

1. 评价指标问卷设计

问卷设计从 2016 年 3 月到 2016 年 11 月进行，期间进行了少量样本的预调研并根据反馈情况作了修订。考虑到企业相关人员对问卷所设计的部分指标理解可能存在困难，以及相关信息在填写时的可获取性，对相关指标作了简化，并对全部问题和指标作了更通俗易懂的处理，最终形成本问卷的定稿。

2. 评价指标数据获取

问卷调研从 2016 年 7 月开始到 8 月底结束，调研方式包括：（1）到企业进行访谈并现场发放问卷和回收问卷；（2）通过电话、邮箱和即时通信工具联系并回收问卷电子版或纸质版；（3）通过学校校友会和已参加工作的毕业生发放和回收问卷。建议由企业中层以上的管理、技术、营销人员分别填写。

本书选择科技部、国务院国资委和中华全国总工会三部门联合认定的创新型企业（试点），各省认定创新型企业以及国家创新型企业。共发放问卷（包括电子版和纸质版）400 份，回收到来自 170 家企业的 306 份问卷，回收率 76.5%。滤除不符合要求的企业和填写不合格问卷（包括未按要求作答、问卷填写内容严重不全、回答完全雷同），获得 152 家企业的效问卷 278 份，有效率 90.85%。278 份问卷来自 19 个省（自治区、直辖市），其中山东省以外的企业 60 家，问卷 103 份；山东省企业 92 家，问卷 175 份（地区分布如表 7-2 所示），但在调查过程中，有部分企业为防止信息泄露坚持隐去其公司名称，这部分问卷共 15 份，来自山东省以外。在问卷整理中，对于企业背景资料中个别数据缺失和同一企业问卷数据不一致的情况，通过查阅上市公司年报或公司网站进行了增补和修订，对于四份量表中的个别漏填的选项也进行了技术处理。

表 7 - 2　　　　　　　　　　　　问卷地区分布

地区	安徽	北京	广东	河北	河南	黑龙江	湖北	吉林	江苏	江西	宁夏	青海	山西	上海	四川	天津	新疆	浙江	山东	其他
问卷样本数	1	20	16	2	1	3	1	6	6	3	5	3	5	7	3	2	1	3	175	15

7.1.3　基于创新要素协同的创新型企业技术创新绩效评价数据信度与效度检验

本书所采用的问卷是在借鉴参考国内外有关研究的基础上挑选较为成熟的量表，但是考虑到研究的科学性，仍然需要检验问卷的信度和效度，分析各个量表是否具有可靠性及有效性。

1. 信度检验

信度指的是根据测验工具所得到结果的一致性或稳定性，常用的检验信度的方法为 L. J. Cronbach 所创的 α 系数，α 系数值介于 0 和 1 之间，系数越大表明信度越高，Nunnally（1978）提出，α 系数值等于 0.70 是一个较低但是可以接受的量表边界值。

本书运用 SPSS19.0 对问卷中量表进行了可靠性分析，分析结果表明各变量量表的 α 系数均大于 0.70，故可以说明问卷量表所涉及的各变量均具备良好的内部一致性，问卷可信度较高，具体结果如表 7 - 3 所示：

表 7 - 3　　　　　　　　　　各个变量量表的信度分析

变量	Cronbach's Alpha	项数
战略创新要素	0.882	4
技术创新要素	0.845	4
品牌创新要素	0.899	4

变量	Cronbach's Alpha	项数
商业模式创新要素	0.965	6
企业文化创新要素	0.914	4
制度创新要素	0.854	4
绩效	0.870	4

2. 效度检验

所谓效度指的是可以评价到该测验所预测（使用者所设计的）心理或者行为特质到什么程度。即测出变量的准确性程度，因素分析是检验效度的常用方法。本书使用内容效度（Content Validity）和结构效度（Construct Validity）来评价所测潜变量的效度。要进行因素分析，需要进行 Bartlett 及 KMO 检验，KMO 值越大表明变量之间的共同因素越多，越适宜进行因素分析。Kaiser 认为，KMO 值若小于 0.5，则较不宜进行因素分析，因素分析的普通准则应该在 0.6 以上。通过对各变量问卷数据进行检验，结果发现各量表的 KMO 值均大于 0.6，且 Bartlett 球形检验的结果显示量表的显著性均为 0.000，这些均表明数据可以进行因子分析，具体结果如表 7 - 4 所示。

表 7 - 4　　　　　　各个变量量表的 KMO 和 Bartlett 检验

变量	KMO	Bartlett 球形检验		
		近似卡方分布	df	Sig.
战略创新要素	0.824	591.449	6	0.000
技术创新要素	0.810	451.561	6	0.000
品牌创新要素	0.815	719.591	6	0.000
商业模式创新要素	0.930	2005.719	15	0.000
企业文化创新要素	0.843	811.444	6	0.000
制度创新要素	0.790	481.450	6	0.000
绩效	0.812	543.719	6	0.000

7.2　基于改进复合DEA方法的创新型企业技术创新绩效评价

通过对创新型企业成长的评价，发现基于创新要素协同的创新型企业成长存在的问题，进而采取措施解决问题，这是提高创新型企业对创新要素协同管理的有效性和能动性的重要途径。基于创新要素协同的创新型企业成长动力机制分析，我们可以看出创新型企业成长是一项系统化的工程。其各个创新要素之间也往往相互交叉、相互渗透。某个创新要素的成长往往需要其他创新要素的配合来实现，同时也为其他创新要素的进一步提高创造条件。评价基于创新要素协同的创新型企业成长的过程，是一个动态的多输入输出的过程，很难用一个恰当的函数关系来表明这种复杂的关系，在这种情况下，运用DEA模型就显得比较适合了。

自1978年第一个DEA（Data Envelopment Analysis，数据包络分析）模型问世以来，DEA方法已成为系统工程、管理科学和评价技术、评价分析等领域的一种常用和重要的分析工具和手段。DEA方法实质是根据一组关于输入—输出的观察值来确定有效生产前沿面，对一组给定的评价单元，选定一组输入、输出评价指标，计算特定评价单元的有效性系数，以此来评价单元的优劣。改进复合DEA方法就是基于这一思想所设计的方法。

7.2.1　改进复合DEA方法原理

如果对任一评价单元，利用DEA模型求得它的有效性系数，可以得到一个以各评价单元的有效性系数为分量的向量 $\theta(D)$。

$$\theta(D) = \{\theta_1(D), \cdots, \theta_n(D)\}^T$$

若 $D_1, D_2, \cdots, D_\tau$ 是 τ 个由 D 中部分指标组成的不同的子指标集，可简记为 $D \supset D_i (i = 1, 2, \cdots, \tau)$，则在 D_i 指标下用DEA方法求得以各评价单元的有效性系数为分量的向量 $\theta(D_i)$。

$$\theta(D_i) = \{\theta_1(D_i), \cdots, \theta_n(D_i)\}^T, \quad i = 1, 2, \cdots, \tau$$

改进复合DEA方法的要点可以概括为：对给定的一组评价单元，以及一组评价指标 D，选择 $D_i (i = 1, 2, \cdots, \tau)$，使得 $D \supset D_i$，并用适当的

DEA 模型求出各指标集相关的有效性系数向量 $\theta(D)$，$\theta(D_1)$，…，$\theta(D_\tau)$，以这些向量为变量，建立泛函 $F = F(\theta(D_1)$，…，$\theta(D_\tau)$，$\theta(D))$，并从 F 中得到有效性指标变化的信息。

改进复合 DEA 方法可以提取的信息有以下两方面：

（1）某一输入指标对评价单元影响的信息获取方法。D^i 表示 D 中去掉第 i 个输入评价指标后的指标体系，可得 $\theta(D)$ 及 $\theta(D^i)$。根据有关定理可知：$\theta(D) - \theta(D^i) \geq 0$。定义

$$S_j(i) = (\theta_j(D) - \theta_j(D^i))/\theta_j(D^i)，\quad j = 1，2，…，n$$

考虑 j_0 评价单元，j_0 满足：

$$S_{j_0}(i) = \max\{S_j(i)\}，\quad j = 1，2，…，n$$

对这样的 j_0 在利用第 i 个输入评价指标方面相对于其他评价单元（DMU）具有优势，因为加入第 i 个输入评价指标后 j_0 的有效性的相对增加最大。

（2）对某一评价单元无效性的诊断。当在 D 指标下某一评价单元 j_0 非 DEA 有效，即 $\theta_{j_0}(D) < 1$，计算如下指标：

$$S_i = (\theta_{j_0}(D) - \theta_{j_0}(D^i))/\theta_{j_0}(D^i)，\quad i = 1，2，…，\tau$$

若已求得 S_1，S_2，…，S_τ，则取 i_0，使

$$S_{i_0} = \min(S_1，S_2，…，S_\tau)$$

指标 i_0 是对评价单元 j_0 无效性影响大的指标，可能由于该指标对应的输入过大，或利用率太低。

可以看出，改进复合 DEA 方法不仅可以为创新型企业提供创新要素协同的总体信息，而且赋予了创新型企业进一步对创新要素协同成效进行分析，提取指标对企业成长影响的创新要素协同信息，从而为创新型企业有针对性地采取对策提供了方法借鉴。

7.2.2 基于改进复合 DEA 方法的创新型企业技术创新绩效评价模型

采用改进复合 DEA 方法进行基于创新要素协同的创新型企业技术创新绩效评价，除了经典的 C2R 模型和 C2GS2 模型外，近年来许多学者对 DEA 方法进行了拓展，提出了许多有用的模型：在权重的改进方面有 C2WHL 模型和 C2WH 模型；在输入和输出的改进方面有能处理既含有可控输入（出）又含有不可控输入（出）的 DEA 模型，有要素在有限范围

内变化的 DEA 模型，更有只有输出（入）指标的 DEA 模型；在评价单元的改进方面有针对无限个评价单元的 C2W 模型；此外，还有发展 DEA 模型、动态 DEA 模型等，本书在此采用经典的 C2R 模型：

$$\max : \frac{\sum_r U_r O_r^{(o)}}{\sum_s V_s I_s^{(o)}}$$

$$\text{s. t. } \frac{\sum_r U_r O_r^{(i)}}{\sum_s V_s I_s^{(o)}} \leqslant 1, \ i = 1, \ 2, \ \cdots, \ n$$

$$U_r, \ V_s \geqslant 0$$

其中：

o——当前测度单元的编号；

i——测度单元的编号；

$O_r^{(i)}$——第 i 个测度单元的第 r 个输出；

$I_s^{(o)}$——第 i 个测度单元的第 s 个输入；

U_r——输出的权重；

V_s——输入的权重。

其等价于以下线性规划模型：

$$\min Z = \theta - \sum_{i=1}^m S_i^- - \sum_{r=1}^s S_r^+$$

$$\text{s. t. } \sum_{j=1}^n x_{ij} \lambda_j + s_i^- = \theta x_{io}, \ i = 1, \ 2, \ \cdots, \ m,$$

$$\sum_{j=1}^n y_{rj} \lambda_j - s_r^+ = y_{ro}, \ r = 1, \ 2, \ \cdots, \ s,$$

$$\theta, \ s_i^-, \ s_r^+, \ \lambda_j \geqslant 0, \ \forall i, \ r, \ j,$$

其中 θ 是有效性系数，x_{ij} 是评价单元 $j(j = 1, \ 2, \ \cdots, \ n)$ 的第 $i(i = 1, \ 2, \ \cdots, \ m)$ 个输入，y_{rj} 是评价单元 $j(j = 1, \ 2, \ \cdots, \ n)$ 的第 $r(r = 1, \ 2, \ \cdots, \ s)$ 个输入。类似地，x_{io} 和 y_{ro} 是当前被评价单元的输入和输出。

根据定理，评价单元为有效时需满足以下两个条件：

（1）$\theta = 1$。

（2）所有的 s_i^-，s_r^+ 都为零，$\forall i, \ r$。

7.2.3 基于改进复合 DEA 方法的创新型企业技术创新绩效评价实证

1. 确定评价的范围和目标

根据表 7-2 中的问卷数据地区分布情况，选择问卷数据量排在前 4 位的地区进行评价，分别是山东、北京、广东、上海四个地区，如表 7-5 所示。

表 7-5   问卷地区分布

地区	山东	北京	广东	上海
问卷样本数	175	20	16	7

假设以山东（DMU1）为研究对象，对其创新型企业成长进行分析评价。可以通过将山东（DMU1）自身情况与北京（DMU2）、广东（DMU3）、上海（DMU4）三个地区的对比分析来进行评价，目的在于发现自身优势和不足，借鉴其他地区的相应措施和经验，扩大优势，弥补不足，为今后的工作提供指导和借鉴。

2. 评价指标的收集与处理

根据表 7-1 所提供的基于创新要素协同的创新型企业技术创新绩效评价指标，以创新要素的二级指标为 6 个输入指标，以绩效指标的二级指标为 2 个输出指标。二级指标的数据依据其所包含的三级指标的均值计算得出。三级指标数据根据实际问卷调研样本数据众数计算得出。根据研究的需要问卷中要求被调查者对问卷各指标给出判断、度量，采用 1~7likert 打分法对其进行打分，规定打分范围为 1~7，其中 1 为最差表现，7 为最好表现，以此作为评价的输入和输出数据，如表 7-6 所示。

3. 实证评价，得出评价结果

DEA 方法对于非有效单元能够给出一些有用的管理信息，但是对于有效单元所能给出的信息就相对较少，而如何指导这一类单元进一步保持其相对有效地位是实际工作中所面临的重要问题。DEA 方法的一个重大缺陷

表 7-6　　　　　　　　　　　　评价输入和输出数据

		DMU$_1$	DMU$_2$	DMU$_3$	DMU$_4$
输入 X$_{ij}$	X$_{1j}$	5	4	5	6
	X$_{2j}$	6	3	5	4
	X$_{3j}$	2	4	6	3
	X$_{4j}$	6	4	4	5
	X$_{5j}$	3	6	6	2
	X$_{6j}$	6	5	6	6
输出 Y$_{rj}$	Y$_{1j}$	6	4	4	5
	Y$_{2j}$	4	3	4	5

就是其评价结果中会产生大量的有效单元，且输入和输出的数目相对于评价单元的数目高时尤为如此。为了弥补这一缺陷，Andersen 和 Petersen 建议对构成前沿面的评价单元进行排序，并建议在模型的数学表达式中做出相应的调整——即将当前评价单元从等式左侧的求和计算中去掉——来实现这一点。而这样一来构成前沿面的有效单元的有效系数值就会超过 1，从而为对所有的有效单元进行排序提供了可能。

运用改进复合 DEA 方法建立实证数据的线性规划模型为：

$$\min Z = \theta - S_1^- - S_2^- - S_3^- - S_4^- - S_5^- - S_6^- - S_1^+ - S_2^+$$

$$\text{s. t.}\begin{cases} X_{11}\lambda_1 + X_{12}\lambda_2 + X_{13}\lambda_3 + X_{14}\lambda_4 + S_1^- = \theta X_{1o} \\ X_{21}\lambda_1 + X_{22}\lambda_2 + X_{23}\lambda_3 + X_{24}\lambda_4 + S_2^- = \theta X_{2o} \\ X_{31}\lambda_1 + X_{32}\lambda_2 + X_{33}\lambda_3 + X_{34}\lambda_4 + S_3^- = \theta X_{3o} \\ X_{41}\lambda_1 + X_{42}\lambda_2 + X_{43}\lambda_3 + X_{44}\lambda_4 + S_4^- = \theta X_{4o} \\ X_{51}\lambda_1 + X_{52}\lambda_2 + X_{53}\lambda_3 + X_{54}\lambda_4 + S_5^- = \theta X_{5o} \\ X_{61}\lambda_1 + X_{62}\lambda_2 + X_{63}\lambda_3 + X_{64}\lambda_4 + S_6^- = \theta X_{6o} \\ Y_{11}\lambda_1 + Y_{12}\lambda_2 + Y_{13}\lambda_3 + Y_{14}\lambda_4 - S_1^+ = Y_{1o} \\ Y_{21}\lambda_1 + Y_{22}\lambda_2 + Y_{23}\lambda_3 + Y_{24}\lambda_4 - S_2^+ = Y_{2o} \end{cases}$$

θ，S_i^-，S_r^+，$\lambda_j \geqslant 0$　$i = 1, 2, \cdots, 6$；$r = 1, 2$；$j = 1, 2, 3, 4$

可以看出，本例中评价的范围包括 4 个评价单元，每一个评价单元有 6 种输入，2 种输出，输入与输出的总量相对于评价单元的数目较高。因而本书的评价过程中在 Andersen 和 Petersen 所建议的方法基础上，对模型进行了相应的修改后进行评价。运用修改后的模型进行评价，一方面将评价单元的输入与输出严格分开，另一方面可以得出任意输入、输出指标对总体评价结果的影响。例如：对 DUM1 进行评价，则上述模型相应地变为：

$$minZ = \theta - S_1^- - S_2^- - S_3^- - S_4^- - S_5^- - S_6^- - S_1^+ - S_2^+$$

$$s.t. \begin{cases} X_{12}\lambda_2 + X_{13}\lambda_3 + X_{14}\lambda_4 + S_1^- = \theta X_{1o} \\ X_{22}\lambda_2 + X_{23}\lambda_3 + X_{24}\lambda_4 + S_2^- = \theta X_{2o} \\ X_{32}\lambda_2 + X_{33}\lambda_3 + X_{34}\lambda_4 + S_3^- = \theta X_{3o} \\ X_{42}\lambda_2 + X_{43}\lambda_3 + X_{44}\lambda_4 + S_4^- = \theta X_{4o} \\ X_{52}\lambda_2 + X_{53}\lambda_3 + X_{54}\lambda_4 + S_5^- = \theta X_{5o} \\ X_{62}\lambda_2 + X_{63}\lambda_3 + X_{64}\lambda_4 + S_6^- = \theta X_{6o} \\ Y_{12}\lambda_2 + Y_{13}\lambda_3 + Y_{14}\lambda_4 - S_1^+ = Y_{1o} \\ Y_{22}\lambda_2 + Y_{23}\lambda_3 + Y_{24}\lambda_4 - S_2^+ = Y_{2o} \end{cases}$$

$$\theta, S_i^-, S_r^+, \lambda_j \geqslant 0 \quad i = 1, 2, \cdots, 6; \quad r = 1, 2; \quad j = 2, 3, 4$$

运用改进后的复合 DEA 评价，如果去掉第 i 个输入指标，则只需在上述模型中去掉变量 S_i^- 和第 i 个约束条件。如果去掉第 r 个输出指标，则只需在上述模型中去掉变量 S_r^+ 和第 $6+r$ 个约束条件。例如，如果去掉第 1 个输入指标，则只需在上述模型中去掉变量 S_1^- 和第 1 个约束条件。如果去掉第 2 个输出指标，则只需在上述模型中去掉变量 S_2^+ 和第 8 个约束条件。如此计算得到具体结果如表 7 - 7 所示。

表 7 - 7　　　　　　　　　不同指标下 DEA 评价结果

	原始结果	去掉 X_{1j}	去掉 X_{2j}	去掉 X_{3j}	去掉 X_{4j}	去掉 X_{5j}	去掉 X_{6j}	去掉 Y_{1j}	去掉 Y_{2j}
DMU_1	1.8	1.8	1.8	1.377	1.8	1.8	1.8	1.2	1.8
DMU_2	1.21	1.07	1.11	1.12	1.21	1.21	1.21	0.91	1.21
DMU_3	1.33	1.33	1.33	1.33	1.04	1	1.33	1.33	1
DMU_4	1.88	1.88	1.88	1.88	1.88	1.55	1.88	1.88	1.25

得出对应不同输入输出指标的评价结果后，分析某一指标的选择对企业绩效的影响。为了获得更多的信息，本书将第一种模式做进一步扩展，

将输出指标对评价结果的影响也进行了分析，结果如表7-8所示。

表7-8　　　　　　　　　改进复合 DEA 分析评价结果

| 企业 | S_{0j} | S_{1j} | S_{2j} | S_{3j} | S_{4j} | S_{5j} | S_{6j} | 输出 | |
								S_{1j}	S_{2j}
DMU_1	0	0	0	0.24*	0	0	0	0.33*	0
DMU_2	0	0.12*	0.08*	0.07	0	0	0	0.25	0
DMU_3	0	0	0	0	0.22*	0.25*	0	0	0.25
DMU_4	0	0	0	0	0	0.18	0	0	0.34*

4. 评价结果分析

从原始 DEA 评价结果上看，上海的技术创新绩效处于4个地区的第一位。

首先，从输入指标来分析。由分析结果可以看出，第1、第2个输入指标（战略创新要素、技术创新要素）对北京（DMU2）的贡献最大，第3个输入指标（品牌创新要素）对山东（DMU1）的贡献最大，第4、第5个输入指标（商业模式创新要素、企业文化创新要素）对广东（DMU3）的贡献最大。

其次，从输出指标来分析。我们可以发现：第1个输出指标（规模绩效维度指标）的选择对于北京最有利，使其有效性得到增强（这些数值在表中用星号标记），第2个输出指标上海的得分有较大增加，这也印证了知识竞争在该行业竞争中的重要性。同时可以看出，第1个输出指标的选择使北京的得分相对增加较大，即其技术创新绩效在决定其得分方面的相对优势较明显。复合 DEA 方法具有相当大的灵活性，从具体的 DEA 方法的选择到各复合分析指标集的构建、从满足不同信息需要的复合 DEA 分析评价模式的选择到具体信息的提取手段，复合 DEA 都为实际处理预留了相当大的空间。由于本书在此仅以将此方法引入对技术创新绩效的评价为目的，因此通过一个简化的例子来介绍具体的评价过程，这虽然会有一定的局限性，但这并不会降低复合 DEA 方法对评价的理论和实用价值，相信通过实际评价过程中的相应调整，复合 DEA 方法一定会成为企业对创新绩效进行评价的有力工具之一。

第 8 章

基于主体要素的创新型企业技术创新能力提升对策

8.1 核心主体要素角度的创新型企业技术创新能力提升的对策

主体要素是指具有主动支配和影响作用的要素，创新型企业技术创新能力系统由若干主体要素构成，可分为创新型企业技术创新能力系统的核心主体要素和外部主体要素，其中核心主体要素就是创新型企业。

8.1.1 加强企业的研发中心建设

企业研发中心是创新型企业开展创新活动的主要平台，企业研发中心也是创新型企业自主创新能力建设的关键环节，而企业的自主创新能力是创新型企业技术创新能力提升的源泉和核心。创新型企业要把研发中心建设纳入企业发展战略和发展规划作为创新能力建设的关键。大中型创新型企业和有条件的中小创新型企业都要积极建立企业研发中心。企业的研发中心要有稳定的研究开发渠道和一定数量的专兼职研究开发人员，具有开展研究开发活动的设备和场地。为技术创新提供资金支持，要加大科技投入力度，从战略的高度出发，多方筹措资金，加大科技投入，以保证企业技术创新资金需要；创新型企业可通过贷款，扩大技术创新资金来源渠道、争取政府财政补助，还可按照销售额的一定比例提取技术创新资金等多种渠道和办法，充实企业科技创新资金。创新型企业要积极运用技术创新政策，推进企业技术发展。

8.1.2　有效实施创新人才战略

创新型企业是知识和技术密集型企业，具有较强的创新意识和研发能力的创新人才是其持续创新的基础和获得持续发展的根本保证，这对企业生存与发展具有十分重要的意义。创新型企业只有建立结构合理、全面的创新人才队伍并充分发挥他们的潜能，才能为其持续创新提供强有力的人才保障和智力支持。

1. 建立全面合理的创新人才队伍

实施创新人才战略，就是要建设和培养全面及结构合理的、具有创新精神与创新能力的研发创新人才和优秀企业家组成的人才队伍，提供优良的有利于创新人才绩效的条件和环境，使更多优秀的创新人才脱颖而出。创新型企业要想在参与经济和科技全球化竞争中获得竞争优势和提升持续创新能力，当务之急就是要造就一批素质高、具有创新精神的创新能力强的科技创新人才队伍，必须实施创新人才战略，建立和健全有利于创新人才成长的机制，逐步形成具有国际水平的科技创新人才队伍，为创新型企业的持续创新发展提供高层次的智力支持。

2. 充分发挥人才的创新潜力

企业之间的竞争说到底就是人才的竞争，创新型企业要增强它的核心竞争力不仅要有一批优秀的创新人才集聚，而且要最大限度地发挥创新人才的潜能。创新型企业持续创新的机制必须充分尊重人才，尽可能地创造条件鼓励创新人才，使他们在实现自我价值的同时，也为企业的发展做出贡献。要进一步改革创新人才评价制度，挖掘他们的创新潜力，以充分调动创新人才的积极性。此外，创新人才激励机制对于激发创新人才的潜能具有重要的意义。要不断完善企业创新的激励机制，推动创新人才队伍的建设。通过实行精神、物质和权力等方面的相互交融的激励机制，充分调动创新人才的创造性和积极性，从而使得企业的持续发展拥有取之不尽、用之不竭的人力资源。

8.1.3　实施企业创新文化战略

企业文化的核心就是创新型企业培育和创造一种开拓创新，符合企业实际，永争一流的企业精神的优秀企业文化。对外形成独特的创新型企业形象定位，创新型品牌效应，拓展市场和增加产品附加值。对内则形成强大的创新凝聚力，对企业的持续创新发展具有引领的重大作用。创新型企业的持续创新必须有先进的、优秀的创新企业文化，必须重视创新企业文化对持续创新发展的重要作用，并将创新型企业文化融合到企业创新活动的每一个环节。

1. 发挥企业文化对企业发展的积极作用

企业文化是企业、员工所共有的一系列创新价值观念和行为方式的总和，是以企业精神和企业管理哲学为核心，凝聚企业员工归属感、创造性和积极性的人本管理理论。它是企业活动与生存过程中的精神表现，每个成功的企业都有其与众不同的企业文化，它是企业在经营实践中创造的具有本企业特色的物质财富和精神财富的总和，包括企业精神、价值观念、道德规范、行为准则以及物质文化环境等。优秀的企业文化能够充分挖掘企业智力资源的潜能，对企业的发展及持续创新具有非常积极的推动作用。企业文化是通过企业环境、历史、奖励体系以及领导方式等的综合作用，以建立起一套准则和价值体系来指导员工在企业中如何工作，因此影响着企业的行为方式。企业文化是企业的价值观和企业的灵魂，同时它也是企业发展的动力源泉，一个具有核心竞争力的企业其肯定具有优秀的企业文化。

2. 融创新型企业转型升级与协同发展文化于整个创新过程

创新型企业转型升级与协同发展文化是被全体员工认同的企业经营者持续创新的价值观，其核心是持续创新，企业员工都坚信只有持续创新，企业才能生存和持续发展。随着经济全球化进程的加快，国际上新的企业管理经验和理论层出不穷，充分反映了知识经济时代企业创新发展的特点。只有树立适应企业创新发展的新意识、新观念、新思想，重构企业文化的理论体系，进行企业文化的创新，才能推动企业创新发展。因此，实施创新型企业转型升级与协同发展文化创新战略，必须树立适应企业创新发展的新观念。将求实和创新相结合，认真总结和发掘带有个性的企业精神，同时增强开拓创新意识，建设富于求实创新、有自身特色的企业文化体系。把企业文化创新纳入企业持续创新发展的整体规划和发展战略中，使企业文化与企业持续发展能更好地相互支撑，增强凝聚力，使创新型企业更具有创造力。

8.1.4　实施企业制度创新战略

制度是调节人类相互关系的一系列规则，它既包括法律、宪法和规定等正式规则，也包括惯例、行为规范、行事准则等非正式规则，同时还包含了上述规则的有效执行。制度可以解决不断出现的复杂的、不确定的社会问题和约束人们的竞争与合作方式，并有效调节行为主体的不规范行为。任何制度都不可能适应任何问题和任何时期，必然会受到环境的影响而变化、更新。

1. 以制度变迁的视角看待制度创新

制度的变迁是指制度的转换、替代与交易过程，它的实质是一种效率更高的制度对另一种制度的替代。创新环境的形成也可以看作是制度变迁的过程，创新型企业的可持续发展也应从长期制度变迁的视角来看待创新环境的构建，并以此为基础做出相应的制度设计和制度安排，以适应创新型企业发展和创新的要求。从制度变迁理论可以得知，造成制度变迁的有多方面的原因，如消除和分散社会或经济风险、节约交易费用、技术的进步、收入的预期变化、外部经济内部化、政府的外在推动等都可能造成制度变迁。如果与制度有关的不同利益主体对制度变迁的预期净收益超过预期的成本，一项制度安排就有可能被创新。从当前形势来看，经济全球化为发展带来新的机遇，然而科技全球化进程的明显加快和社会经济体制的逐渐完善，已经使得创新型企业的内外部制度因素与市场和竞争全球化所带来的环境变化不相适应。因此，必须进一步深化创新型企业的制度创新，使其与新环境、新情况相适应。

2. 深化创新型企业的制度创新

制度创新是保证企业创新发展的前提，是促进自主创新和经济发展的重要动力。深化企业的制度创新，必须进行产权制度的改革与创新，必须从机制上与体制上彻底打破和清除制约企业创新发展的一切障碍，进一步理顺产权关系，不断完善法人治理结构。因此，创新型企业只有对其企业制度不断深化创新，使企业制度与经济全球化和市场经济体制相适应，真正建立现代企业制度，才能不断增强其技术创新的内在动力，才能有效地提升持续技术创新能力，从而实现持续创新发展。

8.1.5 提升自主创新能力战略

企业自主创新是一项复杂的系统工程，它通过企业自己的艰苦努力和研究，攻破生产技术中的难关，解决企业难题，是将科学研究成果和科学技术发明的新技术、新管理模式、新工艺用于企业生产经营，实现生产要素的重新组合，使企业获得最大利润的一系列活动。并通过市场实现其价值，提升创新型企业自主创新能力战略的重点应集中在完善的企业自主创新体系的建立与企业自主创新主体地位的强化上面。

1. 建立完善的自主创新体系

企业的持续创新和发展有利于建立完善的以企业为主体的自主创新体系，完善的自主创新体系有利于企业根据其自主创新开展技术研发与技术改造，自主创新能力是企业参与国际竞争的核心竞争力和持续创新发展的动力。有利于企业进行持续创新的科学规划，也有利于整合和配置企业持续创新资源。实现提升自主创新能力战略，只有从实现企业可持续发展的战略高度出发，建立完善的自主创新体系，将创新优势、技术优势、人才优势和资源优势结合起来，形成长久的竞争优势，掌握更多的新技术，拥有更多的自主知识产权，才能进一步提高自主创新能力和核心竞争力，才能实现创新型企业的可持续发展。

2. 强化企业自主创新的主体地位

在当前经济全球化的竞争环境下，创新型企业走自主研发创新之路，拥有创新发展的一切障碍，必须进行产权制度的改革与创新，进一步理顺产权关系，不断完善法人治理结构。因此，创新型企业只有对其企业制度不断深化创新，使企业制度与经济全球化和市场经济体制相适应，真正建立现代企业制度，才能不断增强其技术创新的内在动力，才能有效地提升持续技术创新能力，从而实现持续创新发展。

8.1.6 实施持续技术创新战略

提高创新型企业自主技术创新能力和核心竞争力是实现其持续创新发

展的根本保证。必须不断地加强技术创新，实施企业持续技术创新战略，以持续提高创新型企业的核心竞争力，实施持续技术创新战略首先要创造良好的技术创新环境，增强在国际竞争中的优势，实现其持续创新发展。其次要合理选择技术创新模式。

1. 优化技术创新环境

企业持续的技术创新需要不断加大技术创新投入，创造良好创新环境，形成完整的技术研发和成果转化的创新平台。充分利用企业的技术优势和整合科技资源。不断提高企业的技术创新能力与创新成果转化能力，攻克技术创新难题，使企业技术创新成果迅速转化为生产力，建立技术创新机制和完善管理体系，实现创新成果商品化和产业化。增强企业技术创新能力和成果转化能力，提高企业持续发展的动力。

2. 选择合理的技术创新模式

企业的技术创新主要有模仿创新和合作创新、独立创新三种模式。其中独立创新是指在没有其他企业技术引导的条件下，企业在获得技术与市场创新的机会后，独立研发和攻关，依靠自己的技术力量而取得新的技术成果，并完成技术成果的商业化过程。模仿创新是指企业直接购买，或者引进国内或国外先进的技术和装备，并在此基础上完善、改进、进行再创新。合作创新是指双方或多方整合资源，为了共同利益，一起完成技术创新。独立创新、模仿创新和合作创新模式各有特点，在国内外激烈的竞争环境下，创新型企业的创新模式选择则需要根据外部环境和自身特点进行动态选择。创新型企业走自主创新之路，获得原创性的核心技术具有十分重要的意义；但也面临较大的投入成本和未知的技术发展趋势的风险。模仿创新见效快、成本低，但对技术供给方的依赖程度较高，它的利润空间在很大程度上被压缩。合作创新模式可以充分利用资源，但需要很好地组织协调能力。因此，企业应在不同时期选择不同的创新目标和创新模式，创新型企业技术创新模式应与其竞争环境和自身条件相适应，并适时地进行转换。

8.1.7　大力实施知识产权战略

创新型企业的持续创新对知识产权的保护提出了更高的要求。知识产权是企业自主技术创新成果的表现形式，它具有易扩散和易模仿等特征。同样，知识产权保护机制也是保障企业自主创新利益的重要条件，实施知识产权战略必须健全知识产权管理体系，并增强企业的知识产权管理意识。对企业的持续创新具有重要意义。

1. 健全知识产权管理体系

创新型企业的一个重要标志是拥有自主知识产权、自主技术创新。加强知识产权管理制度的建设，健全管理体系，对自主知识产权进行保护是企业创新管理中的一个重要环节。创新型企业实施知识产权战略必须建立和健全知识产权管理体系，以加大知识产权保护为核心。一方面不断完善与知识产权保护相关的法律法规，并加大知识产权保护执法力度，对侵犯自主知识产权的行为进行严厉打击。另一方面建立以行业协会为主导的自主知识产权维权援助机制，提供畅通的救济途径，切实保护创新型企业的创新权益。

2. 增强企业知识产权管理意识

近年来，企业的知识产权保护意识也在不断提高，许多创新型企业都拥有自主知识产权。但总体来说，与国外的一些跨国公司相比还存在着比较大的差距，缺乏自主知识产权保护体系，对自主知识产权保护意识不强，知识产权屡遭侵权，已成为制约其发展的"瓶颈"。因此，提高自主知识产权管理意识，有利于不断加大自主知识产权保护力度，增强自主知识产权竞争力，而健全知识产权保护体系对创新型企业显得尤为重要。

8.1.8　加快实施品牌创新战略

在经济网络化、全球化趋势下市场竞争日益激烈，品牌在提升企业形象、提升产品市场竞争力等方面具有重要作用。企业品牌创新是企业可持续发展的必然选择，是企业品牌走向世界的根本保障之一。企业间的竞争、产品的竞争，已越发明显地表现为品牌的竞争。

1. 树立品牌创新理念

在经济全球化和科技革命的环境下，已经进入到品牌竞争时代，企业之间的竞争跨越了产品和价格竞争阶段，一个企业如果没有自己的国际品牌，就不可能参与全球品牌竞争。创新型企业要想赢得国际市场竞争必须树立品牌创新理念，参与激烈的全球品牌竞争，大力实施品牌创新战略，迎接国际市场带来的机遇和挑战。企业品牌的竞争力不强，以及品牌创新、品牌战略意识、品牌保护意识淡薄是制约其竞争力提升的主要因素。品牌创新是企业参与国际品牌竞争急需解决的重要问题，也是企业赢得品牌竞争优势，实现持续创新发展的战略选择。因此，创新型企业必须树立品牌创新理念，打造自己的国际品牌，增强品牌竞争意识，增强品牌竞争力。

2. 建立品牌管理机制

企业树立国际的品牌和自己知名的品牌必须经过长期的努力和奋斗。必须实施品牌创新战略，建立和完善品牌创新管理机制，提高品牌质量与价值。学习与借鉴国际上先进的品牌创新管理制度，提高品牌的安全保护意识以及国际化意识。同时，根据企业自身优势和具体情况制定品牌创新管理机制和实施品牌竞争策略。创新型企业只有加强品牌自我保护，在不断进行品牌创新的同时，才能使企业在日益激烈的品牌竞争中保持不败之地，实现可持续发展。

8.1.9　提高企业创新管理能力

企业竞争力的差距，根本上是由公司治理水平的差异所造成的。好的公司治理是企业良好业绩的驱动器，它能有效保护或降低公司遭遇各种导致损失甚至破产的风险和失误。管理是重要的生产力，是全面提升创新型企业技术创新能力的先决条件。创新型企业创新的一个重要保障就是管理创新，其在市场开拓过程中所运用的各种创新活动的落实，都需经过管理职能的逐步实施和具体执行才能成功进行。因此，本书认为创新型企业管理创新活动是协调、指引其他创新活动的重要保障。创新型企业主要通过以下途径提升创新管理能力：

一是从创新型企业内部制度建设方面着手：加强组织制度、管理制度、产权制度和创新型企业转型升级与协同发展文化等因素对创新的激励机制构建，强调以人为本，尊重员工的个性及创造性思维，鼓励员工进行尝试，重视他们的主观能动性对提高创新型企业生产率的巨大作用。

二是要加速建立和完善有效的企业法人治理结构，重视企业管理者的选拔、评价、使用、激励和约束机制的运用和培育。能否提高企业管理水平，能否从机制上提高企业管理者的管理道德和管理水平，关键在于能否从企业管理制度上提升企业管理效率。

三是实施战略管理，管理人员应从创新型企业外部角度来综合分析并预测其拥有的各种有形资源与无形资源，制定出战略目标并实施，以市场需求为导向，立足长远实现创新型企业的稳定、长期、可持续发展。需要注意的是，不同创新型企业在提升竞争力时，要根据自身特点选择全面提升创新能力的侧重点。对于管理理念相对落后、僵化的创新型企业来说，其侧重点在于观念上的创新，需及时调整创新型企业当前不适合的价值观体系以适应内外部环境变化与自身发展的需求，从而为竞争力的提升做好思想、理念上的准备，防止其成为阻碍；对于长久保持单一或固定产品生产运营模式的创新型企业来说，其首先要进行的是产品创新，从而提高创新型企业对市场需求的应变能力和竞争力。

8.1.10　实施企业商业模式创新战略

一方面，创新型企业营销部门要转变以往那种只注重销售额和货款回收速度而缺乏对产品信息关注的观念和做法。

另一方面，创新型企业应强化产品研发部门与营销部门的协调与交流，以便及时掌握顾客需求动向，从而有效缩短产品试销、开发和市场推广的时间，快速抢占市场，形成先入为主所形成的市场规模效益和壁垒优势。此外还需抛弃以往所经常采用的单向"推压式"分销模式，构建基于合作、共赢理念的"网络销售"或"合作销售"模式，以达到各部门战略目标一致，实现双赢的目的。

此外，创新型企业要进行营销手段的创新。许多创新型企业现在还运用以广告或促销手段来提高销售额的传统模式，其往往具有相当大的局限性。因此创新型企业在采取任何一种营销手段时，都要深刻分析市场变化趋势、消费者需求模式和竞争环境，使广告宣传能真正适应消费者需求，从而激发和强化其购买动机；同时，将服务外延，要形成前后向服务；此外，要特别关注创新型企业信誉度。在市场经济环境下，一个创新型企业的信誉是其生存和发展的基石，是市场经济环境对创新型企业的基本要求。所以创新型企业要通过培育形成良好的声誉和守信行为，从而增强创新型企业的亲和力。

8.2　政府及其他外部主体要素角度的创新型企业技术创新能力提升的对策

创新型企业技术创新能力系统的外部主体要素包括社会网络和政府。作为政策性主体要素的政府是社会经济发展规划和目标的制定者，是市场机制、政策机制、体制机制的主体，通过影响创新型企业技术创新能力的创新资源配置来改变技术创新方向、速度和规模，通过资金投入和政策支持，营造良好的城市创新制度环境和市场经济环境。同时，政府也是创新型企业发展所需公共基础设施建设的主体，在创新型企业技术创新能力中的地位和作用不可替代，是创新型企业技术创新能力的基本保障。在创新型企业技术创新能力系统中，从目前以直接组织创新活动为主，转向以宏观调控、提供政策指导和服务、创造良好的环境条件、促进各组成部分间和国际间的交流与合作为主。

其他外部主体要素包括金融和科研机构、中介机构、教育机构、其他企业等所构成的社会网络。创新型企业的发展离不开整个社会网络，技术创新在不同阶段具有不同的风险，应用基础研究以政府支持为主，商业化和产业化阶段主要由企业和银行投入，中间的试验发展和应用研究阶段需要中介机构、企业和政府的共同支持。

8.2.1　规划创新型企业的行业布局与成长路径

1. 规划创新型企业的行业布局

国内外实践充分表明，经济长期发展的根本动力不是建立在廉价的资源和劳动力基础上的，而是技术进步或技术积累。培育发展一大批具有竞争优势的创新型企业，提升产业转型升级与技术创新协同发展。基于此，必须加大工作力度，采取有力措施，扎实推进创新型企业建设。战略性新兴产业培育发展、建设创新型企业要紧紧围绕重点支柱产业转型升级、工业行业龙头骨干企业做强做大、推进传统块状经济向现代产业集群转变，以增强企业自主创新能力为核心，以引导创新要素向企业集聚为主线，以示范一批、试点一批、带动一批的方法，进一步集聚创新资源，激活创新要素，转化创新成果，营造良好的创业创新环境，加快建立健全以企业为主体、产学研用紧密结合、市场为导向的技术创新体系，带动提升产业核心竞争力，充分发挥创新型企业在自主创新和转型升级中的主体作用，推动我国走上内生增长、创新驱动的发展轨道。

在工作目标上，努力把创新型企业发展成为培育战略性新兴产业的排头兵、整合利用产学研用创新资源的主力军、改造提升重点支柱产业的领头羊、带动产业技术创新与进步的引领者。在工作内容上，要坚持企业主体、点面结合、政府引导、协同推进、分类指导的原则，充分发挥市场机制在配置科技资源中的基础性作用，鼓励和引导企业探索建立有利于自主创新的企业制度，充分发挥政府公共科技资源的激励导向作用，探索建立健全企业技术创新体系，探索建立企业创新人才引育与激励机制，探索构建产业技术创新联盟，探索建立自主创新投入的稳定增长机制，探索建立重大科技成果转化机制，探索建立有利于创新的企业文化，探索建立激励保护创新的知识产权制度。在工作方法上，要通过试点一批、示范一批、带动一批的方式开展全面建设创新型企业工作：抓好一批创新型示范企业，选择一批在探索创新机制、构建创新体制、培养创新人才、营造创新环境、提高创新能力、弘扬创新文化等方面业绩显著的企业，编写创新案例，组织专题宣传，进行推广示范，推介创新经验。企业可根据建设内容，发挥各自优势特色，组合试点或单项试点、选择确定综合试点，带动一大批企业开展自主创新。通过举办培训班，学习考察、组织同行交流、现场观摩等活动，传授示范企业开展自主创新的经验，提高企业自主创新的意识和主动性；开展项目申报培训、政策宣讲解读、政策跟踪评估等活动，帮助指导企业用足用好自主创新政策，激励更多企业走上创新发展之路。

2. 大力引进与培养创新型企业家和创新型团队

与传统产业不同，新兴产业具有更高的知识与技术含量，而新兴产业中的创新型企业家是科技型企业家。自主创新根本靠人才，企业竞争关键在人才。创新人才、团队的培养引进是企业自主创新的根基。从创新型企业发展的实践看，现代企业越来越由"橄榄形"向"哑铃形"方向发展，培养、引进、使用好科技人才，尤其是一流的人才越来越成为企业竞争制胜的重要法宝。新兴产业中的创新型企业家很少是从传统产业中的资本型、商业型企业家转型而来的，更多的是从具有良好技术素养、教育背景与经营能力的青年创业人才中成长起来的。

企业要建立健全创新激励机制，以深化技术要素参与股权和收益分配为核心，积极探索期权、股权激励、研发人员能级工资制、科技人才贡献积累金、科技人员内部柔性流动机制等措施，完善企业自主创新的人事、分配和奖励等激励政策；引进和培养创新研发骨干、领军人才，探索重点企业技术创新团队建设，探索与科研院所、高校联合培养创新人才；培养具有创新意识的企业经营管理队伍，探索建立首席专家和技术带头人制度，制订不同形式、不同层次的科技人才培养计划，形成与企业自主创新相适应的管理和研发团队；探索建立首席技师等制度，着力建设一支高素质、高技能的职工队伍。

政府要根据新兴产业与创新型企业发展需要，加强引进与培养力度，制定出台引进与培养创新型企业家的规划及政策。在创新型企业家的培养中，要形成相对规范的交流、学习与培训制度，使年轻创业人才能够通过学习与实践的磨砺，尽快成长为具有现代管理理念与创新能力的企业家。

3. 创新型企业的成长路径

创新型企业技术创新能力的驱动力是创新。创新型企业是新经济下企业发展的一个重要选择，创新也是创新型企业的本质。根据企业的创新因素可以有不同的发展路径选择：企业持续技术创新战略、自主创新战略、创新人才战略、企业管理创新战略、文化创新战略、品牌创新战略等。创新型企业技术创新能力经由外部冲击内部化、源发内生或积累质变等方式，创业创新创牌，企业需适时地转型和突破，充分利用有功能差异的外部环境，积极进行内部资源配置，提高创新效率和规模效益。

众多创新型企业的创生和发展是一个自组织过程。创新型企业系统从初创到形成各种结构，内部要素合作、自主地从无序走向有序，自复制、自适应、自演化、自行创生，这一过程中企业内部不断创新突破，是企业适应市场需求的自主活动，并促成企业成长发展。创新型企业依靠技术、制度、文化、管理等任何一方面的创新，使其在某方面能够领先于其他同行企业，具有较高的盈利能力、行业带动性和管理水平，甚至拥有良好的企业文化以及自主品牌。创新型企业的创立依靠创新，而创牌源自创新持续、系统性、动态的过程，属于更为高级的发展阶段，区别于初始创业创新状态。创牌是创新集聚、持续创新的必然趋势。创牌能使企业维持在更高层次持续稳定发展，企业依赖品牌概念和形象定位；众多创新品牌企业集聚是形成创新型城市的一条路径。现今，企业规模不论是大中小型，发展阶段不论处于创业期或成长期，表现形式或市场化、民营化、高端化，创新型企业都具有更为广泛的内涵和外延。越来越大比重的创新型企业以其高效益、高技术，迅速成为行业领军代表。众多创新型企业自主创业创新创牌，从小到大，走出了一条"自创型路径"。

创新型企业初创期更加依赖创业资金，而此时技术和研发不是作为企业最主要的因素影响路径。企业创牌过程中，专利技术和研发周期成为其发展的最重要的影响因素。创新型城市需要稳定的宏观环境和良好的公共设施和服务环境，但同等条件下，教育、交通设施、医疗等方面，已不是创新型城市中企业着重考虑的因素。创新型城市中创新服务、政府信息中介咨询经营指导等服务、银行信贷等政策是吸引企业落户的重要因素。而行业环境则对企业未来成长起到重要作用，同行业内、上下游交流合作是企业发展的主要路径影响因素，企业创新文化建设仍是深圳多数创新型企业较为薄弱和容易被忽视的环节。

深圳企业创新活动活跃，创新型企业走出了一条自主创业创新创牌的"自创型"路径。多年来，随着自主创新能力的不断提高和创新型企业的快速发展，深圳出现了一批创新能力强、转型升级与技术创新协同发展的行业龙头企业。通信领域的华为、中兴等不但成为国际知名企业，还成为全国"专利大户"。软件领域的金蝶、亚都、金证等；生物工程领域的科兴、赛百诺、海王、海普瑞等；新材料领域的比亚迪、中金、长园高能等；医疗器械领域的安科、金科威、迈瑞等，这些企业在国内乃至国际市场上都具有了相当强的竞争力。

4. 聚合资源，协同创新

资金、高素质的人员等资源是一切路径实施、选择、转换的源泉。路径的自由选择也需要以充足的资源作为保障，任何路径的实施都需要以资源为基础，路径的转换更需要合理、充足的资源作为支撑。而企业在确定了成长的方向后，常常因为资源不足而不能达到目的。如何聚集所需资源就成了非常实际的问题。创新型企业需要从战略层面上建立资源的长期有效的整合、积累与协调机制，为路径的转换与有效实施提供硬件。

一是积累通用性强的核心资源。积累通用性强的核心资源，为成长路径的自由选择奠定基础。应重视核心资源在企业成长路径选择中的决定性作用，积累核心资源对于企业在现有领域里立足和进一步发展具有重要意义。创新型企业技术创新能力路径独特性的形成及其有效实施的重点是发展核心资源，而不是在与对手一较高低、彼此消耗资源的竞争战略上。通过致力于发展企业的核心资源，把有限的资源用于产品创新、工艺创新、市场创新、组织创新、管理创新中。

二是建立内、外部资源的长期累积机制。要学会充分利用各种社会资源。创新并不意味要求企业一切从头做。我国企业创新资源普遍不足，实施借脑开发、合作开发，是加快科技创新速度、整合社会科技资源、提高创新效率的有效途径，是弥补企业研究开发能力不足的一种有效形式，也是加速科技成果转化为现实生产力的重要途径。因此，企业要学会充分利用各种社会资源，减少重复投入和恶性竞争，形成多种形式的有效合作机制。要积极实行对外开放，如通过股权开放引进投资，从外部引进合适的高级管理人员，为企业注入新的活力和视野；突破地域限制，减少社会文化背景对变革的阻力，有意识地从外部引入技术骨干和管理人员，提高外力聚合的效率。

三是开展多方合作，通过聚集外部生产和销售资源，得以快速发展。组织过程从静态讲是协调和整合，不仅企业内部的整合有重要意义，而且与企业外部的整合也具有相当重要意义。首先，要重视产学研合作。例如，与多家高校和科研机构进行合作。其次，虚拟组织、战略联盟、技术联盟等就是很好的例证，与外部企业之间的伙伴关系已成为一种核心战略。与竞争相比，合作更有吸引力，因为通过合作可以得到新的市场和技术，获得特殊的产品分担研发风险，还可以在开发新产品、研制新技术的过程中获取时间优势。传统战略理论强调在单个企业内积累资源和能力，忽视了市场中企业间竞争与合作共存的现象。动态能力理论则不然，它将企业看作一个开放的系统，通过识别协调企业内外部知识资本及其他资源的出色能力来获取竞争优势，实现企业成长。要积极利用国际资源、积极实施全球化研发战略，设立多个研究所，跟踪世界范围内的最新技术成果，这些研究所在消化吸收先进技术和管理模式、吸引当地高端人才、实现技术资源共享等方面都起到了关键性作用。

四是增强企业路径的协同创新能力。协同创新能力的作用在于通过各种联系形成要素间的良性互动，其目的在于实现各要素发展的平衡，从而取得创新绩效的系统效应（陈劲等，2005）。创新型企业技术创新能力过程需要实现路径间的有效耦合以及各路径的协同。因此，增强企业的协同管理能力是实现各路径协同发展的必然要求。主要体现在三个方面：主导路径与次要路径间的协同。创新型企业在成长中，除了核心的主导路径外，还存在其他次要的路径。通过实现各路径间的协调，防止形成片面性，以充分发挥各路径的效用，形成平衡发展、相互推进的格局。各阶段主导路径间的协同。创新型企业的成长是一个长期的过程，不同阶段路径间应保持指导思想的一致性。各阶段成长路径不仅要相互衔接，还要实现路径效果的耦合，达到整体绩效效用最大化，使企业绩效处于一个最佳的状态。创新型企业技术创新能力路径的各资源要素间通常存在公用性，如何实现各路径间资源的合理分配与有效利用，促进资源的自由流动，是推动路径有效实施以及企业健康绩效需要注意的重要问题。在路径实施中，不应只注重单一路径的效率最大化，还应考虑与其他路径组合产生的综合效率。

创新型企业应建立起路径协同管理机制，健全相关规章、制度，而具体实施都是需要人来完成的，因此，协同的思想需要灌输给每一位员工，不仅在实际工作中需要以协同为指导，在思想意识上更要把协同性放在首要的位置。

8.2.2 营造有利于创新型企业技术创新能力的环境与氛围

政府需要进行创新行业环境和服务环境建设，为创新型企业发展提供更好的创新环境。创新型企业起初创业更倚重的是政府的创新服务环境因素，在成长壮大创牌过程中更倚重的是创新行业环境因素。同时，创新型企业的发展对创新型国家的建设有重要的路径影响。政府应提供良好的基础服务环境，根据创新型企业的不同需求，针对其不同发展阶段创设条件，积极营造行业创新交流竞争氛围，激发创新型企业源发内生性的创新活力。

1. 优化社会中介服务环境

中介服务机构是连接企业创新主体的桥梁，要强化政策支持和资金引导，鼓励科技中介服务机构面向企业，为自主创新和成果转化提供专业化服务，建设网络化、社会化的科技中介服务体系，引导科技中介服务机构向专业化、规模化和规范化方向发展，促进企业之间、企业与高等院校和科研院所之间的信息传递。

2. 建立和健全创新型企业的考核评价制度

完善评价考核体系，建立统计监测制度，组织开展对创新型企业评价工作，帮助和指导企业对其创新能力和创新活动进行评判，发现自身存在的不足和问题，健全创新内生机制，采取针对性措施。建立创新型企业的动态管理制度，形成优胜劣汰的竞争机制：凡省级创新型试点企业试点期三年，期满后从创新投入、创新资源、创新产出和创新管理等方面进行评估；评估通过的，授予省创新型示范企业称号；对获得省创新型示范企业称号的企业每两年评估一次，评估不合格的，取消其省级创新型示范企业称号；在省级创新型试点示范企业中，择优向科技部推荐国家级创新型试点企业；凡被确立为国家创新型企业、国家创新型试点企业的，授予省创新型示范企业称号，纳入省级创新型示范企业管理。

3. 规范市场机制，政府和企业分工明确

充分发挥市场的资源配置作用。企业创新本质上是一种市场行为，满足创造效益、市场需求，不仅是企业创新的目的，而且是企业创新发展的要求，是引发企业创新的动力。市场机制在配置创新资源，构建创新体系中起着基础性作用。因此，必须充分发挥市场机制的作用，运用市场经济的竞争机制，激励企业创新的主动性，促进创新型企业资源的合理流动，运用市场经济的价格体系优化配置创新资源。在创新型企业的培育中，企业才是自主创新的主体，政府要明确角色定位。它能使科技成果最大限度产业化，实现科技创新的目的。政府应是自主创新体系中的导向，其角色集中在完善创新环境方面，为创新提供良好的支撑条件和后勤服务。一方面，政府要从资源配置的主体转变为资源配置方式的制定者，资源配置过程的监督者，资源配置绩效的评估者和公共服务的提供者。政府应在基础性研究、战略高技术研究、公益性研究、技术平台和科学普及等重大公共科技产品供应方面发挥主导作用。另一方面，政府要多方面为企业自主创新营造良好的环境。如通过制定产业政策和建立完善各种创新激励机制，引导和鼓励企业进行符合产业发展方向、符合经济社会发展需要的创新；健全鼓励企业自主创新的体制，建立以市场为导向、企业为主体、产学研相结合的技术创新体系，强化企业在自主创新中的主体地位，使企业成为技术创新投资主体、决策主体、研究开发主体、创新利益分配主体和科技成果转化主体；支持鼓励企业建立研发中心，加大研发投入，开发具有自主知识产权的核心和关键技术，塑造知名品牌，形成现实生产力，增强核心竞争力。政府对科技企业的支持，在不同的阶段，侧重点应该有所不同。如在科技企业的发展初期，促其尽快成长，应加大支持；随着企业发

展壮大，具备了自主开发和再度发展的实力，政府的扶持力度应相应调整，让企业自主发展，由市场拉动和技术自主创新来推动。

4. 引导和支持各类创新要素向企业集聚

政府支持企业技术创新可以采取资金投入、制定政策、项目支持、提供服务等多种措施，但起决定作用的还是政策。政策要素是企业创新发展的重要保障，也是政府促进企业技术创新的基本手段，合力支持创新型企业发展壮大。积极探索具有针对性的政策支持措施，人才要素是企业实现创新发展的根本所在，是获取竞争优势最宝贵的战略资源。要支持创新型企业面向海内外集聚紧缺急需人才，支持创新型企业高层次人才队伍和创新团队建设，建立企业与院所创新、高校人才联合培养机制。支持从事技术研发、成果转让工作的事业单位高层次人才到国家、省级创新型企业工作。技术要素特别是具有自主知识产权的关键技术是企业实现创新发展的核心要素，是企业竞争力的重要组成。优先支持以国家、省级创新型企业为主体，联合科研、高校院所实施的重大科技专项，承担的国家重大专项、国际科技合作等科技计划项目、科技支撑计划、"863"、"973"、国家创新基金，符合条件的，优先给予配套支持。支持国家、省级创新型企业实施节能技术、减排技术等重大科技成果转化推广工程，采用产学研结合的方式，建设一批重大科技成果转化示范工程中试转化基地，符合条件的，以贷款贴息等多种方式给予支持。对创新型企业申报的各类科技项目，在同等条件下，予以优先立项。资金要素是企业实现创新发展的基本条件。支持、鼓励金融机构对创新型企业自主创新的信贷政策倾斜。通过贷款贴息、担保、风险投资、风险补偿引导基金等手段，鼓励企业利用银行贷款、股权投资等加大自主创新投入。鼓励保险机构开发科技保险险种，如创新型企业产品研发责任保险、营业中断保险、关键研发设备保险、出口信用保险、高管人才和关键研发人员团队意外保险、健康保险、高新技术产品质量险等险种。支持创新型企业利用资本市场做强做大。有针对性地组织证券中介机构为创新型企业做好改制上市辅导工作，创新型企业完成股份制改制的，优先列入上市后备重点企业名单。优先支持创新型企业发行企业债券，提高直接融资比重。优先支持以创新型企业为主体设立创业风险投资公司或基金，享受投资收益税收减免或投资额按比例抵扣应纳税所得额的优惠政策。创新管理是企业实现创新发展的关键要素，创新型企业必然是管理创新的实践者和先行者。引导企业引进和吸收先进的管理理念，创新管理模式，建立适应现代企业制度和创新要求的管理体制和机制。组织经济、科技、金融、营销、管理、财务等方面的专家，探索建立专家指导组，深入企业，现场指导，开展个性化、专业化的发展规划、技术诊断、人才培训、管理咨询、专利维权等服务，帮助指导企业开展关键技术攻关、科技成果转化、创新方法应用。组织开展不同行业、不同类型试点企业的交流研讨活动，为企业搭建信息交流平台。引导社会公共服务资源向企业集聚，推动现有区域、行业创新平台跨单位整合产学研科技资源，建立和完善平台建设与发展的机制体制，将其开展产学研合作绩效作为平台的重要考核内容；支持国家、省级创新型企业联合高校、院所构建持续、稳定并有法律约束的产业技术创新战略联盟，符合条件的，按照研发投入给予补助；引导科研院所、高校、检验检测机构大型仪器设备、科学数据、科技文献等向创新型企业开放，为其提供测试、检测、标准等服务；充分发挥区域科技服务中心（生产力促进中心）、科技企业孵化器的作用，强化服务功能，提高服务水平，创新服务机制，为广大中小企业提供技术开发、成果转化、产品设计、检验检测、技术培训、企业诊断等服务。

8.2.3　制定支持创新型企业技术创新能力的科技政策

加强政府科技管理能力建设，促进科技管理体系的流程优化与创新。作为政府的一项重要职能，科技管理包括确定并贯彻科技发展方针和战略、出台并执行科技政策和法规、实行科技体制改革，以及科技经费的筹集和分配、人力物力及信息资源的配置等。促进科技管理的流程优化与创新将为企业自主创新提供良好的支撑。首先应树立科技管理创新意识，对有价值和有发展前景的研究项目给予相应支持。其次应健全科技管理创新体制，如按照新科技革命的规律性要求，合理界定政府与高校、企业、科研机构等科技活动主体的相互关系，进一步调整科技管理结构，努力建设以科技活动的模式、内容及其对经济、社会影响的变化为参照系，能够及时有效地进行科技管理调适的，结构优化、布局合理、机制灵活的科技管理创新体系。最后，应完善科技管理法规及政策体系。健全的科技管理法规体系是科技管理工作有序进行的必要保障，加强立法研究，也是科技管理创新体制建立和有效运行的必要基础，加快建立健全科技管理法规体系，充分发挥科技管理法规对科技管理工作的导向作用，为政府科技管理创新能力的提高提供有力的法律保障。

8.2.4 协调整合支持创新型企业技术创新能力的配套政策

政府作为公共政策的制定者，可以通过财政、税收、金融、法律等方面的政策支持为创新型企业持续创新提供强有力的支持。

1. 加强资金支持、税收优惠与政府采购力度，推动创新型企业加快产品创新

为了推动创新型企业加强产品创新，地方政府可以考虑设立产品创新专项基金，资金来源与专项基金管理可以考虑与技术创新专项基金相结合，即原先的技术创新专项基金可以分为技术创新与产品创新两个专项；也可以考虑另外增加资金扶持力度，设立产品创新专项基金，由原先负责技术创新专项基金管理的部门与机构统筹管理。需要进行管理创新的是产品创新与技术创新在成果鉴定、项目评审等方面有所不同。需要根据产品创新的自身特点，设计与形成一整套有效率的经费资助、项目评审、成果鉴定等制度与机制，提高产品创新专项资助资金的使用效率。此外，为了鼓励创新型企业加强产品创新，需要加强新产品税收优惠与政府采购力度。税收优惠放在生产与销售环节比较有利，一方面，税收优惠能够降低新产品的生产成本与销售成本，增强新产品在市场上的价格竞争力；另一方面，生产与销售环节实行税收优惠，可以鼓励企业扩大生产与销售，增加产品创新收益。对于创新型企业产品创新来说，加强新产品的政府采购力度是十分重要的。政府采购一般具有产品质量要求高、采购数量较大、产品销售手续简便、价格相对合理等特点。因而创新型企业的新产品进入政府采购渠道既能保证新产品的销售，又能提升新产品的市场影响力。

2. 设立由政府出资与主导的股权投资基金，以股权投资培育与发展创新型企业

目前，风险投资已经成为国际通行的培育与扶持创新型创业企业的主要金融手段。不仅境外大量风险投资基金蜂拥进入中国，国内民间资金也纷纷流入风险投资领域。从实践看，市场化的风险投资基金注重投资的商业价值，对于在新兴产业中从事前瞻性、创新性技术研发的创业企业兴趣不大。同时，随着世界各国对产业安全性关注度的提高，一些与新兴产业发展的战略技术研发相关、关键技术的创新型企业，由于产业敏感性导致国家对风险投资会有所限制。这类创新型企业需要引进具有长期投资特征与相应政府背景的资金，这也是政府背景股权投资基金可以发挥作用的空间。

为了加快新兴产业发展，政府需要设立由政府出资与主导的新兴产业股权投资基金，以股权投资方式培育与扶持关系到新兴产业发展和国家产业安全的创新型企业。目前，广东省已经出资 50 亿元人民币，组建了由政府主导的新兴产业股权投资基金。这类股权投资既可以是创业出资，也可以是后续增资，尽管这种方式市场化程度不高，考虑到我国新兴产业发展需要加快创新型企业的培育与发展，政府背景的新兴产业股权投资基金参与创新型企业发展不失为合理的手段。

3. 优化企业创新的融资投资环境和法律环境

一是增加财政对科技经费的投入。建立创新产品基金，重点支持对国家工业发展具有重大影响的超前开发的项目与高科技创新项目的拨款和贴息。二是完善风险投资体系，财政要拿出一定额度的风险基金，参照国际惯例运作，金融机构与政府政策性投资公司共同组成政府投资、融资职能的有限责任公司，对现有各类风险投资性质的公司或基金会进行改制，组建一批风险投资公司，也可以以税收优惠政策鼓励民间创办风险投资公司，还可以鼓励国（境）外风险投资公司来开展业务。同时，着力培育一支自己的高水平的风险投资专家队伍，提高运作的成功率。三是提高科技贷款额度。金融系统要增加对创新型企业技术开发的贷款，尤其是对企业重大创新项目和高科技开发项目要给予重点支持。四是积极探索建立多渠道投资融资体系。进一步扩大产权交易，搞好产权市场；组建发起式有限公司，吸引投资；吸收利用外资实行中外合资经营；引导各类基金投资企业，支持重大技术创新项目。

4. 建立激励有方保护有力的知识产权制度

知识产权制度既是对创新的激励又是对创新的保护。知识产权是受法律保护的智力财产，是智力成果的产权化，是技术、知识的资本化。从国内外成功的创新型企业来看，它们都有一套比较完善的知识产权制度和激励创新的体制机制，期股期权、技术入股逐步成为企业调动核心技术创新积极性的有效机制，与技术创新绩效挂钩的分配薪酬制度，成为企业激励科技人员的有效手段。企业内部要大力支持和鼓励开展发明创造活动，加强知识产权管理机构和管理制度建设，培养知识产权管理人员，提高知识产权的创造、运用、保护和管理能力。

5. 尊重知识、尊重人才，倡导首创精神

创新人才是关键要素，建设一个创新型国家或企业，政府和企业应积极实施创新人才战略，以培养和汇聚人才，而创新人才的培养需要加强创新体系建设，从而营造良好的制度环境和文化环境。政府应在贯彻落实尊重劳动、尊重人才、尊重知识、尊重创造方针的基础上，大力倡导首创精神，进一步调动人才的积极性、创造性、主动性。遵循创新型人才成长规律，加大创新人才资源开发力度，优化创新人才成长的良好环境，建立有利于充分发挥作用、创新人才脱颖而出的体制机制。政府对人才的激励主要应放在社会环境的创造和导向性的政策鼓励上，以提高社会对高技能人才的认同，并为人才的自由流动创造良好的市场环境，拓展高层次创新创业人才发展的平台。发挥开发区（园区）的体制机制优势，高层次人才带项目、带技术到开发区创办企业，可优先享受土地使用、创业投资、融资担保、贷款贴息等方面的政策。

8.2.5　做好基础设施配套和行政管理支持工作

要建立国家、省、市（县）联动推进机制，明确工作分工，落实工作责任，形成部门各司其职、上下密切配合的工作格局。省级层面重点抓好国家和省级创新型试点、示范企业建设工作，加强对市（县）创新型企业建设的指导与服务。各市（县）是建设创新型企业工作的实施主体和责任主体，要紧密结合当地实际，建立相应的工作机制，认真制定实施方案，明确目标任务，精心部署组织开展市县级创新型企业建设工作，努力形成国家、省、市县级创新型企业梯队。

8.2.6　重点支持科技计划项目

政府科研项目的参与主体和资金支持多集中于科研院所和高等院校，而企业的科研项目多以企业自行组织和自主投入为主，得到的政府支持较少。企业的重点科技项目得不到政府大力支持，就会影响企业重点科技项目的进展及最终成果，同时也会影响企业创新的积极性，并削弱其持续创

新的能力。政府对创新型企业科技项目的资金支持以及创新型企业参与科技计划项目的鼓励和支持，将会有力地促进企业科技项目和持续创新活动的顺利进行。

1. 加大对创新型企业科技项目的资金支持

随着国家对科研攻关项目的日益重视和社会发展的需要，20 世纪 90 年代以来，用于重大科技项目的经费投入快速增长，先后实施了一系列重大科技计划与工程，如"211"工程、自然科学基金、"863"计划以及知识创新工程等，为我国的科技进步和社会发展注入了活力。但这些计划和工程的重点都在于对科研机构和高等院校的科研支持，而对企业的研发和创新的支持并不多。此外，政府的科技投入多集中在基础研究层次和新产品开发等技术创新的末端，而对处于这两者之间的产业自主创新层次支持很少，产业核心技术创新活动的政策支持和资金投入缺乏。

西方发达国家以研究拨款和减免税等直接或间接的方式支持企业技术创新的做法在近十几年来极其普遍。在企业实力较薄弱时，政府一般采取技术、资金等直接方式支持企业创新。随着企业的发展和实力的增强，则逐步转向担保、优惠等间接的方式。政府的资金支持，既能增强企业的实力，也是对企业创新的鼓励。创新型企业的发展与持续创新能力的提升，都有赖于政府在资金方面的支持。从目前来看，政府应当加强对企业核心技术创新层次的支持，加大对企业自主技术创新的资金投入，设立各项专项资金并提高对企业这一层次创新资金投入的比重。

2. 鼓励创新型企业参与政府科技计划项目

任何企业的创新活动都不是孤立地存在企业内部，还有赖于创新的社会环境，包括宽容失败的社会文化氛围、激励创新、鼓励研究开发的社会价值评价体系、较低的知识产权保护和市场交易成本、公平公开的竞争环境、相关产业的保护和支持、有利于企业创新的公共产品和服务等。政府应通过金融支持、财政投入、税收调节、知识产权保护、人才政策等方式，采取多种综合有效的措施，鼓励创新型企业参与科技计划项目，以组织实施重大项目为主导，鼓励企业增加对科技的投入，促使企业逐步成为技术创新和科技投资的主体。

虽然创新型企业在一定程度上已经被引入到我国实施的一些技术创新和科技发展的国家计划中，但实施主体主要还是科研院所和高等院校，企业并没有成功扮演主要角色和发挥重要作用，还没有能力通过国家计划项目的实施获得企业的自主创新能力。企业作为市场的主体，不仅是商品的生产者和新技术的应用者，而且也应该成为新技术、新产品的开发者。建设创新型城市，首先在于确立企业在创新中的主体地位。企业也只有不断地增强创新能力，才能在市场竞争中赢得主动。政府应当通过对创新型企业实行优先予以立项支持申报省级科技计划项目和优先推荐申报国家级科技计划项目、优先支持创新型企业承担科技计划中有产业化前景的项目（包括重大专项）等措施，引导和支持创新型企业参与各级科技计划项目的实施，以提升自主创新能力。

8.2.7　加快科技创新公共服务平台建设

科技创新公共服务平台建设是建设创新型国家、增强自主创新能力的基础和保障。一是统筹科技公共服务平台规划建设。强化规划，制定纲要，统筹建设。科学合理规划科技公共服务平台布局，有序推进、突出重点。整合提升现有科技平台，在统一规划的基础上，逐步完成若干重点领域和区域科技基础条件资源的重组、整合和优化。明确各区域科技平台的功能定位，构建若干具有专业特色的科技公共服务平台。适应行业发展，规划建设一批适应战略性新兴产业创新发展需要的科技公共服务平台。二是统筹科技公共服务平台功能配置，不断提升科技平台运行质量和水平。打造科技商务型平台，进一步健全国际化科技商务平台功能，加强与世界各地的科技商务交流与合作；促进平台互通，通过商务平台的服务功能加速技术的扩散和产业化进程，让技术平台同技术交易网络、信息平台、企业家网络进行有效互动；提升科技技术型平台，建立行业科技创新服务平台，重点对行业共性、前瞻性、关键性技术进行联合开发，探索建立科技租赁公共技术服务平台，进一步面向社会搞好技术服务。加紧建设保障型科技服务综合平台，进一步搞活运行机制，完善其功能，不断放大平台的综合服务效应。三是不断推进科技平台体制机制创新，形成促进可持续发展的制度框架。坚持政府引导、社会参与的建设方针。探索各具特色的商务型科技平台、技术型科技平台、保障型科技平台建设途径，并进一步明确科技平台的主管部门，减少管理权限的重叠和失当。加快体制机制创新，提高平台建设的"含金量"。鼓励以产权制度改革和人事制度改革为切入点，构建符合创新型经济发展需要的激励机制；鼓励各科技平台与国内外风险投资机构合作，建立规范化的风险投资公司；建立各类科技平台的建设标准。进一步明晰人才引进政策，加强专业人才培育，从补助性政策向建设性政策转变，持续优化人才政策环境；人才评价要向个性化评价和社会化评价机制转变，分配政策要从总量控制向充分体现科技人才创新价值方向转变。

8.2.8　加快培育创新服务体系

创新型企业是创新的主体，但其创新活动的顺利开展也离不由开政府、中介机构、大学及科研机构、专业服务机构等构成的创新服务体系的支撑。创造创新型企业良好的持续创新服务环境，应当着眼于创新网络体系的构建和创新专业服务机构的培育。

1. 构建创新网络体系

创新体系是政府、高等院校、企业、科学研究机构以及中介机构之间为了找到适合社会和经济发展的共同目标而相互作用和促进，它是以创新作为发展动力，不仅能使创新资源配置得到优化和创新活动得到协调，还能使科技和经济体制有机融合。在这个系统中，政府是引导者和政策的制定者，企业是主体，高等院校和科研机构是人才的培养者和知识的生产者，中介机构则发挥着桥梁作用。

通过构建包括政府、高等院校、企业、中介机构、科研机构等在内的创新网络体系，能够有力地促进创新型企业的自主技术创新及其持续创新能力的提高。政府作为创新网络体系的重要组成部分，应当通过政策的制定推进"政产学研金"合作机制的建设，并积极引导和加强企业、高等院校、科研机构以及中介机构之间的联系，使其相互影响和作用，从而提高创新型企业的持续创新能力。

2. 培育创新专业服务机构

包括金融机构、资产评估事务所、咨询公司、会计师事务所、律师事务所、情报信息服务机构以及人才培训机构等在内的创新服务体系的培育对创新型企业的创新活动具有重要的促进作用。政府应当加强创新服务体系的建设，建立一批能够为企业创新提供有效服务的独立中介机构，引导各种社会团体和组织为企业创新提供各种专业服务。

培育创新的专业服务体系，首先，应当进一步深化科研事业单位改革，通过机构整合和功能整合，建立起管理规范、职责明确、评价科学、优胜劣汰的现代科研院所体系。其次，加快培育技术咨询、技术转让、无形资产评估、知识产权代理等科技服务中介机构和行业协会等，不断提高其承接从政府转移出来的职能和服务的能力，为创新型企业提供良好服务和支撑。

第 9 章

基于知识溢出的创新型企业技术创新能力提升对策

国家创新型企业需求水平在提高，市场也对高技术服务的要求越来越高。而随着我国创新型企业的持续发展，创新型企业的市场竞争日趋激烈。对高技术服务在深度与广度上的要求将更为严格。所以传统的服务业已不能满足当今市场的需要，而创新型企业作为服务业和创新型企业的结合更是发挥着举足轻重的作用。所以本章基于知识溢出提出以下几点建议，希望能够对创新型企业增强技术创新能力、保持竞争优势有所帮助。

9.1　发挥创新型企业集群知识溢出优势

因为创新型企业是新兴产业，所以我国起步比较晚，暴露出一些不可忽视的问题。首先我国创新型企业的分布不平均，东西部差距较为明显。因此，国家应该加大对西部欠发达省份的支持。其次是发展不均衡，创新型企业的经济结构性矛盾比较突出，行业结构仍需进一步调整。根据第 4 章的聚类结果得出，我国的创新型企业主要集中在长三角和以北京为中心的几个区域，这与所在地区经济发展的规模密切相关。市场化程度是发展服务业的基础，高技术服务也是建立在高度发达的工业基础上，而这几个地区的经济已经发展到一定的规模，所以创新型企业在这几个地区的地理优势相对明显。这些区域在地理位置和人力资源上比较占优势，形成了规模经济和创新网络。所以物流、人流、资金流都比较完善。而且其工业化、市场化程度和经济起点相对较高，因为区域对于服务业的基础要求比较高，所以创新型企业在以上几个区域发展比较快，因此这些地区应该带动其他落后地区的发展，尤其是北京周边的区域相对比较落后，和北京的差距较大，并没有形成集群，因此应该多利用其知识溢出发展自己的创新型企业，而北京也应该多和周边的省份合作来带动其他地区的发展。对于长三角来说，它是我国技术区域技术创新最高的区域，但是长三角在其发展过程中，企业自身核心技术的普遍缺乏使得其在产业发展和结构升级方面受到制约。因此应该增强自身研发投入、人力资本和吸收更多国际渠道的知识溢出。

东北老工业基地也是我国重要的工业基地，所以在创新型企业上没有太大的优势，但是创新型企业正是在现代服务业和创新型企业的基础上发展形成的，所以东北老工业基地有良好的产业支持，国家应该支持东北老工业基地的创新型企业发展，淘汰落后、高耗能的产业，转变经济增长方式，调整经济结构，关键是增强自主创新能力，为创新型企业创造良好的发展基础以及提升其竞争力。

西部占全国面积的 71.4%，但对于创新型企业的技术创新来说，总体还是比较落后，因为城市只有发展到一定的程度，才会产生服务业，而服务业发展到一定的程度，应消费者要求和供求的关系，才会产生创新型企业。所以，市场化程度是创新型企业的发展基础。而我国西部大多数地区的工业发展水平较低，也就难以发展创新型企业。但在西部大开发的背景下，仍然有很大的进步，尤其四川和陕西的排名较前，其创新型企业的技术创新在各个方面的发展均取得了很大的发展。而其他的西部省份、自治区则排名普遍偏低，说明我国在这些省份的支持仍然不足，应该继续加大投资、引进人才以提高技术创新能力的水平。而创新型企业的耗能低，属于资源集约型的产业，所以，政府应该加大该地域的人力资本和自主研发的投入，避免走"先污染、后治理"的路线。

我国的创新型企业发展不平衡，缺乏相互协作，制约了创新型企业的整体快速发展。包括区域内经济发展不平衡，也包括区域间经济发展不平衡，导致了创新型企业的聚集程度偏低，交易成本大幅上升，吸收知识溢出的能力大幅下降。而集聚有利于知识溢出的产生，也有利于区域企业提高技术创新能力，所以靠近高技术水平的省域应该利用其后发优势，充分利用高技术水平区域的知识溢出来形成较好的追赶效应。但是对于其他创新型企业落后的区域，政府应该提供良好的环境和政策，帮助其更好地发展以及更好地利用和吸收区域内其他企业所产生的知识溢出，减少区域间的差距。

综上所述，我国应该加快其他区域的城市化进程，提高城市综合竞争力和城市化的发展水平，增强城市可持续发展的能力，建立区域间科技条件资源的合作共享和开放机制，搭建产业科技资源共享平台，使企业更好地享用知识溢出带来的成果，进而提高区域的创新型企业发展水平。

9.2　发挥 FDI 和国际贸易的正面作用

外商直接投资虽然产生了知识溢出，减少了创新成本，但是割裂了创新型企业与服务业之间的关联。对于一些以外资推动为主的区域，外资主要利用我国土地资源与劳动力资源的优势，而创新型企业的核心是创新型企业，如果区域内企业无法吸收外商投资的知识溢出，外商投资对区域内其他企业则产生挤占作用。外商直接投资使产业链向服务业增值部分的延伸受阻，这是我国创新型企业发展缓慢的主要原因。

区域内企业在吸收外商直接投资和国际贸易的知识溢出方面存在人力资源门槛，如果人力资源水平较高，就更有利于吸收外商企业所产生的知识溢出。而我国在人力资源发展方面比较缺乏，容易造成外商企业挤占区域内其他企业的现象。所以政府和区域内企业都应该重视人力资源发挥的重要作用，而且在外商进入的方面也应该加以考察，对一些经济水平比较高、人力资源比较发达的区域，政府不必太过担心外商投资的增加挤占了省域内其他企业的效益水平；相反，政府应该鼓励和促进外商投资，创造更好外部的环境，使得企业更好地获得知识溢出，而集群使得企业获得外在经济支持。而企业同样应该正面积极地与外商进行竞争和合作，更好地利用外商企业所产生的知识溢出。应该鼓励高技术水平的外商进行直接投资，而对于经济发展水平低、人力资源也比较不足的区域则应该加以甄别，选择那些经济效应好，并且是可以带动整个区域技术发展的企业，而不应该对其有较大的阻碍作用。

而我国并未越过国际贸易的人力资本门槛，也就是说，国际贸易产生的挤占作用大于其所带来的经济效益。因此，政府应该加大技术人力资本的投入，使得创新型企业有一个良好的外部环境，使得省域内创新型企业可以更好地利用国际贸易所产生的知识溢出。而企业自身也应该加大对高技术人才的引进和培养，使得企业可以克服国际贸易的人力资本门槛，更好地利用国际贸易所产生的知识溢出。

9.3 加强政产学研多方面的合作

根据本书第 5 章的回归分析研究表明，大学的研发和产学合作对创新型企业产生了影响作用。大学的研发对创新型企业具有稳健的正面促进作用，其弹性系数大学在 0.16 以上，即大学的研发对创新型企业的技术创新具有溢出效应，与区域技术创新能力正相关。大学研发以及企业与大学的合作研发均对创新型企业产生积极的知识溢出。大学作为知识的发源地，基础研究能力较强，在应用和实验方面的研究较弱，而企业则在基础研究上较弱，在应用上较强。所以，企业和大学的合作是实现知识溢出的一个很好的途径，不仅有利于企业创新能力的提高，而且有利于大学的创新和发展，是一种良好的制度。

通过回归可以看出，政府对高等教育的投资是显著的，其对创新型企业的影响为正向，说明政府对高等教育的投资可以显著促进创新型企业的创新能力的提高。国有资产对于高技术服务行业来说比重偏大，并没有对创新能力起到正向影响，所以政府应该转变政府职能，有所为有所不为。政府应该改善市场经济体制，创建良好的外部环境，构建完善的交流、合作平台，加强公共设施的建设。而不应该直接参与到企业的研发和生产中去。对于政策、体制等问题，应该设置较低的门槛和更大范围的市场准入机制，鼓励中小企业的进入，打破行业垄断，发挥竞争的配置资源的作用，才更有利于产业的发展。所以政府应该高度重视以加快创新型企业的发展，提高产业的核心竞争力，使创新型企业快速成长，促进创新型企业的集聚。

关于政产学研的合作来说，政府是公共知识和研发投资的重要投资者，其发展政策的制定对企业和大学都产生重要的作用。所以除了加大对公共知识和研发的投资，政府应该制定更有利的制度条件和正确的政策，促进企业和大学的研发合作，对企业进行结构性的调整，增加自主创新能力，鼓励大学和企业的研发合作，形成政产学三方的紧密合作，创造出更多的社会价值。

9.4 加强人力资源的建设

从第 2 章对创新型企业的现状分析可以看出，经历了大幅上涨后，对于 2010 年，无论是法人单位数增长率、固定资产投资增长率，还是创新型企业占 GDP 的比重都有所下降。而金融危机的阴影已经度过，国内各产业平稳发展。这就说明创新型企业在发展的过程中遇到"瓶颈"，我国创新型企业发展较晚，之前的发展多是量的变化，而如今面临质变的可能，"瓶颈"之一就是人力资源的缺乏。而通过第 5 章的回归得出，社会人力资本未对区域创新形成有效的促进效果，我国区域创新型企业的创新能力的提高主要依赖于研发资金和人员的投入。人力资本及其效率是创新型企业发展过程中的重要因素。所以，人力资本的匮乏以及低效率是创新型企业发展的"瓶颈"。创新型企业中专业技术人员和研发人员的需求较大，需要培养更多的人才队伍，也为更多人才创造了就业机会，对人力资本的培养发挥了重要的作用。高质量的人力资源有助于提高创新型企业的经济产出，进而推动创新型企业产业结构调整优化。创新型企业与工业生产的实物产品不同，人力资源对未来创新型企业的发展发挥着至关重要的作用。创新型企业发展不足，根本原因就是人力资本匮乏和低效率、高校培养的人才与社会需要的人才脱节。目前我国创新型企业中既懂技术又懂管理的人才比较缺乏，而在高校中却很少有跨学科的高水平人才，同时具有专业能力和创意的人才也比较缺乏，这就要求大学和企业合作，不仅培养学生的专业水平，而且要重视技术水平。所以无论是企业还是政府，都应该加强对人力资本的重视程度、加强高校和企业的联系，让大学更好地为高校输送人才。而对于大学研发投入和产学合作来说，其对创新型企业的创新将做出明显的贡献，是促进我国创新型企业的重要影响因素。

对于人力资源问题，政府和企业应该合作，建设创新型企业人才的配套体系，使大学不与社会脱节。创新型企业的发展严重依赖于创新型企业的发展，它们之间相互促进、共同发展。因为创新型企业发展一方面依赖于创新型企业先进的装备和技术；另一方面更加依靠高智力的人才。所以创新型企业对劳动者素质的要求更为全面，尤其是对素质高、知识面广的人才，而我国的教育和培养体系中缺乏对这类人才的培养。因此，高校应当加大对学科技术领域带头人的培养，企业也应当重视对创新型企业家的培育，高等教育对创新型企业人才培养应该具有针对性和实用性，企业与高校应该相互合作，建立面向创新型企业需求的人才培养基地；同时需要完善创新型企业人才职业培训体系，为创新型企业提供各方面的人力资源。

9.5 加强创新型中小企业的扶持

中小企业是创新型企业成长的土壤，中小企业在"创新驱动、转型发展"中扮演着重要角色。在创新型企业中，中小企业更是经济的主体，发挥着比大企业更显著的作用。在任何一个国家，中小企业发展所遇到的困难都要比大企业多得多。

根据本书第 2 章的基础研究得到，中小企业是创新的主要力量，是市场最活跃的成分。而大企业由于人员复杂，所以在创新上并不占优势，而是在分配上比较有优势。中小企业自主创新能力的提升，不仅有赖于其自身创新能力的提升，而且依赖于集群网络中的知识存量和网络中其他企业的整体创新能力。这种集群式创新成为提升中小企业自主创新能力的重要组织形式：一方面，可以使集群内的各种不同企业通过分工协作关系，降低企业的运营成本、增强中小企业的创新能力和竞争能力，进一步提升中小企业的技术创新能力、促进中小企业健康的成长壮大；另一方面，各种相似的企业集中在一起，相互竞争，相互学习，使得知识溢出在创新型企业间不断发生，增加区域的知识总量、提升技术创新能力。

但中小企业的困境不仅仅在于它由于自身规模小所引起的困难，还在于政府的政策往往倾向于支持大企业。与大企业相比，中小企业明显处于弱势，因此，政府的政策应该更多向中小企业倾斜，解决它们的实际困难。相比欧盟国家完善的中小企业发展体系，目前我国中小企业除了面临关注度较高的融资难、政策不平等、产业准入规制等方面的问题外，更严重的则是存在公司治理上的官商不分、改制乏力、治理不完善，审计制度不健全、缺乏社会责任感等问题。这些困扰中小企业发展的问题中有外在的，也有内在的。中小企业发展要靠自己克服内在问题，但也要靠政府改善外部环境，并引导这些企业克服自身存在的内部问题。

以上的中小企业遇到的困难需要政府在集群中为中小企业提供良好的政策环境、金融机构为中小企业提供更好的资金服务支撑条件，以及中小企业积极地吸收知识溢出并和区域内其他中小企业合作交流，并且和大学、科研机构进行更加广泛的合作创新。也就是说在创新型企业集群中，中小企业应该利用自身优势以及和整个集群的紧密联系达到以点带面、以点带线的效果，促进集群经济结构的优化，最终促进国民经济的稳定增长。中小企业缺乏市场垄断能力，与大企业相比在竞争中处于劣势。这就需要政府制定"反垄断法"，给它们一个公平竞争的环境，对于一些国家产业调整所需要鼓励的中小企业，还应该实行减免税收等优惠政策。过去我们的一些政策有必要进行调整。最后，政府应该推动大型企业与中小企业的合作，由于大企业与中小企业经济实力相差悬殊，经济运行过程中，中小企业与大企业沟通少，信息不对称，需要政府搭设交流平台。政府要加大政策支持力度，调动大企业和中小企业两个积极性。一方面通过政府资金扶持中小企业协作配套项目，鼓励中小企业为大企业提供协作配套；另一方面对大企业开展协作配套给予奖励或在政策上予以支持。

9.6　加强知识产权的保护

中国加入世贸组织后，要面对国际知识产权保护发展的新形势，为了使中国经济与世界经济更好地一体化，避免不必要的争端，我国要强调知识产权的重要性，并在保护方面做出努力。而我国知识产权保护制度建设和创新型企业的起步都较晚，创新型企业的知识产权保护能力普遍较弱。为了使我国经济和世界经济的接轨，我国还需要更大的努力。此外，市场主体运营不规范、企业间恶性竞争等情况的存在也制约了创新型企业的快速发展。

由于中国知识产权机制的不完善，这就抑制了企业的创新动力，如果对创新保护得当就会促进企业的创新动力，而加强知识产权和企业积极吸收知识溢出并不矛盾，这是市场机制完善的表现，只有体制完善，才会促进更多企业进行创新活动。而知识溢出使得群内知识存量增加，完善知识产权保护使得其他企业即使得到该创新企业的全部的创新知识，也不能简单复制，但是可以利用其知识进行新的创新，生产新产品，或运用现有技术进行消化吸收再创新。这就使得整个区域内形成良好的创新环境。所以政府应该支持企业专利申请并完善知识产权的标准制定。

中国知识产权工作面临着巨大的压力和挑战。我国应该加快法制进程，制定有效的知识产权保护法律，加快创新型企业知识产权制度与国际接轨，这就要求加强企业的外部并购，设立海外研发中心并设立创新型企业知识产权专项资金。国际合作和并购的方式可以整合国际技术资源，在当地生产也可以越过技术壁垒，吸收国际先进技术，促进国家经济包括创新型企业的快速发展，从而促进整个国家经济的发展和科技的进步。

附 录 1

知识溢出对创新型企业技术创新能力的影响指标体系（1）

	创新型企业专利申请数	第三产业增加值增长率（％）	创新型企业法人增加率（％）	创新型企业平均工资（千元）	创新型企业就业数占第三产业就业率（％）	创新型企业固定资产投资（万元）	创新型企业R&D投入（万元）	创新型企业专业人员投入（人）	创新型企业R&D人员投入（人）
北京	2958	15.49	23.18	9.18	19.26	286.6151	454719	48.342	11420
天津	2464	24.48	40.87	5.61	10.18	366.2918	189530	6.7423	8189
河北	481	17.39	41.22	3.36	3.58	224.7144	77716	14.852	7444
山西	127	18.2	30.57	2.81	5.583	105.5721	18882	9.8999	1559
内蒙古	78	13.86	23.63	3.35	5.35	185.4821	4685	7.2637	311
辽宁	1331	16.26	32.41	4.05	5.04	642.1769	222594	17.1439	7564
吉林	391	12.87	6.95	3.09	5.95	148.1607	35677	10.3176	1968
黑龙江	354	14.52	28.07	3.44	6.12	167.0765	137497	10.6001	5675
上海	4130	10.11	34.81	9.24	12.57	232.9952	633021	13.6302	21254
江苏	7210	25.7	61.84	4.64	3.44	675.7241	1275731	18.8719	73216
浙江	6301	21.63	40.12	5.82	5.29	364.4465	621601	20.2095	27681
安徽	906	14.51	48.32	3.09	2.68	244.3302	65741	8.1094	7863
福建	2302	15.89	41.69	4.24	4.17	283.3985	315701	9.5173	16567
江西	434	18.37	39.41	2.61	2.93	219.7775	111392	7.5375	6804
山东	3371	21.88	52.05	3.91	3.55	459.4833	600638	16.772	19825
河南	1288	15.91	38.25	3.1	3.34	182.8643	121773	15.0992	9232
湖北	1326	18.07	32.1	3.4	2.93	259.4405	229747	15.1536	12634
湖南	1008	17.89	60.15	3.151	3.05	197.7862	137948	10.2204	5917
广东	30864	14.73	35	6.03	4.49	550.792	2975035	31.0174	174644
广西	180	15.89	43.34	3.58	3.84	180.5502	22056	9.3634	1375
重庆	549	16.43	42.65	3.13	3.13	151.7242	53560	4.5538	4595

续表

	创新型企业专利申请数	第三产业增加值增长率（%）	创新型企业法人增加率（%）	创新型企业平均工资（千元）	创新型企业就业数占第三产业就业率（%）	创新型企业固定资产投资（万元）	创新型企业R&D投入（万元）	创新型企业专业人员投入（人）	创新型企业R&D人员投入（人）
四川	1301	16	39.39	2.71	2.71	259.6618	281434	15.2921	13425
贵州	524	15.45	34.75	3.38	1.97	66.3875	61160	5.1508	5495
云南	250	14.79	44.23	3.53	3.57	79.0402	13685	9.7504	1187
陕西	834	17.34	39.4	3.68	5.74	231.8091	221235	12.0966	15303
甘肃	87	12.71	24.85	2.58	3.41	77.1327	12117	5.4902	1150
青海	21	18.15	26.2	3.79	5.64	11.0384	2262	1.9415	29
宁夏	43	24.61	35.44	3.46	5.01	20.3715	5608	2.1146	522
新疆	53	11.27	25	3.36	6.34	77.7857	2280	6.6862	114

知识溢出对创新型企业技术创新能力的影响指标体系（2）

	第三产业外商投资（万元）	贸易进口额占GDP比重（%）	高校、研究与开发机构R&D经费筹集（万元）	第三产业增加值占GDP比重（%）	十万人口高等教育人数（人）	网络用户（万人）	人均GDP（万元）	政府教育支出占GDP比重（%）
北京	195.8	13.69	5552133	75.1	6196	1218.0	7.19	3.75
天津	75.7	4.51	518503.5	46.0	4412	648.0	7.1	2.58
河北	38.8	0.81	395645.2	34.9	1951	2197.0	2.84	3.01
山西	15.2	0.78	221296.4	37.1	2132	1250.0	2.57	4.14
内蒙古	10.2	0.46	110829.9	36.1	1884	747.0	4.72	2.73
辽宁	421.5	1.94	803599.5	37.1	2671	1916.0	4.22	2.9
吉林	18.7	1.18	386054.5	35.9	2716	882.0	3.16	3.47
黑龙江	32.0	0.72	543083	37.2	2447	1127.0	2.7	3.36
上海	153.3	9.03	1959480	57.3	4300	1239.0	7.45	2.88
江苏	238.0	4.05	1686138	41.4	2819	3306.0	5.26	2.67
浙江	139.1	2.38	711551.8	43.5	2285	2786.0	5.09	3.21
安徽	84.1	0.67	446842.1	33.9	1841	1392.0	2.07	3.94

续表

	第三产业外商投资（万元）	贸易进口额占GDP比重（%）	高校、研究与开发机构R&D经费筹集（万元）	第三产业增加值占GDP比重（%）	十万人口高等教育人数（人）	网络用户（万人）	人均GDP（万元）	政府教育支出占GDP比重（%）
福建	134.0	2.15	224924.6	39.7	2144	1848.0	3.99	3.04
江西	38.5	0.71	203017.2	33.0	2162	950.0	2.12	4
山东	121.2	1.76	613111.2	36.6	2202	3332.0	4.09	2.14
河南	69.7	0.31	413116.2	28.6	1839	2417.0	2.46	3.31
湖北	62.3	0.56	1010170	37.9	2906	1902.0	2.79	3.25
湖南	30.3	0.36	429784.1	39.7	2051.0	1747.0	2.44	3.53
广东	297.5	6.39	802328.4	45.0	2037.0	5324.0	4.41	2.79
广西	47.3	0.76	178413.2	35.4	1530	1226.0	2.08	4.05
重庆	74.5	0.53	247846.4	36	2413	990	2.75	4.18
四川	133.3	0.71	1553403	35	1790	1998	2.14	4.71
贵州	35.4	0.24	93720.77	47.3	1109	751.0	1.32	6.72
云南	29.6	0.57	268911.2	40.0	1391	1021.0	1.57	6.1
陕西	41.6	0.54	1438524	36.4	3208	1295.0	2.71	4.58
甘肃	10.7	0.92	223923.2	37.3	1882	655.0	1.61	6.7
青海	2.8	0.31	23909.3	34.9	1119	188.0	2.4	5.82
宁夏	11.1	0.34	19671.66	41.6	1868	175.0	2.67	4.81
新疆	9.5	0.7	108286.3	32.5	1467	819.0	2.49	5.44

附　录　2

知识溢出对创新型企业技术创新能力影响回归分析的变量选取

ln 值	年份	PAT	CRD	TP	GDP	GEI	HC	URD	FDI	INTR
北京	2011	13	3.7691	1.881	15.2	8.56	15	5.209	16.45	8.7504
	2012	13.03	3.8783	1.934	15.4	8.76	15.5	5.277	16.88	8.7657
天津	2011	12.09	1.7918	1.743	14.3	8.01	12.9	4.248	15.21	8.3898
	2012	12.15	1.9084	1.812	14.5	8.16	13.2	4.327	15.67	8.3965
河北	2011	11.19	2.6391	0.829	15.3	8.23	12.2	3.526	14.45	7.5071
	2012	11.26	2.6981	0.896	15.5	8.41	12.9	3.659	14.9	7.534
山西	2011	9.791	2.1972	0.763	14.8	6.46	11.8	2.639	13.21	7.5934
	2012	9.846	2.2925	0.765	15	6.96	12.3	2.721	13.66	7.6256
内蒙古	2011	8.371	1.9459	1.258	14.5	4.44	11.2	2.197	13.11	7.4714
	2012	8.452	1.9829	1.391	14.8	4.77	11.6	2.326	13.43	7.4923
辽宁	2011	12.3	2.7081	1.153	15.2	8.21	13.1	5.999	15.21	7.8713
	2012	12.31	2.8416	1.258	15.4	8.29	13.6	6.044	15.66	7.8858
吉林	2011	10.38	2.2783	0.855	14.6	7.11	12.3	2.875	13.34	7.3969
	2012	10.48	2.3339	0.978	14.8	7.33	12.9	2.928	13.98	7.8993
黑龙江	2011	11.81	2.269	0.776	14.8	8.12	13	3.401	13.89	7.2284
	2012	11.83	2.3609	0.806	15	8.51	13.2	3.467	14.3	7.7913
上海	2011	12.38	2.5649	2.009	15.3	8.67	14	5.004	16.67	8.3763
	2012	13.36	2.6123	2.058	15.4	8.98	14.5	5.032	17.14	8.3877
江苏	2011	13.94	2.8736	1.395	16	9.51	14	5.434	17	7.9128
	2012	14.06	2.9377	1.495	16.1	9.87	14.3	5.472	17.34	7.9324
浙江	2011	13.28	2.9704	1.433	15.8	8.98	13.1	4.875	16.23	7.9919
	2012	13.34	3.0062	1.491	15.9	9.15	13.5	4.935	16.75	7.742
安徽	2011	11.04	2.0669	0.367	15.1	7.5	12.8	4.394	13.87	7.446
	2012	11.09	2.093	0.495	15.3	7.9	13	4.432	14.27	7.4626

续表

ln 值	年份	PAT	CRD	TP	GDP	GEI	HC	URD	FDI	INTR
福建	2011	12.62	2.195	1.1	15	8.21	12	4.889	15.34	7.6014
	2012	12.66	2.2531	1.215	15.2	8.51	12.3	4.898	15.89	7.6201
江西	2011	11.52	1.9459	0.46	14.9	8.02	11.9	3.634	13.67	7.6502
	2012	11.62	2.0199	0.548	15	8.23	12.2	3.65	14.06	7.6581
山东	2011	13.29	2.7081	1.189	15.7	8.97	12.9	4.781	16.1	7.6554
	2012	13.31	2.8197	1.275	15.9	9.26	13.3	4.798	16.45	7.6746
河南	2011	11.63	2.6391	0.648	15.5	8.36	12.6	4.233	13.78	7.457
	2012	11.71	2.7146	0.718	15.7	8.63	12.9	4.244	14.11	7.4812
湖北	2011	12.21	2.6391	0.685	15.1	8.54	13.5	4.125	14.03	7.9377
	2012	12.34	2.7182	0.82	15.3	8.81	13.8	4.132	14.36	7.9478
湖南	2011	11.73	2.23	0.594	15.2	8.03	12.5	3.363	13.43	7.5989
	2012	11.83	2.3244	0.713	15.4	8.23	13	3.411	13.83	7.6209
广东	2011	14.8	3.3673	1.349	16.2	11	13.1	5.654	17.34	7.5606
	2012	14.91	3.4345	1.411	16.3	11.3	13.6	5.695	17.93	7.5768
广西	2011	9.91	2.1972	0.377	14.8	6.35	11.7	3.848	13.67	7.2542
	2012	10	2.2368	0.47	15.1	6.58	12.1	3.856	14.17	7.2695
重庆	2011	10.85	1.4351	0.713	14.7	7.7	12.1	4.304	13.11	7.7293
	2012	10.89	1.516	0.824	14.8	7.9	12.4	4.311	13.56	7.7482
四川	2011	12.46	2.681	0.437	15.4	8.76	14.1	4.889	14.22	7.4454
	2012	12.55	2.7273	0.548	15.7	9.15	14.3	4.893	14.7	7.4569
贵州	2011	11	1.5261	-0.06	14.5	7.23	10.2	3.549	12.11	6.9197
	2012	11.02	1.6392	0.03	14.8	7.51	11.4	3.566	12.35	6.9495
云南	2011	9.423	2.1972	0.225	14.8	5.86	11.1	3.378	13.21	7.157
	2012	9.524	2.2773	0.3	15.1	6.08	12.5	3.389	13.6	7.1682
陕西	2011	12.24	2.4849	0.665	14.9	8.54	13.9	3.703	13.23	8.0104
	2012	12.31	2.4929	0.775	15.2	8.88	14.2	3.728	13.64	8.0214
甘肃	2011	9.314	1.6094	0.187	14.3	6.23	11.9	2.325	12.67	7.4832
	2012	9.402	1.703	0.255	14.7	6.3	12.3	2.374	12.87	7.4987

ln 值	年份	PAT	CRD	TP	GDP	GEI	HC	URD	FDI	INTR
青海	2011	7.693	0.5306	0.609	13	3.45	9.89	0.875	10.78	6.9603
	2012	7.724	0.6635	0.663	13.3	3.83	10.1	1.015	10.98	6.9843
宁夏	2011	8.562	0.6931	0.667	13.4	5.56	9.56	2.388	11.23	7.0926
	2012	8.632	0.7489	0.77	13.5	5.74	9.89	2.41	11.7	7.4504
新疆	2011	7.607	1.8083	0.674	14.5	4.11	10.4	2.199	13.89	7.2521
	2012	7.732	1.9	0.683	14.7	4.23	11.6	2.252	14.15	7.2654

参 考 文 献

[1] 雷家骕、施晓江：《中国技术创新学术研究18年述评（上、下）》，载于《中国青年科技》2007年第9期。

[2] 张治河、潘晶晶：《创新学理论体系研究新进展》，载于《工业技术经济》2014年第2期。

[3] 张兄彪：《中国创新型企业高管激励对技术创新的影响研究》，湖南大学硕士论文，2012年。

[4] 张治河、周国华、胡锐、谢忠泉：《创新学：一个驱动21世纪发展的新兴学科》，载于《科研管理》2011年第12期。

[5] 王立平：《知识溢出及其对我国区域经济增长作用的实证研究》，西南交通大学博士论文，2006年。

[6] 王仲东、杨跃承、赵志强：《高技术服务业的内涵特征及成因分析》，载于《科学学与科学技术管理》2007年第11期。

[7] 雷家骕：《创新是一种社会精神与生存方式》，载于《中国青年科技》2007年第4期。

[8] 唐厚兴：《区域创新系统知识溢出机制及溢出效应测度研究》，江西财经大学博士论文，2010年。

[9] 罗公利、冯海涛：《基于政府视角的创新型企业培育系统动力学模型研究》，载于《青岛科技大学学报（社会科学版）》2013年第6期。

[10] 刘兴贵：《基于价值链的发电设备制造企业技术创新模式选择研究》，电子科技大学博士论文，2009年。

[11] 缪沽：《关于技术创新概念的研究（1）》，载于《云南科技管理》2001年第10期。

[12] 赖迪辉：《技术创新网络的动因与治理以及熵的评价尺度》，天津大学博士论文，2009年。

[13] 董景荣、周洪力：《技术创新内涵的理论思考》，载于《科技管理研究》2007年第6期。

［14］李连宏、黄进、韩宇宽：《论技术创新》，载于《科技管理研究》2006 年第 3 期。

［15］盛利平：《中联重科技术创新模式的选择分析》，中南大学硕士论文，2005 年。

［16］李青、涂剑波：《我国企业技术创新对自主品牌建设的影响研究》，载于《北京理工大学学报（社会科学版）》2008 年第 8 期。

［17］李建民：《河北林业科技型企业建设与发展研究》，北京林业大学博士论文，2006 年。

［18］郑璇玉：《试论民间文化层面的知识产权制度保护》，载于《民族遗产（第 2 辑）》2009 年第 3 期。

［19］陈晓南：《创业投资与长三角高新技术产业化》，四川大学博士论文，2005 年。

［20］史竹青：《创新型企业成长路径研究》，哈尔滨工程大学博士论文，2011 年。

［21］李兴宽：《基于持续创新动力能力、绩效的创新型企业评价研究》，昆明理工大学博士论文，2010 年。

［22］权思勇：《创新企业财务预警系统研究》，东华大学博士论文，2012 年。

［23］刘立：《创新型企业及其成长研究》东北财经大学博士论文，2006 年。

［24］陈斌：《创新型企业创新能力与企业文化关系研究》，南京财经大学硕士论文，2010 年。

［25］胡卫敏：《创新型企业的运作与发展研究》，武汉理工大学硕士论文，2007 年。

［26］徐亚明：《创新型企业财务特征及绩效研究》，长沙理工大学硕士论文，2011 年。

［27］邓寿鹏：《改善创新宏观条件　建立国家创新体系》，载于《中国软科学》1995 年第 8 期。

［28］何建洪、贺昌政：《基于创新能力的创新型企业评价研究》，载于《科学管理研究》2010 年第 4 期。

［29］吴运建：《创新型企业的创业精神——以招商银行为例》，载于《东莞理工学院学报》2011 年第 8 期。

［30］何建洪、贺昌政：《创新能力与创新型企业评价研究》，载于

《管理学报》2011 年第 2 期。

[31] 胡卫敏：《创新型企业评价体系研究》，载于《价值工程》2007年第 11 期。

[32] 李宁：《创新型冶金企业持续创新重大风险动态分析和管理机制研究》，昆明理工大学硕士论文，2011 年。

[33] 雷家骕：《创新作用于经济增长的一般机理研究》，载于《中国青年科技》2007 年第 4 期。

[34] 赵磊、方成、黄武龙：《浙江省县域经济发展差异时空演变分析》，载于《华东经济管理》2014 年第 3 期。

[35] 罗正清、和金生：《面向技术创新的组织知识存量测度研究》，载于《科技进步与对策》2009 年第 12 期。

[36] 陈傲、柳御林、程鹏：《知识溢出空间扩散过程的实证检验——以追踪一类专利扩散为线索》，载于《科学学与科学技术管理》2010 年第12 期。

[37] 许海来、王岳龙：《我国城乡收入差距与全要素生产率——基于省域数据的空间计量分析》，载于《金融研究》2010 年第 10 期。

[38] 赵瑞芬、降艳琴：《河北省 R&D 投入与创新能力关系的实证研究》，载于《河北企业》2012 年第 7 期。

[39] 柳思维、周洪洋：《人口城镇化、土地城镇化对流通业产出效率影响的空间计量分析》，载于《经济地理》2016 年第 12 期。

[40] 王茂祥：《创新型企业的基本内涵及其建设思路》，载于《价值工程》2012 年第 6 期。

[41] 赵云波：《STS 视域下创新型企业内涵分析与特征描述》，载于《山西科技》2011 年第 5 期。

[42] 李俊：《创新型企业成长激励研究》，武汉理工大学硕士论文，2009 年。

[43] 庄越、李俊：《我国制造企业自主创新影响因素的关联性分析》，载于《科技创业月刊》2008 年第 6 期。

[44] 刘耀：《创新型企业发展模式及其实现持续创新机制研究》，南昌大学博士论文，2009 年。

[45] 郭韬、史竹青：《创新型企业研究综述》，载于《科技进步与对策》2011 年第 10 期。

[46] 韩旺：《创新型企业技术创新能力的比较研究》，北京工业大学

硕士论文，2012 年。

[47] 胥莉：《企业技术创新激励模式研究》，西南交通大学硕士论文，2006 年。

[48] 赵明元：《商业银行持续创新实现机理研究》，昆明理工大学博士论文，2011 年。

[49] 夏保华：《企业持续技术创新：本质、动因和管理》，载于《科学技术与辩证法》2003 年第 4 期。

[50] 吕松：《企业可持续创新能力评价体系及应用研究》，南京航空航天大学硕士论文，2008 年。

[51] 刘兵：《通过集群式技术创新提升我国中小企业竞争力》，载于《中山大学学报论丛》2007 年第 11 期。

[52] 张诚一：《知识创新与企业持续竞争优势研究》，山东大学硕士论文，2007。

[53] 卢晓勇、胡平波、李红：《基于模仿创新的我国企业组织战略选择》，载于《技术经济》2005 年第 9 期。

[54] 肖曙光、周勃：《企业专有知识及其创新研究》，载于《情报杂志》2007 年第 10 期。

[55] 曹霞、喻登科：《科技成果转化知识创新的模式研究》，载于《科技管理研究》2009 年第 11 期。

[56] 吴保根：《大学科技园知识管理的理论与实证研究》，东华大学博士论文，2012 年。

[57] 周勃：《企业螺旋型知识创新模式研究》，复旦大学博士论文，2005 年。

[58] 冯青：《基于广义产品知识的决策支持系统关键技术研究》，西北工业大学博士论文，2014 年。

[59] 王操红：《知识型企业高绩效工作系统研究》，厦门大学博士论文，2009 年。

[60] 董静：《企业创新的制度研究》，复旦大学博士论文，2003 年。

[61] 常慧：《西安石化分公司气体分馏项目中的知识管理研究》，西安电子科技大学硕士论文，2009 年。

[62] 李君：《产业集群的知识创新研究》，吉林大学硕士论文，2009 年。

[63] 吕军：《企业知识创新研究》，武汉理工大学博士论文，2003 年。

[64] 周敏：《面向业务流程的企业知识创新研究》，吉林大学博士论

文，2008年。

[65] 王雪晶：《产业科技成果转化的知识创新研究》，哈尔滨工程大学硕士论文，2007年。

[66] 王桂月：《基于知识管理的高校科技成果转化研究》，天津大学博士论文，2009年。

[67] 孙浩：《企业知识管理的创新研究》，东北师范大学硕士论文，2007年。

[68] 张长涛：《知识管理与产品开发人才管理耦合研究》，哈尔滨工程大学博士论文，2003年。

[69] 王勇：《IT企业成长的关键影响因素实证研究》，清华大学博士论文，2008年。

[70] 黄崇珍：《制造企业电子商务价值链研究》，哈尔滨工程大学硕士论文，2006年。

[71] 刘希宋、张倩：《数据包络分析（DEA）评估企业学习能力》，载于《中国人力资源开发》2004年第4期。

[72] 张倩：《基于知识管理的企业学习型组织模式研究》，哈尔滨工程大学博士论文，2005年。

[73] 林美杏：《服务质量、顾客满意与台湾补习学校服务营销研究》，中南大学博士论文，2012年。

[74] 杨秀芝：《基于适应能力的跨国公司竞争力研究》，哈尔滨工程大学博士论文，2006年。

[75] 吴武兰：《跨国公司竞争力评价模式研究》，华东师范大学硕士论文，2008年。

[76] 王琳：《我国房地产企业的知识管理研究》，大连海事大学硕士论文，2008年。

[77] 邓丽红：《中国高校教育营销管理模式研究》，哈尔滨工程大学博士论文，2006年。

[78] 邓立治、王辉坡、何维达：《中国企业自主品牌创新外部支持效果比较研究——以东中西部有代表性省份为例》，载于《科学学与科学技术管理》2009年第11期。

[79] 杜蓉、黄崇珍：《基于复合DEA的制造企业电子商务价值链优劣测评》，载于《统计与信息论坛》2008年第4期。

[80] 蔺双双：《企业员工工作幸福感形成机理及提升路径研究》，青

岛科技大学硕士论文，2016 年。

[81] 史丽萍：《基于链管理的大规模定制运营管理系统研究》，哈尔滨工程大学博士论文，2004 年。

[82] 牛冲槐、张蕾薇：《区域科技型人才聚集效应支持能力评价》，载于《统计与决策》2007 年第 12 期。

[83] 宋旭琴：《企业战略能力测度研究》，载于《科技与管理》2006 年第 11 期。

[84] 王文军：《以技术创新提高我国企业核心竞争力的机理与对策》，载于《硅谷》2009 年第 12 期。

[85] 王祖山：《新形势下我国汽车行业的风险分析及应对策略探讨》，载于《当代经理人》2006 年第 10 期。

[86] 索贵彬、王哲、侯孟阳：《基于市场关键因素的企业创新绩效研究》，载于《商业经济研究》2017 年第 3 期。

[87] 徐佳澍：《技术创新与中国对外贸易竞争力的研究》，沈阳工业大学硕士论文，2009 年。

[88] 林海滨、王安庆：《我国企业国际竞争力的现状及对策》，载于《党政干部学刊》2009 年第 3 期。

[89] 涪潞：《支持创新型企业发展的政府政策探析》，载于《企业活力》2012 年第 6 期。

[90] 李中原、孙茹：《提升企业核心竞争——技术创新能力》，载于《管理观察》2009 年第 5 期。

[91] 蒋泰维：《大力培育发展创新型企业　推动浙江经济走上创新驱动、内生增长轨道》，载于《科技日报》2010 年第 11 期。

[92] 李德玲：《创新型企业创新发展战略研究》，载于《中国科技论坛》2007 年第 7 期。

[93] 代明、张晓鹏：《创新型城市与创新型企业发展潜因素路径影响分析——基于结构模型路径图法的深圳实证检验》，载于《科学学与科学技术管理》2011 年第 1 期。

[94] 傅允生：《加快浙江创新型企业培育与发展》，载于《浙江经济》2011 年第 10 期。

[95] 张晓鹏：《创新型城市、创新型企业及其创新关联机制》，暨南大学硕士论文，2011 年。

[96] 吴津：《创新型企业培育机制比较研究》，载于《开放导报》

2011 年第 10 期。

[97] 李学勇：《集聚创新要素　加快创新型企业建设》，载于《中国科技投资》2008 年第 12 期。

[98] 李学勇：《集聚创新要素　加快创新型企业建设——在创新型企业专题研究班上的讲话》，载于《中国高新技术企业》2008 年第 9 期。

[99] 张彦宁：《致力于创新型企业建设　不断提高自主创新能力》，载于《上海企业》2006 年第 12 期。

[100] 孟艳芬、宋立公、路晓冬：《动态能力理论与企业成长路径》，载于《商业研究》2004 年第 6 期。

[101] 郑刚、颜宏亮、王斌：《企业动态能力的构成维度及特征研究》，载于《科技进步与对策》2007 年第 3 期。

[102] 王鹏：《基于生态位理论的企业创新能力研究》，中国海洋大学硕士论文，2014 年。

[103] 宋树红：《关于引导和支持创新要素向创新主体集聚的思考》，载于《甘肃科技》2010 年第 6 期。

[104] 孙志亮：《加快科技创新公共服务平台建设》，载于《新华日报》2011 年 5 月 27 日。

[105] 杨良超、李小红：《江西省创新型企业持续创新发展对策研究》，载于《企业经济》2013 年第 3 期。

[106] 谢文建：《当前我国企业创新研究》，厦门大学硕士论文，2001 年。

[107] 蒋泰维：《大力培育发展创新型企业　推动浙江经济迈入创新驱动内生增长轨道》，载于《今日科技》2010 年第 9 期。

[108] 何海东、贾芳、马增峰、白炳琴：《增强河北企业技术创新能力的对策研究》，载于《河北工业科技》2000 年第 2 期。

[109] 何海东、赵长存：《增强河北企业技术创新能力的对策研究》，载于《乡镇企业科技》2000 年第 4 期。

[110] 河海东、赵长存：《关于增强河北企业技术创新能力的几点对策》，载于《探索与求是》2000 年第 8 期。

[111] 汪金龙：《提高中国企业技术创新能力的对策》，载于《北方经贸》2002 年第 3 期。

[112] 汪金龙：《提高我国企业技术创新能力的对策》，载于《现代情报》2002 年第 4 期。

[113] 聂岸羽：《财税政策对企业创新绩效影响的实证研究》，浙江理工大学硕士论文，2011 年。

[114] 王文亮、徐鹏飞：《河南研发产业发展环境分析与对策》，载于《企业活力》2009 年第 4 期。

[115] 阎立：《突出企业创新主体地位　增强自主创新支撑能力》，载于《中国信息报》2006 年 10 月 26 日。

[116] 姚衍琛：《基于创新驱动战略的政府管理创新》，载于《山东商业职业技术学院学报》2014 年第 8 期。

[117] 李勋来、张洋：《山东省创新型企业创新绩效评价研究》，载于《青岛科技大学学报（社会科学版）》2013 年第 12 期。

[118] 王仰东、安琴、窦君鸿、尉佳：《我国高技术服务业发展对策研究——基于 2005～2009 年创新基金的数据》，载于《科技进步与对策》2010 年第 10 期。

[119] 张世朝：《高技术服务业发展对制造业升级的作用研究》，河北工业大学硕士论文，2013 年。

[120] 赵弘、赵凯：《加快中关村高技术服务业发展》，载于《前线》2008 年第 6 期。

[121] 赵弘：《北京高技术服务业综合竞争力研究》，载于《北京市经济管理干部学院学报》2010 年第 9 期。

[122] 任志安、王立平：《知识生产函数研究的演进与发展》，载于《经济理论与经济管理》2006 年第 6 期。

[123] 陈辉：《我国区域空间知识溢出分析》，合肥工业大学硕士论文，2008 年。

[124] 白璐：《中小企业技术创新过程中知识管理的研究》，中北大学硕士论文，2009 年。

[125] 王桃荣：《青海省科技创新能力研究》，青海大学硕士论文，2011 年。

[126] 杨玉武：《企业技术创新动力机制模型研究》，西南石油学院硕士论文，2003 年。

[127] 杨东奇：《对技术创新概念的理解与研究》，载于《哈尔滨工业大学学报（社会科学版）》2000 年第 6 期。

[128] 黄寰：《自主创新与区域产业结构优化升级（连载五）——以西部地区为例》，载于《资源与人居环境》2007 年第 6 期。

[129] 鲁志国:《技术、技术创新与技术进步》,载于《特区经济》2005 年第 9 期。

[130] 邵勇:《华润公司技术创新模式优化选择及实施》,西安理工大学硕士论文,2008 年。

[131] 王艺霖、周勇:《关于技术创新的文献综述》,载于《机电产品开发与创新》2007 年第 11 期。

[132] 吴贵生、林敏:《广义轨道理论探讨》,载于《技术经济》2012 年第 2 期。

[133] 王慧丽:《技术创新与欠发达地区经济发展》,云南师范大学硕士论文,2004 年。

[134] 师国君:《关于技术创新问题的观点综述》,载于《郑州商学院学报》2001 年第 8 期。

[135] 刘立:《邮政企业技术创新运行机制研究》,载于《南京邮电学院学报(社会科学版)》2001 年第 9 期。

[136] 杨栩:《我国中小企业技术创新系统研究》,哈尔滨工程大学博士论文,2006 年。

[137] 孙兆刚、王鹏、陈傲:《技术差距对知识溢出的影响分析》,载于《科技进步与对策》2006 年第 7 期。

[138] 仇怡、吴建军:《对外贸易与技术扩散:一个文献综述》,载于《科学决策》2009 年第 3 期。

[139] 冯蕾、李树超、角田毅:《中日农产品加工企业科技创新对比研究》,载于《经济问题探索》2011 年第 4 期。

[140] 庞明川、刘雷:《制度距离、技术差距和政治风险——中国对发达国家逆向投资的影响因素分析》,载于《财经问题研究》2017 年第 9 期。

[141] 丁雪菲:《创新型企业竞争力形成机理与评价研究》,青岛科技大学硕士论文,2015 年。

[142] 宋英华、庄越、张乃平:《创新型企业成长的内部影响因素实证研究》,载于《科学学研究》2011 年第 8 期。

[143] 刘璐:《空间视角的技术创新文献综述》,载于《技术与创新管理》2010 年第 5 期。

[144] 李兴宽、向刚、章胜平:《创新型企业建设重大风险研究》,载于《商业研究》2009 年第 12 期。

[145] 何岚、钟书华:《企业规模和所有权对工艺生态创新的影响和作

用机理：基于重庆制造业的调查》，载于《科技管理研究》2017 年第 1 期。

[146] 龙静：《企业知识创新及其管理研究》，南京大学博士论文，2001 年。

[147] 王能元、霍国庆、谭大鹏、吴磊、蒋日富、喻缨、董经昌：《企业知识创新的战略目标及模式分析》，载于《图书情报工作》2005 年第 2 期。

[148] 商黎、田玉丽：《标准化活动对宏观经济的影响路径——运用柯布—道格拉斯生产函数模型分析》，载于《中国标准化》2017 年第 5 期。

[149] 冯永琴、尹彦、红晓瑞、曾凌云：《汽车召回制度对我国汽车企业技术创新的作用机制研究》，载于《科技和产业》2012 年第 12 期。

[150] 许振亮：《国际技术创新研究前沿与学术群体可视化分析》，大连理工大学博士论文，2010 年。

[151] 田元飞：《R&D 资金管理与技术创新成果相关关系研究》，中南大学硕士论文，2008 年。

[152] 刘伟、杨麒渊、童洪志：《科技成果资产证券化途径》，载于《河南科技》2017 年第 2 期。

[153] 辛枫冬：《论知识创新与制度创新、技术创新、管理创新的协同发展》，载于《宁夏社会科学》2009 年第 5 期。

[154] 余佳：《面向企业技术创新的知识共享研究》，武汉理工大学硕士论文，2007 年。

[155] 刘士文：《创新实践社会发展动力论》，中共中央党校博士论文，2008 年。

[156] 齐子翔、吕永强：《北京城乡人口流动状态预测研究——一个新方法》，载于《经济体制改革》2015 年第 2 期。

[157] 段景辉、黄丙志：《我国社会保障支出对居民消费需求的影响研究》，载于《财经论丛》2011 年第 5 期。

[158] 卢永艳：《宏观经济因素对企业财务困境风险影响的实证分析》，载于《宏观经济研究》2013 年第 5 期。

[159] 柯蓉、秦莉、俞路：《长三角制造业集聚效应与劳动生产率差异空间计量分析》，载于《商业研究》2013 年第 9 期。

[160] 刘湘云、陈洋阳：《金砖国家金融市场极端风险的净传染效应——基于空间计量分析》，载于《国际经贸探索》2015 年第 3 期。

[161] 杨尚：《城市教育配套对住宅价格的影响研究》，浙江大学硕

士论文，2013 年。

[162] 冯国强、瞿丽、赵昆：《基于空间关联性的广深金融服务业集群研究——珠三角经济区域背景下的考察》，载于《财务与金融》2012 年第 1 期。

[163] 丁云伟：《创新型企业的内涵与特征》，载于《学术交流》2008 年第 3 期。

[164] 李东、苏江华：《技术革命、制度变革与商业模式创新——论商业模式理论与实践的若干重大问题》，载于《东南大学学报（哲学社会科学版）》2011 年第 3 期。

[165] 傅晓华：《从技术知识的难言看专利制度的负面效应》，载于《科学技术与辩证法》2001 年第 10 期。

[166] 毛维青、陈劲、郑文山：《企业产品——工艺组合技术创新模式探析》，载于《科技管理研究》2012 年第 6 期。

[167] 祁顺生、李国伟：《影响高新技术企业成长的三层面因素分析》，载于《特区经济》2006 年第 9 期。

[168] 祁顺生、李国伟：《高新技术企业成长的影响因素分析》，载于《科技与经济》2006 年第 6 期。

[169] 陈琦、曾燕红：《高技术企业成长的内涵及其影响因素分析》，载于《湖南工程学院学报（社会科学版）》2009 年第 12 期。

[170] 田波、刘东旭、孙哲：《创新型企业及其评估的逻辑视角》，载于《税务与经济》2009 年第 3 期。

[171] 徐英吉：《基于技术创新与制度创新协同的企业持续成长研究》，山东大学博士论文，2008 年。

[172] 郑健壮、徐寅杰：《创新型企业影响创新型集群创新资源集聚和扩散的机理研究》，载于《科技和产业》2011 年第 3 期。

[173] 付敬：《企业共性技术创新、吸收能力及其对创新绩效的影响研究》，华南理工大学博士论文，2013 年。

[174] 方大春：《中国省域农民纯收入特征的空间计量经济学分析》，载于《石家庄经济学院学报》2011 年第 6 期。

[175] 张林：《创新型企业绩效评价研究》，武汉理工大学博士论文，2012 年。

[176] 吴玉鸣、李建霞：《中国省域能源消费的空间计量经济分析》，载于《中国人口·资源与环境》2008 年第 3 期。

［177］杨欣、乔琳：《珠三角地区区域经济水平的水环境影响研究——基于空间回归模型的实证分析》，载于《能源与节能》2012 年第 7 期。

［178］卓剑：《基于 SD－BSC 的动态绩效评价方法及应用研究》，哈尔滨理工大学硕士论文，2006 年。

［179］于洪洋：《基于系统动力学的两级供应链库存控制的仿真研究》，哈尔滨理工大学硕士论文，2009 年。

［180］彭志高：《基于 SD 的制造业企业供应链网络仿真模型及应用研究》，哈尔滨理工大学硕士学位论文，2007 年。

［181］闫清卿：《赤峰市可持续发展能力的系统动态仿真研究》，哈尔滨理工大学硕士论文，2006 年。

［182］刘涛：《江苏省信息产业经济系统动态仿真研究》，江苏大学硕士论文，2003 年。

［183］张晓慧：《我国油气资源——社会经济系统协调发展研究》，中国石油大学博士论文，2008 年。

［184］张艳：《物流系统节能减排战略的若干问题研究》，北京交通大学硕士论文，2011 年。

［185］段成：《基于 SD 的组织知识创造能力仿真分析与对策》，沈阳师范大学硕士论文，2013 年。

［186］段小芳：《运用系统动力学对三种产业结构调整方案结果的预测研究》，华中科技大学硕士论文，2008 年。

［187］刘会杰：《基于系统动力学的物流组织创新研究》，东北大学硕士论文，2011 年。

［188］王大淼：《SD－BSC 在供应链绩效评价中的应用研究》，哈尔滨理工大学硕士论文，2005 年。

［189］曲盛恩：《供应链绩效评价的系统研究》，哈尔滨工程大学博士论文，2006 年。

［190］庞艳桃：《高新技术企业可持续成长机理研究》，武汉理工大学博士论文，2009 年。

［191］盛晓飞：《具有需求扰动的供应链协调仿真研究》，哈尔滨理工大学硕士论文，2010 年。

［192］郭亮：《产业经济系统结构演进的系统动力学模型研究》，大连理工大学硕士论文，2007 年。

［193］李松峰：《扶贫公路项目社会经济效益评价研究》，长安大学

硕士论文，2001年。

[194] 孙德花：《制造业企业产品创新与工艺创新互动关系研究》，哈尔滨理工大学硕士论文，2007年。

[195] 吴玉鸣：《中国省域经济增长趋同的空间计量经济分析》，载于《数量经济技术经济研究》2006年第12期。

[196] 黄璇：《生产性服务业的空间异质性影响因素分析》，载于《中南财经政法大学研究生学报》2016年第2期。

[197] 张建民：《能源效率的空间差异及其影响因素分析》，浙江财经学院硕士论文，2012年。

[198] 顾伟平：《我国制造业集聚及其影响因素的空间统计研究》，安徽财经大学硕士论文，2011年。

[199] 王雪瑞、葛斌华：《我国生产性服务业空间效应研究——基于SLM、SEM模型的实证》，载于《中央财经大学学报》2012年第4期。

[200] 李广明：《供应链信息系统柔性研究》，同济大学博士论文，2008年。

[201] 周威、常显奇：《系统动力学基本理论仿真平台的开发与应用》，载于《指挥技术学院学报》2001年第6期。

[202] 朱广良、吕学义、杨强：《基于BP神经网络的通信装备效能评估方案优化》，载于《科技信息》2011年第12期。

[203] 刘晓燕、阮平南、单晓红：《技术创新网络演化的影响因素仿真分析》，载于《科技管理研究》2014年第9期。

[204] 郭小红：《中国金融发展对产业集群的影响》，重庆大学硕士论文，2011年。

[205] 潘荣翠：《基于合作视角的我国主权财富基金对外投资战略研究》，昆明理工大学博士论文，2012年。

[206] 顾乃华、朱卫平：《产业互动、服务业集聚发展与产业转移政策悖论——基于空间计量方法和广东数据的实证研究》，载于《国际经贸探索》2010年第12期。

[207] 吕园苗：《区域高技术产业多样性和专业化、知识溢出、区域创新绩效关系研究》，浙江工业大学硕士论文，2011年。

[208] 赵中伟、吕风勇：《TRIPS与发展中国家的技术创新》，载于《山西财经大学学报》2005年第12期。

[209] 王永生：《大数据时代的商业模式创新研究》，载于《南京财

经大学学报》2013 年第 11 期。

[210] 顾丽萍：《创业板在创新型企业成长中的作用》，吉林大学硕士论文，2008 年。

[211] 林旭：《品牌文化的魅力》，载于《中国科技信息》2005 年第 1 期。

[212] 陈波：《产学研结合创新与政产学研协同创新的关系研究》，载于《科技经济市场》2013 年第 11 期。

[213] 熊觅：《创新型企业的持续创新绩效评价研究》，昆明理工大学硕士论文，2010 年。

[214] 孔祥浩、吴咏梅、张研：《基于协同创新的知识管理模型构建》，载于《价值工程》2012 年第 12 期。

[215] 王晓安：《西安双佳高压电瓷电器公司技术创新管理研究》，西北大学硕士论文，2003 年。

[216] 杜涛：《创新型企业专利战略研究》，吉林大学硕士论文，2007 年。

[217] 冯海昱、黄德春：《创新型企业内涵新探》，载于《科技管理研究》2007 年第 4 期。

[218] 杜伟华、闫阳：《创新型企业理论新探》，载于《时代经贸》2008 年第 7 期。

[219] 冯海昱：《创新型企业评价指标体系研究》，河海大学硕士论文，2007 年。

[220] 韩晓明：《黑龙江省创新型企业发展战略研究》，哈尔滨工程大学硕士论文，2008 年。

[221] 柳森：《辽宁装备制造企业技术创新模式研究》，辽宁科技大学硕士论文，2010 年。

[222] 吴志雄：《推进技术创新　提高长沙企业核心竞争力研究》，湖南大学硕士论文，2005 年。

[223] 陈艳、雷育胜：《加强我国企业创新能力的对策》，载于《科技管理研究》2006 年第 9 期。

[224] 曹亚克：《膜技术产业自主创新路径研究》，天津大学博士论文，2008 年。

[225] 李森森：《我国科技型小微企业成长的影响因素研究》，山东大学博士论文，2014 年。

[226] 孟方:《我国高新技术企业技术创新发展模式研究》,中南大学硕士论文,2003年。

[227] 周海燕:《基于蓝海战略的企业技术创新战略选择》,载于《铜陵学院学报》2009年第12期。

[228] 陈劲、阳银娟:《协同创新的理论基础与内容》,载于《科学学研究》2012年第2期。

[229] 赵爱美:《基于协同创新的知识溢出与创新绩效关系研究》,西安电子科技大学硕士论文,2013年。

[230] 滕响林:《基于系统动力学的创新型中小企业成长路径研究》,哈尔滨工程大学硕士论文,2009年。

[231] 李兴宽、向刚、章胜平:《基于粗糙集的企业持续创新绩效评价研究》,载于《技术经济与管理研究》2010年第5期。

[232] 熊华怡:《西部农业科技协同创新能力提升研究》,重庆工商大学硕士论文,2014年。

[233] 刘佳:《基于合同环境服务的环保产业项目协同创新绩效评价》,湖南大学硕士论文,2013年。

[234] 张爱玲、夏平:《FDI技术外溢对发展中国家的影响》,载于《国际经济合作》2005年第6期。

[235] 徐晟:《专利申请驱动因素研究》,合肥工业大学博士论文,2008年。

[236] 柳卸林、游光荣:《建立各具特色的区域创新体系》,载于《国防科技》2007年第11期。

[237] 赵勇、白永秀:《知识溢出:一个文献综述》,载于《经济研究》2009年第1期。

[238] 高远东:《中国区域经济增长的空间计量研究》,重庆大学博士论文,2010年。

[239] 阮光珍:《高技术产业集聚成长机制研究》,武汉理工大学博士论文,2010年。

[240] 韩宝龙:《地理与认知邻近对高技术产业集群创新影响的实证研究》,湖南大学硕士论文,2010年。

[241] 李平、梁俊启:《高技术产业集群技术创新文献综述》,载于《科技进步与对策》2008年第3期。

[242] 杜晓楠:《牛市下我国开放式基金规模、投资周转率与超额收

益率的关系研究》，东北大学工商管理学院硕士论文，2007 年。

[243] 黄春雨：《重庆地区村镇住宅建筑用能模型研究》，重庆大学硕士论文，2014 年。

[244] 周继良：《高校学生评教行为偏差及影响因素研究》，南京大学博士论文，2015 年。

[245] 陈蕾：《基于创新系统的中国区域自主创新能力评价及提升对策研究》，东北财经大学博士论文，2011 年。

[246] 黄洪燕：《我国纺织服装类外贸上市公司竞争力研究》，江苏大学硕士论文，2009 年。

[247] 石红红、吴伟：《资源型城市社会转型效果比较研究——基于辽宁省资源型城市分析》，载于《生产力研究》2012 年第 7 期。

[248] 郑建宝：《江苏县城市场特征研究》，南京财经大学硕士论文，2010 年。

[249] 陈凡：《上市环保企业债务融资与企业绩效关系实证研究》，河北地质大学硕士论文，2016 年。

[250] 王珍：《房地产企业财务风险分析与控制研究》，西安建筑科技大学硕士论文，2011 年。

[251] 贾宗英：《区域林业社会化服务体系评价研究》，南京林业大学硕士论文，2010 年。

[252] 张连刚：《省域流通产业竞争力评价体系构建与实证研究》，西南财经大学博士论文，2011 年。

[253] 凌标灿、魏洪霞：《各城市消费水平差异层次聚类及因子分析》，载于《华北科技学院学报》2017 年第 2 期。

[254] 罗婵：《西部地区创业板上市公司盈利能力实证研究》，中南民族大学硕士论文，2012 年。

[255] Tsui, A. S., Schoonhoven, C. B., Meyer, M. W., Lau C. M., & Milkovich, G. T. 2004. Organization and Management in the Midst of Societal Transformation: The People's Republic of China. *Organization Science*, 15 (2).

[256] Elizabeth M. Daniel, & Hugh N. Wilson. 2003. The role of dynamic capabilities in e-business transformation. *European Journal of Information Systems*, 12: 282 – 296.

[257] Cynthia A. Lengnick – Hall, & Tammy E. Beck. 2005. Adaptive fit versus robust transformation: How organizations respond to environmental change.

Journal of Management, 31: 738 -757.

[258] George, Philip, & McKeown, Ian. 2004. Business transformation and organizational culture: The role of competency, IS and TQM. *European Management Journal*, 22 (6): 624 -636.

[259] Deborah J. Nightingale, Joe H. 2002. Mize. Development of a lean enterprise transformation [J]. *Information Knowledge Systems Management*, 3: 15 -30.

[260] Bhatt, Ganesh D. 2000. A resource - based perspective of developing organizational capabilities for business transformation. *Knowledge and Process Management*, 7 (2): 119.

[261] Roberts. 2004. E - business transformation via alliance clusters [J]. *Technology Analysis & Strategic Management*, 16 (4): 435 -455.

[262] Lizbeth Navas - Alema'N. 2011. The impact of operating in multiple value chains for upgrading: The Case of the Brazilian furniture and footwear Industries. *World Development*, 39 (8): 1386 -1397.

[263] Eric K. Clemons, & IL - Horn Hann. 1999. Rosenbluth international: Strategic transformation of a successful enterprise. *Journal of Management Information Systems*. 16 (2): 9 -27.

[264] Anselin, L. , Varga, A. and Acs, Z. 2000. , Geographical Spillovers and University Research: *A Spatial Econometric Perspective*, Vol. 31, pp. 501 -515.

[265] Aghion P. and Howitt P. 1992. A Model of Growth Through Creative Destruction, *Journal of The Econometric Society*, Vol. 60, No. 2, pp. 323 - 351.

[266] Audretsch, D. B. and Feldman M. P. 1996. R&D spillovers and geography of innovation and production, *American Economic Review*, Vol. 86, pp. 630 -640.

[267] Chen Y. 2000. Strategic Bidding by Potential Competitors: Will Monopoly Persist? *Journal of Industrial Economics*, Vol. 48, pp. 161 -175.

[268] Baptista, R. and Swann, P. 1998. *Do Firms in Clusters Innovate More?* Research Policy, Vol. 27, pp. 525 -540.

[269] Baumol, W. J. 2004. Education for Innovation: Entrepreneurial Breakthroughs vs. Corporate Incremental Improvements, *NBER Working Papers*

10578, National Bureau of Economic Research, Inc.

[270] Bode, E. 2004. The Spatial Pattern of Localized R&D Spillovers: An Empirical Investigation of Germany, *Journay of Economic Geography*, Vol. 4, pp. 43 – 64.

[271] Branstetter, L. 2006. Is foreign direct investment a channel of knowledge spillovers? Evidence from Japan's FDI in the United States, *Journal of International Economics* Vol. 68, No. 2, pp. 325 – 344.

[272] Blomström, M. and Kokko, A. 2003. Human Capital and Inward FDI, *EIJS Working Paper Series* 167, The European Institute of Japanese Studies.

[273] Casson, M. C. 2005. Entrepreneurship and the theory of the firm, *Journal of Economic Behaviour and Organization*, Vol. 58, pp. 327 – 348.

[274] Etzkowitz, H., & Leydesdorff, L. 2000. The dynamics of innovation: from National Systems and "Mode 2" to a Triple Helix of university-industry-government relations, *Journal of Research Policy* Vol. 29. p. 109 – 123.

[275] Fischer M. M, Varga A. 2003. Spatial Knowledge Spillovers and University Research: Evidence from Austria, *The Annals of Regional Science.* Vol. 37 (2): 303 – 322.